贵州省
高新技术产业
发展报告

2014—2019 年

贵州省科学技术情报研究所（贵州省科技发展战略研究院）◎著

科学技术文献出版社
SCIENTIFIC AND TECHNICAL DOCUMENTATION PRESS
·北京·

图书在版编目（CIP）数据

贵州省高新技术产业发展报告：2014—2019年 / 贵州省科学技术情报研究所（贵州省科技发展战略研究院）著. —北京：科学技术文献出版社，2020.12
ISBN 978-7-5189-7622-5

Ⅰ.①贵… Ⅱ.①贵… Ⅲ.①高技术产业—产业发展—研究报告—贵州—2014—2019 Ⅳ.① F127.73

中国版本图书馆 CIP 数据核字（2020）第 255819 号

贵州省高新技术产业发展报告2014—2019年

| 策划编辑：李 蕊 | 责任编辑：王 培 | 责任校对：王瑞瑞 | 责任出版：张志平 |

出　版　者　科学技术文献出版社
地　　　址　北京市复兴路15号　邮编 100038
编　务　部　（010）58882938，58882087（传真）
发　行　部　（010）58882868，58882870（传真）
邮　购　部　（010）58882873
官 方 网 址　www.stdp.com.cn
发　行　者　科学技术文献出版社发行　全国各地新华书店经销
印　刷　者　北京时尚印佳彩色印刷有限公司
版　　　次　2020年12月第1版　2020年12月第1次印刷
开　　　本　889×1194　1/16
字　　　数　314千
印　　　张　16.25
书　　　号　ISBN 978-7-5189-7622-5
定　　　价　118.00元

版权所有　违法必究

购买本社图书，凡字迹不清、缺页、倒页、脱页者，本社发行部负责调换

《贵州省高新技术产业发展报告 2014—2019 年》课题组

组　长： 田晓琴　　范　勇

成　员： 郝　芳　　张卓婧　　许大英　　何昀昆　　朱　磊
　　　　　王　淼　　张彦红　　石庆义　　陈金良　　周　黎
　　　　　冯雄利

序

《贵州省高新技术产业发展报告 2014—2019 年》（以下简称《发展报告》）是以贵州省高新技术产业发展为主题的综合性、连续性的年度产业发展报告。2014 年，为客观反映贵州省高新技术产业的发展状况，课题组编制了高新技术产业报表制度，并获得贵州省统计局批复，成为常规统计调查制度。目前，此项工作已经成为提升贵州省高新技术产业规模、质量和效益多重目标的必要抓手，也是有效推动高新技术产业发展、支撑引领全省经济社会发展的重要实践。

贵州省全面实施创新驱动发展战略，紧紧围绕"大扶贫、大数据、大生态"三大战略行动，重点培育经济社会高质量发展新动能，全面提升全省高新技术产业对经济发展的引领示范作用，利用统计数据，综合、动态地展示了全省各市（州）、县（市、区、特区）的高新技术产业发展情况，为地方政府、研究学者和社会各界了解贵州省高新技术产业发展提供了参考依据。

《发展报告》基于 2014—2019 年统计数据，分别选取全省 9 个市（州）、88 个县（市、区、特区）、高新区和经济技术开发区为研究主体，结合贵州省高新技术产业发展重点和难点，从产业发展、区域发展、科技型企业发展、高新区和经济技术开发区等方面，全面、客观、动态地展示了不同产业及区域的高新技术产业发展水平、发展态势和薄弱环节。

由于水平有限，加之时间紧迫，《发展报告》在编撰过程中必然存在一些不尽如人意之处，恳请读者提出宝贵意见。

《贵州省高新技术产业发展报告 2014—2019 年》课题组
2020 年 5 月

目 录

第一章 2014年贵州省高新技术产业发展报告 ·· 1
 一、2014年全省高新技术产业发展情况 ··· 1
 二、全省重点企业运行情况 ·· 2
  （一）2014年产值情况 ·· 3
  （二）研发投入运行情况 ·· 3
  （三）在行业中的竞争力情况 ··· 4
  （四）融资情况 ··· 4
 三、全省高新技术产业发展环境建设情况 ··· 5
  （一）政策环境不断改善 ·· 5
  （二）创新意识不断提高 ·· 6
  （三）创新创业平台不断强化 ··· 6
  （四）企业培育体系初步建成 ··· 7
 四、重点企业发展面临的问题 ··· 10
  （一）政策方面 ··· 10
  （二）技术方面 ··· 10
  （三）市场方面 ··· 11
  （四）人才方面 ··· 11
  （五）融资方面 ··· 11
  （六）其他 ·· 12
 五、下一步工作建议 ·· 13
  （一）加快载体建设 ··· 13

（二）加强创新服务平台建设 ·· 13
（三）加快科技型企业梯队培育 ·· 13
（四）引导企业加大研发投入 ·· 13
（五）大力发展科技服务业 ··· 13
（六）推进高新领域招商引资项目落地 ·· 14

第二章 2015年贵州省高新技术产业发展报告 ··· 15

一、2015年全省高新技术产业发展情况 ·· 15
二、主要产业发展情况 ·· 17
  （一）装备制造业 ·· 18
  （二）民族制药和特色食品产业 ·· 19
  （三）化工产业 ··· 19
  （四）建材产业 ··· 19
  （五）冶金产业 ··· 19
  （六）有色产业 ··· 19
  （七）电力产业 ··· 20
  （八）煤炭产业 ··· 20
  （九）节能环保产业 ··· 20
  （十）农业产业 ··· 20
三、发展环境 ·· 21
  （一）政策支撑 ··· 21
  （二）政策性补助及补贴 ·· 21
  （三）创新要素 ··· 22
四、高新技术产业开发区和高新技术产业化基地发展情况 ······································ 24
  （一）高新技术产业开发区 ·· 24
  （二）高新技术产业化基地 ·· 25
五、2015年高新技术产业区域发展情况 ·· 26
  （一）贵阳市 ·· 27
  （二）遵义市 ·· 28
  （三）黔南州 ·· 29
  （四）安顺市 ·· 30

  （五）毕节市 ··· 31
  （六）六盘水市 ··· 33
  （七）黔西南州 ··· 33
  （八）黔东南州 ··· 34
  （九）铜仁市 ··· 35
 六、高新技术产业发展成效、存在问题和工作建议 ··············· 37
  （一）发展成效 ··· 37
  （二）存在问题 ··· 38
  （三）工作建议 ··· 40

第三章　2016年贵州省高新技术产业发展报告 ············· 42
 一、2016年全省高新技术产业发展情况 ····························· 42
  （一）总体情况 ··· 42
  （二）主要产业发展情况 ·· 44
  （三）发展环境 ··· 47
 二、2016年高新技术产业区域发展情况 ····························· 51
  （一）贵阳市 ··· 52
  （二）遵义市 ··· 53
  （三）黔南州 ··· 55
  （四）六盘水市 ··· 56
  （五）安顺市 ··· 57
  （六）毕节市 ··· 58
  （七）黔西南州 ··· 59
  （八）黔东南州 ··· 60
  （九）铜仁市 ··· 61
 三、高新技术产业开发区发展情况 ····································· 62
  （一）整体保持平稳增长 ·· 62
  （二）国家高新区创新能力持续提升 ······························ 63
  （三）省级高新区发展势头强劲 ····································· 64
 四、高新技术产业发展成效、存在问题和工作建议 ··············· 64
  （一）发展成效 ··· 64

（二）存在问题 65
　　（三）工作建议 68

第四章　2017 年贵州省高新技术产业发展报告 70
　一、2017 年全省高新技术产业发展情况 70
　　（一）总体情况 70
　　（二）主要产业发展情况 72
　　（三）创新要素 74
　二、2017 年高新技术产业区域发展情况 76
　　（一）贵阳市 77
　　（二）遵义市 79
　　（三）安顺市 82
　　（四）黔南州 84
　　（五）毕节市 87
　　（六）六盘水市 89
　　（七）铜仁市 91
　　（八）黔西南州 94
　　（九）黔东南州 96
　三、高新技术企业及科技型企业成长梯队发展情况 98
　　（一）高新技术企业 99
　　（二）科技型企业成长梯队 103
　四、高新区和经济技术开发区发展情况 109
　　（一）高新区 110
　　（二）经济技术开发区 114
　五、高新技术产业发展成效、存在问题和工作建议 117
　　（一）发展成效 117
　　（二）存在问题 118
　　（三）工作建议 119

第五章　2018 年贵州省高新技术产业发展报告 120
　一、2018 年全省高新技术产业发展情况 120

- (一) 总体情况 …… 120
- (二) 主要产业发展情况 …… 122
- (三) 创新要素情况 …… 124

二、2018年高新技术产业工业总产值区域发展情况 …… 126
- (一) 贵阳市 …… 127
- (二) 安顺市 …… 132
- (三) 遵义市 …… 135
- (四) 黔南州 …… 139
- (五) 毕节市 …… 144
- (六) 六盘水市 …… 148
- (七) 黔西南州 …… 151
- (八) 铜仁市 …… 155
- (九) 黔东南州 …… 159

三、高新技术企业及科技型企业总体发展情况 …… 164
- (一) 高新技术企业 …… 164
- (二) 科技型企业成长梯队 …… 164

四、2018年高新区和国家级经济技术开发区发展情况 …… 164
- (一) 国家高新区 …… 164
- (二) 省级高新区 …… 167
- (三) 国家级经济技术开发区 …… 172

五、高新技术产业发展成效、面临的困难及问题、工作建议 …… 174
- (一) 发展成效 …… 174
- (二) 面临的困难及问题 …… 175
- (三) 工作建议 …… 176

第六章 2019年贵州省高新技术产业发展报告 …… 178

一、2019年全省高新技术产业发展情况 …… 178
- (一) 总体情况 …… 178
- (二) 主要产业发展情况 …… 181
- (三) 创新要素情况 …… 184

二、2019年高新技术产业工业总产值区域发展情况 …… 186

（一）贵阳市 ··· 187

　　（二）安顺市 ··· 192

　　（三）遵义市 ··· 197

　　（四）黔南州 ··· 201

　　（五）毕节市 ··· 206

　　（六）六盘水市 ·· 211

　　（七）黔西南州 ·· 215

　　（八）铜仁市 ··· 220

　　（九）黔东南州 ·· 225

三、高新技术企业及科技型企业总体发展情况 ··· 229

　　（一）高新技术企业 ··· 230

　　（二）科技型企业成长梯队 ·· 230

四、2019年高新区发展情况 ·· 230

　　（一）国家高新区 ·· 230

　　（二）省级高新区 ·· 233

五、高新技术产业发展成效、面临的困难及问题、工作建议 ····················· 241

　　（一）发展成效 ·· 241

　　（二）面临的困难及问题 ··· 242

　　（三）工作建议 ·· 242

第一章
2014 年贵州省高新技术产业发展报告

一、2014 年全省高新技术产业发展情况

2014 年，全省高新技术产业[①]产值达到 2209.62 亿元，同比增长 27.0%（以现价计算，下同），超额完成全年预期目标 109.62 亿元（全年预期目标为 2100 亿元，如表 1-1 所示）。

表 1-1　2014 年全省高新技术产业主要指标情况[②]

主要指标	产值（亿元）	增速（%）
产业产值	2209.62	27.0
#工业产值	1813.70	29.3
工业增加值	378.44	15.4
工业主营业务收入	1330.45	22.3
工业利润总额	70.64	44.1

数据来源：贵州省统计局、贵州省科技发展战略研究院。

按贵州省工业十大产业的分类，2014 年全省高新技术工业产值中装备制造业最高，达 779.2 亿元，占全省高新技术工业产值的 43.0%；有色产业增速最快，达 68.6%（图 1-1）。

---

① 高新技术产业是以高新技术为基础，从事一种或多种高新技术及其产品的研究、开发、生产和技术服务的企业集合，是知识（技术）密集、高投入、高风险、高效益的产业。本报告所称高新技术产业是指《贵州省高新技术产业统计分类目录》所列示的行业，涵盖工业、农业、服务业中的高新技术部分构成。
② 因高新技术产业产值的行业代码是变化的，故增速值均为实际增速。全书同。

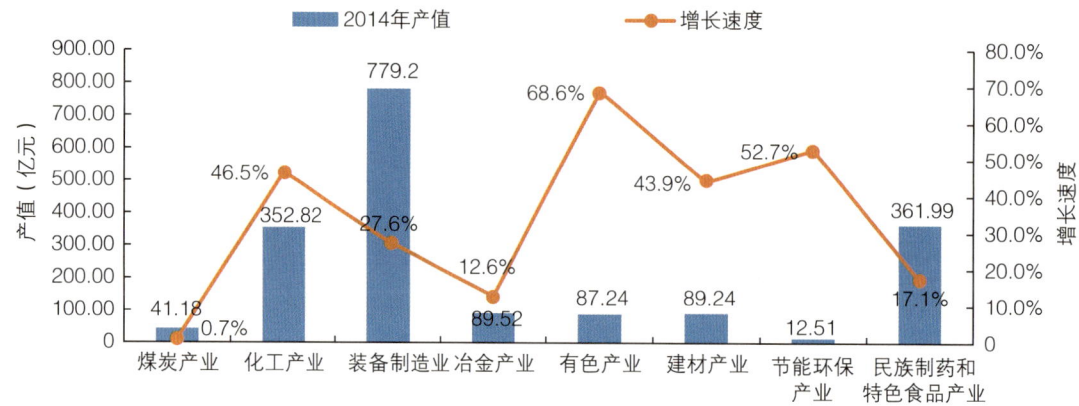

图 1-1　贵州省高新技术产业在十大产业中的分布情况

（数据来源：贵州省统计局、贵州省科技发展战略研究院）

注：2014年高新技术产业报表制度未将电力产业纳入统计范围，烟酒产业无相关的数据。

全省高新技术工业产值区域分布不平衡，差异性较大，主要集中在贵阳市，达 979.28 亿元，占全省高新技术工业产值的 54.0%；六盘水市高新技术工业产值增速最高，达 79.6%（图 1-2）。

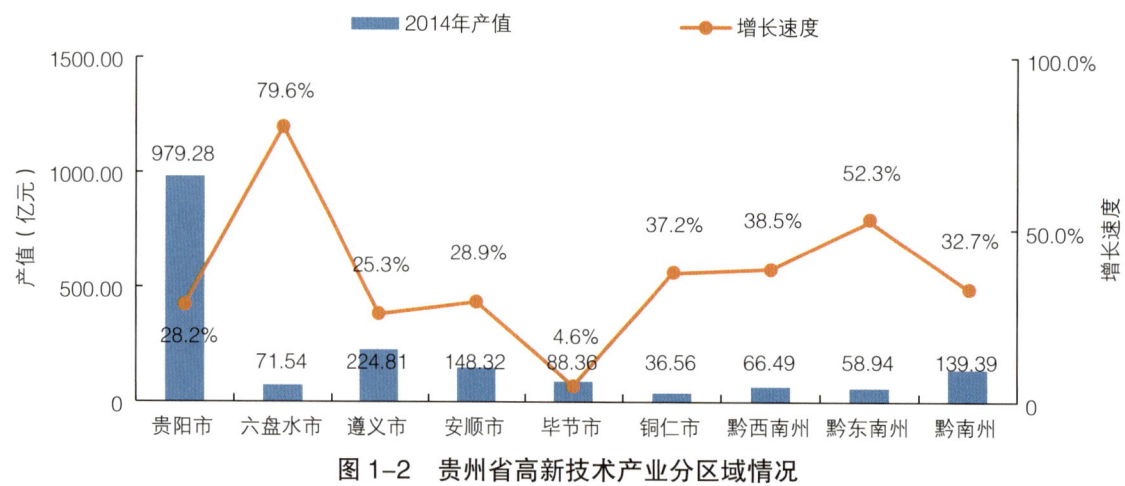

图 1-2　贵州省高新技术产业分区域情况

（数据来源：贵州省统计局、贵州省科技发展战略研究院）

贵阳国家级高新技术产业开发区规模以上（简称"规上"）工业增加值完成 41.5 亿元，同比增长 31.2%；贵阳国家经济技术开发区规模以上工业增加值完成 210.8 亿元，同比增长 17.3%；遵义国家经济技术开发区规模以上工业增加值完成 99.2 亿元，同比增长 13.0%。

二、全省重点企业运行情况

本次重点企业的运行情况分析主要采用问卷调查方式，调查范围包括高新技术企业、小巨人成长企业、知识产权优势企业、创新型企业、创新型领军企业、百千万重点企业等省内891家重点企业，此次统计的部分重点企业拥有多个类别，排除重复的企业以后，共向全省543家企业（图1-3）发放了调查问卷，共收集到412家企业的问卷回复，占发放问卷调查企业的75.9%。

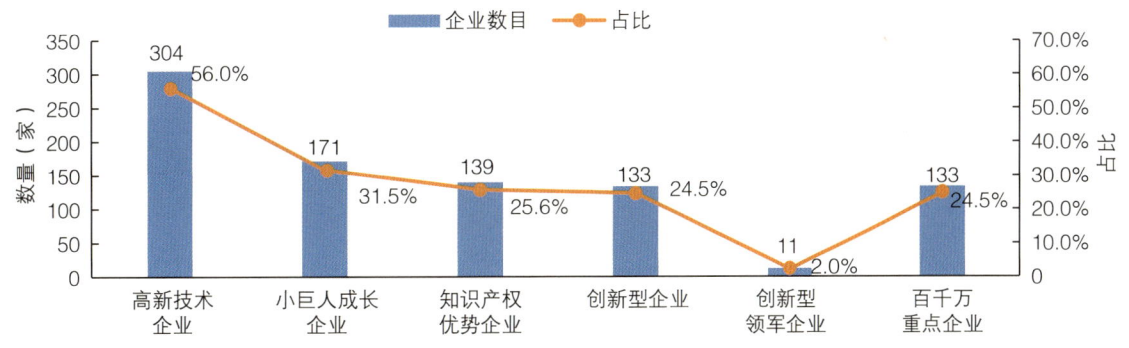

图1-3 高新技术产业调查统计企业的具体情况

（数据来源：542家抽样调查企业结果，其中共收集到412家企业的问卷回复）

注：知识产权优势企业统计样本包含已认定的知识产权优势企业、即将认定知识产权优势企业和正在培育知识产权优势企业。

（一）2014年产值情况

从产值指标看，2014年全省重点企业工业总产值达到1510.07亿元。

（二）研发投入运行情况

在企业研发投入方面，共收集到349家企业的有效问卷，占样本数据的84.7%。2014年，重点企业的企业研发投入达153.8亿元（表1-2）。

表1-2 2014年全省重点企业研发投入情况

主要研发指标	2014年（亿元）
企业研发投入	153.8
企业研发加计扣除所得税减免	3.48
企业享受高新技术企业所得税减免	4.16
企业技术转让所得税减免	0.1147

数据来源：412家抽样调查企业结果。

（三）在行业中的竞争力情况

从企业竞争力的产品层、制度层、核心层3个层面出发，选取市场占有率、企业全员劳动生产率、品牌建设系数等指标对重点企业进行企业竞争力分析。

劳动生产率逐步提高。全省科技进步统计监测网络直报系统提供的200家重点企业的数据结果显示，2014年全员劳动生产率在30万元/人以上的企业有27家，占13.5%（表1-3）。

表1-3 2014年贵州省重点企业全员劳动生产率情况

重点企业全员劳动生产率	企业数量（家）	占比（%）
50万元（人）	12	6.0
30万~50万元（人）	15	7.5
10万~30万元（人）	77	38.5
10万元（人）以下	86	43.0

数据来源：《贵州省重点企业科技进步统计监测报告》。

注：全员劳动生产率是指，根据产品的价值量指标计算的平均每一个从业人员在单位时间内的产品生产量。

企业市场份额扩大（有效问卷349份）。2014年上半年，市场占有率在50%以上的企业有35家，20%~50%的企业142家，10%以下的企业172家，分别比上年同期增加7家、26家、32家，企业在行业市场中的份额不断扩大。

品牌建设取得初步成效（有效问卷342份）。2014年上半年，342家企业品牌建设系数为193.33，全年目标为199.89，其中驰名商标数、地理标志产品数分别比全年目标增加2件和7件，品牌建设[①]步伐加快。

（四）融资情况

在速效方面，共收集到390份有效问卷，占样本总数的94.7%，较好地反映了重点企业获得金融支持的情况。

科技金融服务于企业发展总体趋好。2014年1—6月，科技金融为全省高新技术产业的企业提供融资服务金额达135.57亿元，较上年同期略有下降，股权融资服务处于逆势上升态势（表1-4）。

---

① 企业品牌建设系数是指由驰名商标数、有效注册商标数、贵州省著名商标数、地理标志产品数4个指标加权汇总得出。

表 1-4 全省科技金融服务企业的主要指标变化情况

主要指标	金额（亿元）	变化幅度（%）
2015 年 1—6 月企业提供融资服务	135.57	-6.7
2015 年 1—6 月股权融资	10.11	90.3
2015 年预计科技金融服务	229.08	8.6

数据来源：412 家企业抽样调查结果，其中 390 份有效问卷。

科技金融产品种类和结构呈现多元化。全省科技金融服务包括股权融资、债权融资、科技保险和多层次资本市场融资等 4 个方面，从结构上看，2014 年以来贵州省科技金融服务以债权融资为主。2014 年 1—6 月全省高新技术产业科技金融服务总额中，债权融资占比为 92.4%，其余品种占比均较小。

科技金融区域分布特征明显。2014 年 1—6 月，全省高新技术企业获得科技金融服务金额排前 3 名的区域分别是贵阳市、六盘水市和黔西南州，分别获得 50.41 亿元、40.34 亿元和 23.15 亿元融资，分别占全省高新技术企业科技金融融资服务总额的 37.2%、29.8% 和 17.1%。

科技金融服务能力不断增强。全省设立了科技风险投资基金，构建了科技金融服务体系，累计为 300 余家企业提供 100 多亿元融资，放大省、市两级财政资金 36 倍。同时，为支持中小企业进入多层次资本市场的快速发展，对在全国中小企业股权转让系统挂牌的科技型中小企业给予后补助，增强企业竞争力。

三、全省高新技术产业发展环境建设情况

（一）政策环境不断改善

出台了《省人民政府关于进一步支持工业企业加快发展若干政策措施》《贵州省应用技术研究与开发资金后补助管理暂行规定》《贵州省科技型企业成长梯队遴选及管理办法》《科技创新券管理办法》《贵州省孵化培育一批创新型领军企业和重大创新项目实施办法》《贵州省创新型领军企业遴选及培育办法（试行）》《贵州省知识产权优势企业遴选办法（试行）》《贵州省科技创新券管理办法（试行）》《贵州省科技保险补助资金管理暂行办法》《贵州省科技保险保费补助实施方案（暂行）》《贵州省重大经济活动知识产权评议办法》等一系列重要政策措施，这些政策从企业梯队培育、鼓励引导社会创新、强化知识产权保护运用于服务、促进科技金融融合等方面为高新技术产业的快速健康发展提供了良好的政策支撑。

（二）创新意识不断提高

对知识产权的重视程度在很大程度上反映了全社会的创新意识和创新氛围。2014年，全省专利申请量达 22 471 件，首次突破 2 万件大关，同比增长 29.1%，如表 1-5 所示。发明专利申请量增幅位居全国第一。

表 1-5　全省 2014 年专利指标的变化情况

主要专利情况	2014 年	同比增长（%）
专利申请量（件）	22 471	29.1
专利授权量（件）	10 107	27.7
发明专利申请（件）	8203	105.7
发明专利授权（件）	1047	34.9
专利权质押贷款总额（亿元）	8.22	74.4
进入产业化阶段有效专利比例（%）	61.8	69.6
每千万元研发经费发明专利授权量（件）	2.22	19.4

数据来源：贵州省科技厅（知识产权局）。

（三）创新创业平台不断强化

截至 2014 年，贵州省已初步建立起一套线上线下相结合的创新创业服务平台。

1. 线上平台

一是贵州省科技资源服务平台。开发了贵州省科技型企业成长梯队遴选系统及贵州省众创空间遴选系统、贵州省知识产权优势企业遴选系统，初步构建"科技商城"，构建营运与服务组织体系。积极开展科技型企业成长梯队遴选，整合科技服务资源，推动创新要素向企业聚集，有力促进企业创新发展。截至 2014 年，平台注册企业 3460 家，备案成功企业 1300 家。遴选出 73 家科技型种子企业、116 家科技型小巨人成长企业、55 家科技型小巨人企业。平台积极探索服务模式，整合优质服务机构近 200 家，已为企业开展金融、培训、知识产权、财税、科技信息、创新创业等各类服务 1500 余项次，平台访问量突破 33 万人次。

二是贵州省技术市场平台。其由网络平台、对接平台及交易平台组成，用于需求及成果的发布、定期或定向组织在线及线下对接会、成果交易、技术合同登记及交易备案等。截至 2014 年，平台共征集到贵州省内外科技成果近 3000 项，省内企业需求近 400 项，已有近 10 家创客空间入驻贵州省技术市场平台。

三是贵州省科技创新云服务平台。该平台正在建设中，建成后将智能集成 20 多个应用系统，实现"一站式登录"、简单集成配置、完善管理流程、与被集成的系统同步等功能。为创新创业者提供更加完善、便利、全方位的综合服务。

2. 线下平台

一是创新研发平台。截至 2015 年 6 月，全省工程技术研究中心 95 家，其中国家级 5 家；重点实验室 51 家，其中国家级 2 家；工程研究中心（工程实验室）59 家，其中国家级 17 家；企业技术中心 191 家，其中国家级 13 家。2014 年贵州省"国家苗药工程技术研究中心"正式获科技部批准，成为全国第一家民族药工程技术研究中心，实现了贵州省医药领域国家级研发平台零的突破。随着贵州省一批重大项目、重点企业的引进和建设，在相关领域将陆续布局建设一批研发中心，并重点鼓励企业与省内外高校、科研机构联合共建研发中心。

二是创业服务平台。截至 2014 年，全省共认定科技企业孵化器 19 家（大学科技园 3 家），其中国家级 4 家（国家大学科技园 2 家），贵阳市 8 家，遵义市 5 家，安顺市 2 家，铜仁市、黔西南州、黔东南州、黔南州各 1 家，孵化场地面积总计 194.23 万平方米，在孵企业 904 余家。2015 年预计新建设孵化器 10 家，新增孵化面积 100 万平方米以上。截至 2014 年，全省建设省级众创空间 18 家。其中，纳入国家科技企业孵化器管理支持体系的众创空间有 6 家，18 家众创空间已有入驻团队 241 支，其中已注册成立企业 134 家。

（四）企业培育体系初步建成

1. 科技企业成长梯队

通过科技计划改革，转变政府职能，从对企业微观经济活动干预转变为对企业创新行为的引导和奖励，逐步建立起一套完整的企业培育体系，形成科技型种子企业、小巨人成长企业、小巨人企业和创新型领军企业为主线的科技企业成长梯队，梯队内各层次企业依据其规模和成长性滚动进入更高层次的培育计划。截至 2014 年，全省共遴选培育了创新型领军企业 11 家，小巨人成长企业 171 家，科技型种子企业 73 家，大学生创业企业 2014 年开始纳入备案统计，知识产权优势企业 56 家，创新型企业 133 家，高新技术企业 304 家。

2. 科技企业后补助政策体系

针对各类企业发展特点和不同关注焦点分别实施后补助计划，如高新技术企业补助、创新型企业补助、知识产权优势企业补助等，形成一套完整的企业后补助政策体系。

2014 年，各类企业共获 8102.4 万元后补助资金，其中创新型领军企业获得后补助的金额最高，达到 3450 万元（图 1-4）。

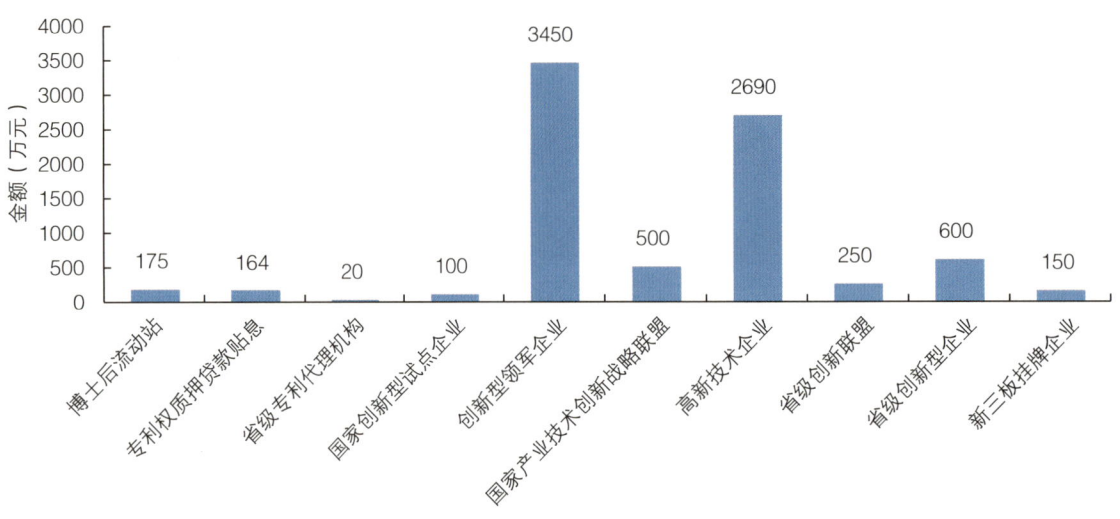

图 1-4　2014 年企业获得后补助具体情况

［数据来源：贵州省科技厅（知识产权局）］

3. 高新技术企业培育

高新技术企业是高新技术产业的骨干力量，由科技部火炬中心给予认定。2014 年，全省新申报高新技术企业 80 家，获科技部火炬中心批复 69 家，其中参加复审的企业 20 家，全部通过复审，全省高新技术企业共达 304 家，较上年度增长 25.0%。全省组织了规模化与针对性的培训并进一步加大对高新技术企业申报的培训力度，以各市（州）园区、基地为重点，邀请科技部火炬中心相关领导和省内专家共同赴黔东南、铜仁等市（州）开展高新技术企业申报培训。2014 年，全省高新技术企业产值为 991.90 亿元，比上年增长 22.4%（表 1-6）。

表 1-6　2014 年全省高新技术企业主要指标情况

主要指标	2014 年（亿元）	同比增长（%）
企业工业总产值	991.90	22.4
营业收入	953.62	22.7
出口创汇	24.20	80.4
净利润	66.29	30.0
上缴税	47.77	18.0

数据来源：《2014 年国家火炬计划统计》。

高新技术企业分布地区差异较大，与全省高新技术产业产值的地区分布相对应，高新技术企业主要集中在贵阳市，其次是遵义市（表 1-7）。

表 1-7　各市（州）高新技术企业基本发展概况

区域	统计企业（家）	年末从业人员（人）	工业总产值（亿元）	营业收入（亿元）
贵州省	304	145 762	991.90	953.60
贵阳市	187	103 713	806.40	776.30
遵义市	64	21 593	82.00	80.00
黔南州	12	1726	18.20	18.00
安顺市	10	12 305	40.80	39.00
黔东南州	9	1528	9.10	6.10
黔西南州	8	1796	19.40	18.90
六盘水市	7	661	1.90	1.70
铜仁市	5	1823	8.50	8.50
毕节市	2	617	5.60	5.20

数据来源：《2014 年国家火炬计划统计》。

从高新技术企业所属行业分布的情况来看，主要集中在制造业，信息传输、软件和信息技术服务业及科学研究和技术服务业 3 个行业（表 1-8）。

表 1-8　2014 年高新技术企业的行业分布

行业名称	统计企业（家）	年末从业人员（人）	工业总产值（亿元）	营业收入（亿元）
制造业	249	126 009	918.10	811.00
信息传输、软件和信息技术服务业	23	8519	2.60	24.40
科学研究和技术服务业	12	5019	1.70	38.00
农、林、牧、渔业	6	218	1.20	1.20
采矿业	3	222	3.80	3.70
电力、热力、燃气及水生产和供应业	1	388	2.60	2.60
建筑业	4	4280	61.70	67.20
批发和零售业	2	64	0.00	0.10
交通运输、仓储和邮政业	1	361	0.00	1.30
租赁和商务服务业	2	443	0.00	3.60
卫生和社会工作	1	239	0.00	0.70
总计	304	145 762	991.90	953.62

数据来源：《2014 年国家火炬计划统计》。

四、重点企业发展面临的问题

（一）政策方面

365家企业认为，现有政策对企业发展有帮助，但是政策环境还有待进一步完善，政策力度还有待进一步增强，政策的普惠性还不够，统计结果表明，汇率政策对于企业的影响最大（图1-5）。

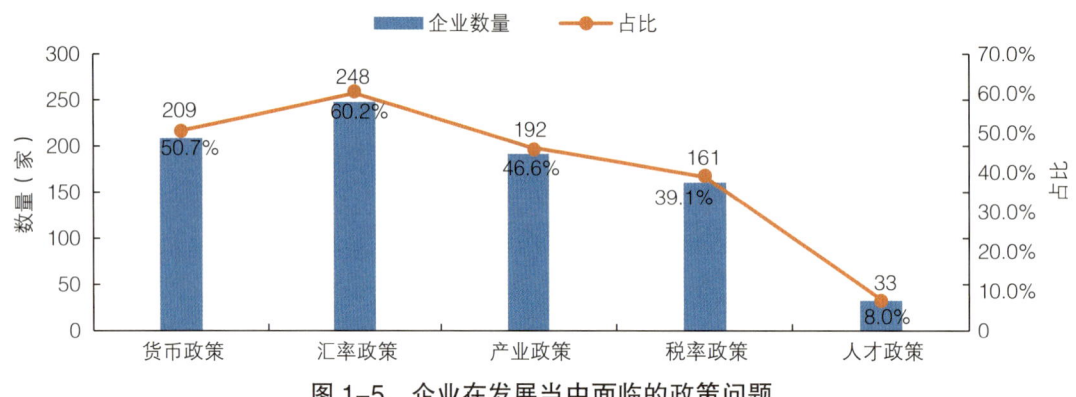

图1-5 企业在发展当中面临的政策问题

（数据来源：412家抽样调查企业结果）

（二）技术方面

267家企业认为存在技术瓶颈，占统计企业的64.8%。企业一般通过自主研发来解决技术瓶颈，自主研发投入多并且难以快速见效，导致企业在自主研发方面的积极性不高。统计结果表明，资金紧张融资困难是企业进行科研开发面临的最大问题（图1-6）。

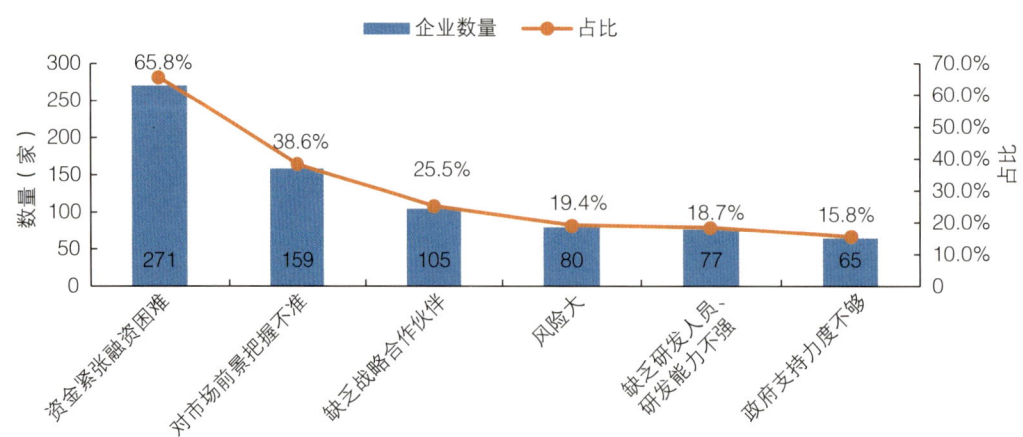

图1-6 企业在发展当中影响企业科研开发能力因素

（数据来源：412家抽样调查企业结果）

（三）市场方面

企业作为市场的主体，是市场的主要参与者，与市场的变化具有高度一致性。目前，企业在发展中面临的市场问题越来越紧迫，有261家企业认为市场动态对企业的影响十分突出，占有效问卷的63.3%，其中有153家企业认为由于缺乏战略规划及目标模糊，企业难以把握市场动态（表1-9）。

表1-9 企业发展当中面临的市场动态的具体情况

动态原因	企业数量（家）	占比（%）
缺乏战略规划及目标模糊	153	37.14
没有品牌优势	123	29.85
受原材料市场波动的影响	97	23.54

数据来源：412家抽样调查企业结果。

（四）人才方面

在人才方面，大部分的企业存在人才引进、人才培育及人才流失等方面的问题，其中存在人才引进问题的企业有215家，占有效问卷（412份）的52.2%，如表1-10所示。人才作为主要竞争力，制约企业的发展，尤其是高端技术人才及管理人才缺乏，影响了高新技术产业的整体水平。

表1-10 企业发展当中面临的人才困境的具体情况

人才困境	存在人才困境的企业（家）	占有效问卷比重（%）
人才引进	215	52.2
人才培育	197	47.8
人才流失	178	43.2

数据来源：412家抽样调查企业结果。

（五）融资方面

有308家企业认为存在融资困难，占有效问卷的74.8%，需要第三方服务机构介入的有202家，期望财政支持解决资金困难的企业占半数以上（图1-7）。

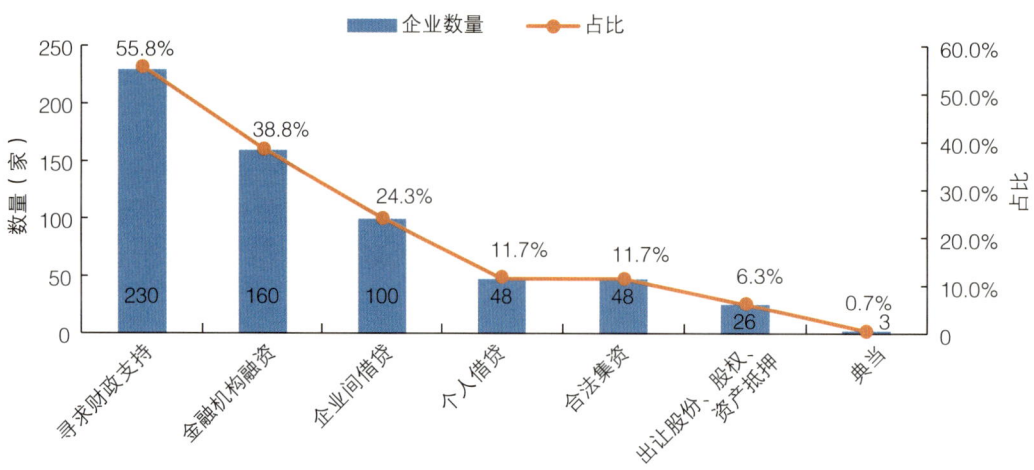

图 1-7 企业在发展当中解决融资难的具体情况

（数据来源：412家抽样调查企业结果）

财政支持资金与市场资金相比，涉及面窄，金额小，难以满足全省企业做大做强的需求，从企业解决资金需求的期望方式看，贵州省市场发育还不成熟，在成熟的市场环境下企业融资应以社会资本为主，财政资金为辅。

（六）其他

近年来，贵州省新能源和新材料、生物制药技术、装备制造业、煤磷化工等产业有了很大的发展，但从整体上看，与沿海发达省份的发展差距依然较大，主要存在以下问题：一是科技型企业总量少，经过近几年的培育，贵州省高新技术企业规模有了可观增长，但后备的高新技术企业数量少，尤其是具有研发和技术创新的科技型企业数量偏少，导致增长源不足。二是高技术附加值的专利不多，截至2014年，大多数企业认识到专利申请的重要性，但存在部分只重数量，不重质量的情况，部分专利仅是局部的小改小革，没有太多的技术含量。三是传统领域所占比重过高，贵州省大量的优势特色产业如烟酒茶、特色农产品等生产企业，在生产过程中不断通过技术创新提升产品技术附加值和水平，具有自主知识产权，但产品大类属于传统产业，暂时无法获得高新技术企业的认可。四是科技金融服务水平不强，一方面全省科技金融的产品结构不平衡；另一方面科技金融的区域分布差异较大，全省科技金融服务分布严重不均衡。五是企业研发投入不足。企业产品研发进展缓慢，新技术改造传统产业力度不足，难以形成核心的竞争力，市场把握不足，对政府加计抵扣政策认知不够，导致企业研发水平落后。

五、下一步工作建议

（一）加快载体建设

充分发挥高新区的产业聚集优势，促进高新区积极发展新兴业态，加强高新区公共服务能力建设，围绕高新区内重点产业发展需求，加强创新研发平台建设，鼓励高新区在人才引进、产业配套、企业培育等方面探索先行先试。加大高新技术产业化基地和特色产业基地的建设力度，在条件成熟的区域，优先布局建设高新技术产业化基地，通过基地建设，为高新区的形成奠定基础。

（二）加强创新服务平台建设

积极鼓励企业、科研机构、高校联合建设创新研发平台，引进省外研究机构与本土企业共建研发机构。大力开展创新平台的服务绩效评估和后补助支持，通过后补助支持，引导鼓励研发平台发挥行业的技术引领示范作用，促进技术成果向行业辐射推广。

（三）加快科技型企业梯队培育

针对不同阶段企业成长需求，加大对企业梯度的差异化补助扶持，针对重点产业、重点领域，充分发挥市场配置资源的决定性作用，为企业创新营造公平竞争的环境，引导更多创业者、小微企业不断提升创新能力和市场竞争力，发展一批成长性好、科技创新能力强、发展潜力大的科技型企业，不断培育新的增量，充实科技企业成长梯队。

（四）引导企业加大研发投入

充分发挥市场对技术研发方向、路线选择、要素价格、各类创新要素的导向作用，促进企业改善研发条件，形成企业不断加大研发投入的良性机制。充分运用企业研发费用加计扣除、后补助、高新技术企业所得税减免、科技创新券等方式引导企业加大研发投入，促进企业改善研发条件，形成不断加大研发投入的良性机制。构建有利于企业加大研发投入的政策环境。

（五）大力发展科技服务业

加快出台支持科技服务业发展的有关政策措施，通过政策和资金引导，释放社会资源蕴藏的极大生产力和创造力，激发各种创新服务要素的内生动力，调动社会各个层面的资源服务高新技术产业发展。用众创思维解决高新技术产业发展难题，使科技创新的依托力量实现从小众到大众的转变。积极发展众创空间，构建更加完善的科技金融服务体系和灵活多样的

创业服务平台，鼓励科技金融等多种服务要素积极服务大众创业万众创新。力争通过服务体系打造和创新创业环境营造，催生和培育出一批高成长性的新兴业态的中小企业，充实和壮大高新技术产业。

（六）推进高新领域招商引资项目落地

据不完全统计，贵州省2013年以来在电力、科学研究、技术服务和地质勘查业、信息传输、计算机服务和软件业、制造业等高新技术相关领域引进省外投资项目1500多个，约定投资总额4600多亿元，其中部分项目已竣工达产。这批招商引资项目将是高新技术产业的重要增量来源。要积极配合项目所在地政府，积极帮助解决企业在投产扩产过程中遇到的科技瓶颈，培育高新技术产业的增量。

第二章

2015 年贵州省高新技术产业发展报告

一、2015 年全省高新技术产业发展情况

2015 年，全省高新技术产业产值为 2820.82 亿元，同比增长 22.3%，超额完成全年目标（2500 亿元），高新技术工业产值为 2335.74 亿元，同比增长 22.2%，占全省规模以上工业总产值的比重为 21.2%。高新技术产业工业增加值为 520.52 亿元，同比增长 15.4%。高新技术工业主营业务收入为 2326.12 亿元，同比增长 15.5%。高新技术工业利润总额为 111.59 亿元，同比增长 49.7%。全省高技术产业[①]产值为 889.72 亿元，同比增长 35.3%（表 2-1）。

表 2-1 2015 年贵州省高新技术产业主要指标情况

主要指标	产值（亿元）	增速（%）
产业产值	2820.82	22.3
#工业产值	2335.74	22.2
工业增加值	520.52	15.4
工业主营业务收入	2326.12	15.5
工业利润总额	111.59	49.7

数据来源：贵州省统计局、贵州省科技发展战略研究院，下同。

根据国民经济行业分类代码，2015 年全省高新技术产业工业增加值 20 亿元以上的行业分布情况如表 2-2 所示。医药制造业工业增加值排名第一，达 110.26 亿元，占全部工业增

---

① 根据《高技术产业（制造业）分类（2013）》，高技术产业是指国民经济行业中的 R&D 投入强度（即 R&D 经费支出占主营业务收入的比重）相对较高的制造业行业，包括：医药制造，航空、航天器及设备制造，电子及通信设备制造，计算机及办公设备制造，医疗仪器设备及仪器仪表制造，信息化学品制造等六大类。

加值的比重为21.20%,其次是计算机、通信和其他电子设备制造业,达到56.57亿元,占全部工业增加值的比重为10.90%;此外,计算机、通信和其他电子设备制造业增速排名第一,达89.0%,其次是非金属矿物制品业,达22.2%(图2-1)。

表2-2 2015年高新技术产业工业增加值20亿元以上的行业分布情况

行业名称	工业增加值（亿元）	增速（%）
医药制造业	110.26	8.3
计算机、通信和其他电子设备制造业	56.57	89.0
有色金属冶炼和压延加工业	44.78	16.9
汽车制造业	41.47	13.0
铁路、船舶、航空航天和其他运输设备制造业	37.33	8.6
化学原料和化学制品制造业	35.53	15.9
橡胶和塑料制品业	31.96	7.6
通用设备制造业	27.68	18.5
非金属矿物制品业	24.57	22.2
专用设备制造业	22.90	13.5
电气机械和器材制造业	21.64	15.5

数据来源：贵州省统计局。

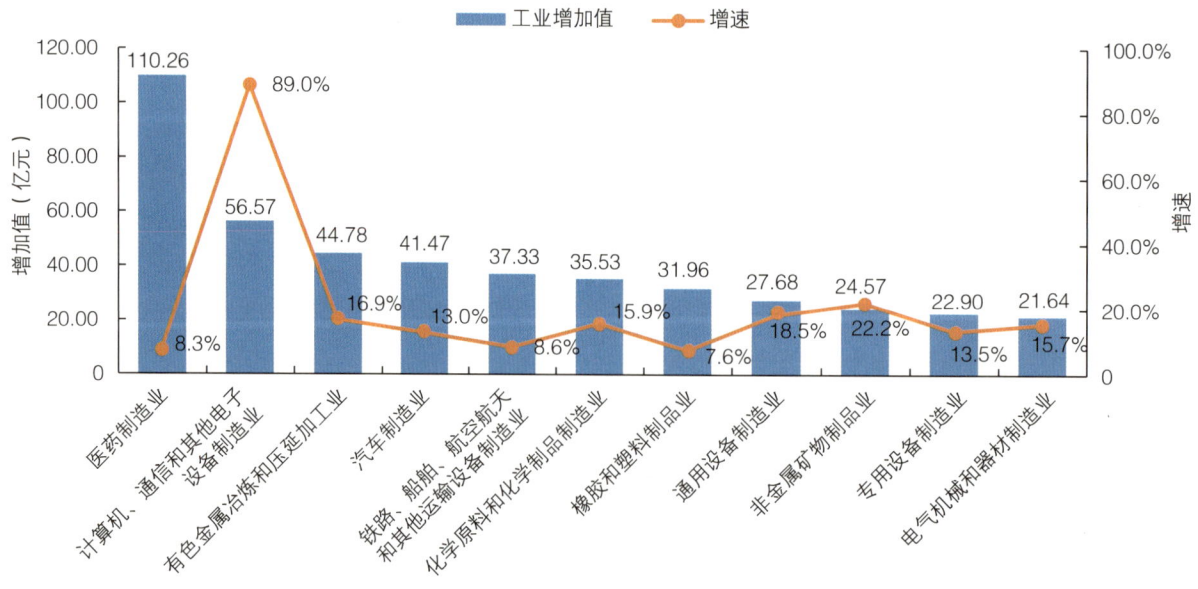

图2-1 2015年高新技术产业工业增加值20亿元以上的行业分布情况

2015年,全省高新技术工业增加值区域分布见表2-3,排名前三的市(州)为贵阳市、遵义市和黔南州,分别达230.38亿元、80.63亿元和43.02亿元;增速排前三的市(州)为遵义市、毕节市和安顺市,分别达44.5%、33.0%和26.5%。

表2-3 2015年高新技术工业增加值区域分布

市(州)	工业增加值(亿元)	占规模以上工业增加值的比重(%)	增速(%)
贵阳市	230.38	32.4	10.3
遵义市	80.63	8.7	44.5
黔南州	43.02	14.0	25.9
黔西南州	40.23	15.5	19.0
安顺市	36.79	24.4	26.5
六盘水市	33.32	6.8	-11.3
毕节市	30.48	8.5	33.0
黔东南州	17.18	9.5	21.3
铜仁市	9.73	5.8	8.8

数据来源:贵州省统计局。

二、主要产业发展情况

2015年,全省高新技术主要工业产业除煤炭产业呈负增长外,其他产业均呈上升态势,其中,规模排前3位的是装备制造业、民族制药和特色食品产业及化工产业,产值分别为1081.18亿元、420.3亿元和395.13亿元,占全省高新技术工业产值的比重分别为46.29%、17.99%和16.92%;增速排前3位的是节能环保产业、装备制造业和建材产业,增速分别为47.9%、34.4%和22.9%(表2-4、图2-2)。

表2-4 2015年全省高新技术主要工业产业分布

主要工业产业	产值(亿元)	占全省高新技术工业产值比重(%)	增速(%)
装备制造业	1081.18	46.29	34.4
民族制药和特色食品产业	420.30	17.99	13.4
化工产业	395.13	16.92	13.5

续表

主要工业产业	产值（亿元）	占全省高新技术工业产值比重（%）	增速（%）
建材产业	120.48	5.16	22.9
冶金产业	117.07	5.01	22.3
有色产业	105.14	4.50	19.2
电力产业	47.79	2.05	1.2
煤炭产业	29.79	1.28	-35.4
节能环保产业	18.87	0.81	47.9

数据来源：贵州省统计局、贵州省科技发展战略研究院。

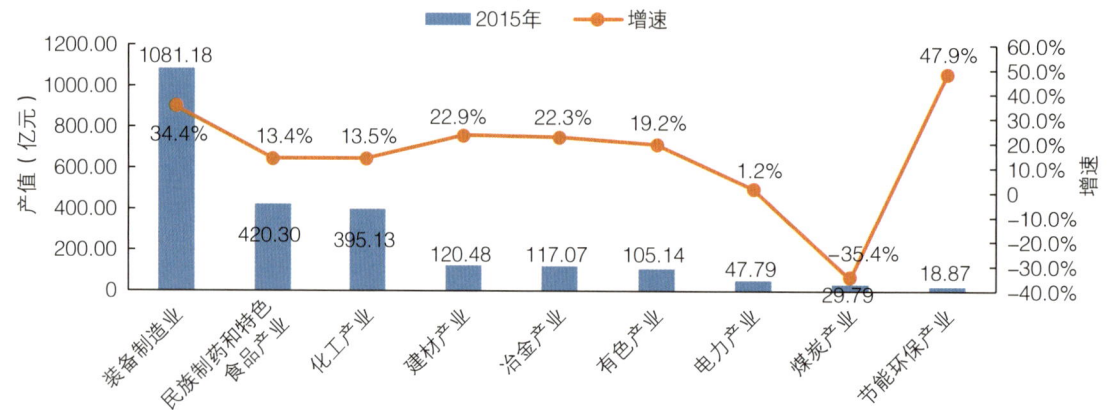

图2-2 贵州省高新技术主要工业产业分布及增速

（一）装备制造业

装备制造业包含以大数据为引领的电子信息设备制造、高端通用设备、高端专用设备制造和高端仪器仪表制造等产业。装备制造业独占鳌头达1081.18亿元，同比增长34.4%，占全省高新技术工业产值的46.29%。其中，通信终端设备制造、计算机零部件制造、通信系统设备制造及假肢、人工器官和植（介）入器械制造分别同比增长23.96倍、12.28倍、132.2%和101.8%；而金属切割及焊接设备制造、铁路机车车辆及动车组制造、电动机制造和石油钻采专用设备制造分别同比下降100%、100%、56.3%和52.5%。

（二）民族制药和特色食品产业

民族制药和特色食品产业包含保健食品制造、生物药品制造等产业。该产业产值为420.30亿元，同比增长13.4%，占全省高新技术工业产值的17.99%。其中，中药饮片加工、保健食品制造及卫生材料、医药用品制造分别同比增长83.9%、51.0%和44.4%。

（三）化工产业

化工产业包含有机肥料及微生物肥料制造、生物化学农药及微生物农药制造等产业。该产业产值为395.13亿元，同比增长13.5%，占全省高新技术工业产值的16.92%。其中，化学试剂和助剂制造（催化材料）、其他未列明非金属矿采选、氮肥制造（清洁生产）、初级形态塑料及合成树脂制造和磷肥制造（精细磷化工、磷矿资源及副产物综合利用、清洁生产）分别同期增长84.6%、51.9%、39.1%、34.0%和32.1%，拉升幅度较大；而塑料人造革、合成革制造炼焦（焦化清洁化技术）及化学矿开采（化学矿尾矿再开发利用）分别下降55.7%、45.8%和40.0%。

（四）建材产业

建材产业包含轻质建筑材料制造、隔热和隔音材料制造等产业。该产业产值为120.48亿元，同比增长22.9%，占全省高新技术工业产值的5.16%。其中，隔热和隔音材料制造、轻质建筑材料制造和特种陶瓷制品制造分别同比增长67.0%、44.2%和33.4%。

（五）冶金产业

冶金产业包含金属丝绳及其制品制造、铸件及粉末冶金制品制造等产业。该产业产值为117.07亿元，同比增长22.3%，占全省高新技术工业产值的5.01%。其中，钢压延加工（贵钢、水钢有较高技术含量的产品）、锻件及粉末冶金制品制造和黑色金属铸造分别同比增长3.16倍、35.3%和29.0%；而其他未列明金属制品制造同比下降18.7%。

（六）有色产业

有色产业包含高端铝合金制造、高纯钛冶炼等产业。该产业产值为105.14亿元，同比增长19.2%，占全省高新技术工业产值的4.5%。其中，有色金属合金制造（高端铝合金）、其他有色金属压延加工和金冶炼分别同比增长37.8%、20.5%和17.8%；而金矿采选（金矿尾矿再开发利用）和铜压延加工分别下降29.5%和19.6%。

（七）电力产业

电力产业包含风力产业、火力产业等产业。该产业产值为47.79亿元，同比增长1.2%，占全省高新技术工业产值的2.05%。其中，风力发电产值达14.69亿元，同比增长63.6%，火力发电产值达33.1亿元，同比下降13.4%。

（八）煤炭产业

煤炭产业包含烟煤和无烟煤尾矿再开发利用及综合利用、煤矿瓦斯抽采与利用等产业。该产业产值为29.79亿元，同比下降35.4%，占全省高新技术工业产值的1.28%。其中，其他煤炭采选（煤矿瓦斯抽采与利用）产值为1.52亿元，同比增长20.8%；而烟煤和无烟煤开采洗选（再开发、综合利用）产值为28.27亿元，同比下降29.2%。当前，煤炭行业受国际大宗商品价格下跌的影响，整个行业面临诸多困难。

（九）节能环保产业

节能环保产业包含金属废料和碎屑加工处理、污水处理及其再利用等产业。该产业产值为18.87亿元，同比增长47.9%，占全省高新技术工业产值的0.81%。其中，非金属废料和碎屑加工处理、污水处理及其再生利用和金属废料和碎屑加工处理分别同比增长80.2%、67.4%和18.2%。

（十）农业产业[①]

据省农委不完全统计数据显示，2015年全省县级以上农业产业化龙头企业2686家，其中省级以上龙头企业543家、国家级龙头企业25家。省级以上龙头企业共有资产574亿元，全年实现销售收入488亿元，实现利润48.5亿元，上缴税金29.4亿元，吸纳就业7万人（表2-5）。

表2-5　2015年主要的省级以上龙头企业产品类别分布情况

品类	企业数量（家）	比重（%）
茶叶类	147	27.1
畜牧类	107	19.7
特色食品类	67	12.3
果蔬类	45	8.3

---

① 农业产业中高新技术应指农业、林业等生物育种、育苗及其服务业中的高新技术部分，目前由于尚未有统计数据，农业产业仅统计省级以上龙头企业数据作为参考。

续表

品类	企业数量（家）	比重（%）
粮油加工类	40	7.4
药业类	36	6.6
林特产品类	26	4.8
辣椒及加工类	25	4.6

数据来源：贵州省农业委员会，按企业数20家以上的品类统计。

三、发展环境

（一）政策支撑

全省出台了《省人民政府关于进一步支持工业企业加快发展若干政策措施》《贵州省应用技术研究与开发资金后补助管理暂行规定》《贵州省科技型企业成长梯队遴选及管理办法》《科技创新券管理办法》《贵州省孵化培育一批创新型领军企业和重大创新项目实施办法》《贵州省创新型领军企业遴选及培育办法（试行）》《贵州省知识产权优势企业遴选办法（试行）》《贵州省科技创新券管理办法（试行）》《贵州省科技保险补助资金管理暂行办法》《贵州省科技保险保费补助实施方案（暂行）》《贵州省重大经济活动知识产权评议办法》等一系列重要政策措施。围绕大众创业万众创新，出台了《贵州省众创空间遴选和管理办法（试行）》，对纳入省级科技企业孵化器管理的众创空间给予支持与补助。科技部门加快推进科技体制改革，制定了《贵州省财政科研项目和资金管理的实施意见》，在贵州省科学院、贵州省农科院开展了"科八条"改革试点。这些政策从企业梯队培育、鼓励引导社会创新、强化知识产权保护运用于服务、促进科技与金融融合等方面为高新技术产业的快速健康发展提供了良好的政策支撑。

（二）政策性补助及补贴

2015年，全省政策性补助及补贴共计投入1.96亿元。其中，科技型中小企业培育成长行动、创新型领军企业及高新技术企业的投入水平排名前三，分别为7245万元、3620万元及2275万元（表2-6）。

表 2-6 主要的政策性补助及补贴情况

政策性补助及补贴	补助金额（万元）
科技型中小企业培育成长行动	7245
创新型领军企业	3620
高新技术企业	2275
众创空间	1250
院士工作站	948
科技型企业上市补助	850
大学生创业企业	610
创新券发放	561
博士后科研流动站	500
国家重点实验室建设	500

数据来源：贵州省科技厅（知识产权局）。

（三）创新要素

创新要素是指和创新相关的资源和能力的组合，通俗地说，就是支撑创新的人、才、物及将人才物组合的机制，本书所指的创新要素主要包括创新服务平台、创新载体、创新主体、人才、知识产权、研发投入等内容。

2015 年，全省创新服务平台达 910 个，同比增长 17.7%，创新载体达 53 家，同比增长 194.4%；高新技术企业达 382 家，同比增长 25.7%；发明专利授权量达 1501 件，同比增长 43.4%；高新技术产业入统企业达 708 家，同比增长 25.1%；全社会 R&D 经费 55.84 亿元，同比增长 17.6%（表 2-7）。

表 2-7 全省创新要素情况

指标名称	2014 年	2015 年	增速（%）
创新服务平台（个）	773	910	17.7
企业技术中心（个）	178	182	2.2
工程技术研究中心（个）	95	103	8.4
研究机构*（个）	357	449	25.8
重点实验室（个）	51	53	3.9

续表

指标名称	2014年	2015年	增速（%）
工程研究中心（工程实验室）（个）	43	59	37.2
院士工作站（个）	49	64	30.6
创新载体（家）	18	53	194.4
众创空间（家）	—	25	—
孵化器（家）	15	22	46.7
大学科技园（家）	3	6	100.0
高新技术企业（家）	304	382	25.7
科技型企业成长梯队（家）	255	524	105.5
领军企业（家）	11	22	100.0
小巨人企业（家）	55	82	49.1
小巨人成长企业（家）	116	190	63.8
科技型种子企业（家）	73	169	131.5
大学生创业企业（家）	—	61	—
国家级高新技术产业开发区（个）	1	1	0.0
省级高新技术产业开发区（个）	3	3	0.0
国家高新技术产业化基地（个）	10	11	10.0
省级高新技术产业化基地（个）	11	12	9.1
高层次人才数量（人）	105 816	108 170	2.2
发明专利授权量（件）	1047	1501	43.4
规模以上企业*（家）	3590	3895	8.5
有研发机构的企业*（家）	124	162	30.6
有R&D活动的企业*（家）	179	234	30.7
全社会R&D经费*（亿元）	47.18	55.48	17.6
工业企业R&D经费*（亿元）	34.25	41.01	19.7
工业企业R&D人员*（人）	20 026	20 771	3.7
高新技术产业入统企业（家）	566	708	25.1

注：*表示上年度数据；数据来源于《贵州省科技统计年鉴》、贵州省科技厅（知识产权局）、贵州省统计局、贵州省发展改革委员会、贵州省经济和信息化委员会，下同。

四、高新技术产业开发区和高新技术产业化基地发展情况

（一）高新技术产业开发区

2015年，全省有1个国家级、3个省级高新技术产业开发区，实现主营业务收入3129.15亿元（按科技部火炬中心统计口径，下同），同比增长14.3%；财政总收入75.7亿元，同比增长25.2%；固定资产投资802.14亿元，同比增长17.6%。省级以上高新技术产业开发区拥有650家规模以上工业企业，高新技术企业为260家，占全省高新技术企业的比重为68.1%（表2-8）。

表2-8　2015年贵州省高新技术产业开发区发展情况

指标名称	国家级	省级
主营业务收入（亿元）	2870.28	258.87
财政总收入（亿元）	57.05	18.65
固定资产投资（亿元）	520.31	281.83
规模以上工业企业（家）	518	132
其中：高新技术企业（家）	233	27
创新服务平台（个）	114	44
企业技术中心（个）	43	15
工程技术研究中心（个）	40	14
研究机构*（个）	43	5
重点实验室（个）	2	5
工程研究中心（工程实验室）（个）	5	0
院士工作站（个）	11	5
创新载体（家）	30	9
众创空间（家）	10	4
孵化器（家）	19	5
大学科技园（家）	1	0

数据来源：省级以上高新技术产业开发区，下同。

（二）高新技术产业化基地

2015年，全省新增高新技术产业化基地（以下简称"基地"）2家，总数达23家。其中贵阳市7家、遵义市5家、黔东南州3家、黔南州3家、铜仁市3家、毕节市1家、黔西南州1家。

基地内共有2151家企业，同比增长20.3%，其中，主导产业企业为817家，同比增长27.9%；高新技术企业为304家，同比增长17.8%，占全省高新技术企业的比重达79.6%；上市企业为38家，同比增长26.7%（表2-9）。

表2-9 2015年贵州省基地内企业情况

单位：家

指标	基地内企业数	#主导产业企业	#规模以上企业	#高新技术企业	#主导产业的高企	#上市企业	#收入上亿元企业
2014年	1788	639	496	258	165	30	404
2015年	2151	817	558	304	204	38	407
增速（%）	20.3	27.9	12.5	17.8	23.6	26.7	0.7

数据来源：贵州省科技厅（知识产权局）。

2015年，全省基地营业收入为2996.85亿元，同比增长8.0%；工业总产值为3324.47亿元，同比增长14.4%；工业增加值为1200.23亿元，同比增长86.8%；净利润为198.68亿元，同比增长3.7%（表2-10）。

表2-10 2015年贵州省基地经济情况

单位：亿元

指标	营业收入	企业销售收入	工业总产值	#主导产业产值	工业增加值	#主导产业增加值
2014年	2775.91	2396.12	2906.20	1302.43	642.52	256.78
2015年	2996.85	2551.96	3324.47	1551.42	1200.23	413.24
增速（%）	8.0	6.5	14.4	19.1	86.8	60.9

数据来源：贵州省科技厅（知识产权局）。

2015年，全省基地内共有从业人员473 611人，同比下降4.1%，但基地企业R&D人员总数62 901人，同比增长6.6%，本科以上96 978人，占20.5%，从业人员结构不断优化（表2-11）。

表2-11　2015年贵州省基地企业人员情况

单位：人

指标	基地内企业从业人员总数	#大专	#本科	#硕士	#博士	#基地企业R&D人员总数
2014年	493 912	127 947	82 752	5583	491	59 006
2015年	473 611	144 403	90 288	6151	539	62 901
增速（%）	-4.1	12.9	9.1	10.2	9.8	6.6

数据来源：贵州省科技厅（知识产权局）。

2015年，全省基地专利申请共计6612项，同比增长11.0%，其中，发明专利申请有2581项。专利授权数3620项，同比增长1.3%，其中，发明专利授权617项。软件著作权登记数有525项，同比增长27.7%（表2-12）。

表2-12　贵州省基地内专利情况

单位：项

指标	专利申请数	#发明专利	专利授权数	#发明专利	软件著作权登记数
2014年	5957	2385	3572	525	411
2015年	6612	2581	3620	617	525
增速（%）	11.0	8.2	1.3	17.5	27.7

数据来源：贵州省科技厅（知识产权局）。

五、2015年高新技术产业区域发展情况

2015年，全省高新技术产业主要分布在贵阳市、遵义市和黔南州，高新技术工业产值分别为1146.37亿元、365.41亿元和203.13亿元，3个市（州）产值之和占全省高新技术工业产值的比重为73.29%，贵阳市为48.99%；增速排前3位的是遵义市、六盘水市和毕节市，分别为60.7%、50.2%和46.9%（表2-13）。

表 2-13　贵州省高新技术工业产业区域分布

市（州）	产值（亿元）	比重（%）	增速（%）
贵阳市	1146.37	48.99	11.5
遵义市	365.41	15.62	60.7
黔南州	203.13	8.68	35.6
安顺市	158.57	6.78	34.9
毕节市	147.82	6.32	46.9
六盘水市	109.44	4.68	50.2
黔西南州	85.12	3.64	26.3
黔东南州	78.78	3.37	30.7
铜仁市	45.38	1.94	9.5

（一）贵阳市

贵阳市仍是全省高新技术产业发展的主战场，高新技术工业产值居全省第 1 位，占全省的比重达 48.99%。高新技术工业产业产值排前 3 位的装备制造业、化工产业及民族制药和特色食品产业，分别为 481.28 亿元、324.30 亿元和 242.05 亿元；增速排前 3 位的是电力产业、节能环保产业和有色产业，分别为 82.8%、81.6% 和 26.3%。全市高新技术产业产值为 476.9 亿元，同比增长 10.5%（表 2-14）。

表 2-14　贵阳市高新技术产业中主要工业产业分布

行业名称	2015 年产值（亿元）	增速（%）
装备制造业	481.28	13.0
化工产业	324.30	11.1
民族制药和特色食品产业	242.05	6.5
建材产业	44.73	15.7
冶金产业	24.91	17.3
有色产业	23.38	26.3
节能环保产业	3.33	81.6
电力产业	0.78	82.8

贵阳市所辖10个县（市、区）中，花溪区高新技术工业产值排位第一，达279.74亿元，同比增长15.9%；南明区、白云区、乌当区、云岩区四区产值均达百亿元以上，其余县（市、区）产值在30亿～75亿元。增速排前3位的是南明区、白云区和花溪区，分别达28.3%、25.4%和15.9%；云岩区、乌当区和修文县同比下降，其余县（市、区）同比增长（表2-15）。

表2-15 贵阳市所辖县（市、区）高新技术工业产业分布

县（市、区）名称	2015年产值（亿元）	增速（%）
花溪区	279.74	15.9
南明区	163.26	28.3
白云区	136.59	25.4
乌当区	136.02	−0.4
云岩区	134.16	−4.0
修文县	71.38	−2.3
息烽县	48.16	8.6
清镇市	40.83	8.8
开阳县	37.08	9.7
观山湖区	33.61	4.1

（二）遵义市

遵义市高新技术工业产值居全省第2位，占全省的比重达15.62%。其中，产值排前三的装备制造业、民族制药和特色食品产业、建材产业，分别为227.46亿元、65.45亿元和37.46亿元；增速排前三的产业为化工产业、民族制药和特色食品产业、建材产业，分别为82.8%、81.6%和26.3%。全市高技术产业产值为209.28亿元，同比增长151.5%（表2-16）。

表2-16 遵义市高新技术产业中主要工业产业分布

行业名称	2015年产值（亿元）	增速（%）
装备制造业	227.46	11.1
民族制药和特色食品产业	65.45	81.6
建材产业	37.46	26.3
冶金产业	25.16	13.0
化工产业	4.60	82.8

续表

行业名称	2015年产值（亿元）	增速（%）
有色产业	3.78	17.3
节能环保产业	1.49	15.7

遵义市所辖14个县（市、区）中，遵义县和红花岗区高新技术工业产值规模达百亿元以上，分别为157.60亿元和101.37亿元；汇川区排第3位达66.33亿元；绥阳县排第4位达24.06亿元；除正安县和仁怀市产值为0，剩余其他县（市）产值在0.25亿～3.5亿元。习水县、遵义县、道真县增速排前3位，分别达302.3%、253.9%和62.4%；赤水市、湄潭县、桐梓县和凤冈县同比下降外，其余县（区）同比增长（表2-17）。

表2-17 遵义市所辖县（市、区）高新技术工业产业分布

县（市、区）名称	2015年产值（亿元）	增速（%）
遵义县	157.60	253.9
红花岗区	101.37	16.8
汇川区	66.33	6.7
绥阳县	24.06	26.5
赤水市	3.37	-36.6
道真县	3.21	62.4
湄潭县	2.49	-43.7
桐梓县	2.14	-10.5
习水县	0.86	302.3
务川县	0.69	0
凤冈县	0.51	-8.1
余庆县	0.25	0

（三）黔南州

黔南州高新技术工业产值居全省第3位，占全省的比重为8.68%。其中，产值排前3位的装备制造业、民族制药和特色食品产业及化工产业，分别为96.12亿元、62.95亿元和21.05亿元；增速排前三的产业为电力产业、建材产业和装备制造业，分别为111.9%、67.2%和41.9%。全州高技术产业产值为68亿元，同比增长26.1%（表2-18）。

表 2-18 黔南州高新技术产业中主要工业产业分布

行业名称	2015年产值（亿元）	增速（%）
装备制造业	96.12	41.9
民族制药和特色食品产业	62.95	22.7
化工产业	21.05	33.8
建材产业	8.62	67.2
冶金产业	8.03	22.8
电力产业	3.73	111.9

黔南州所辖12个县（市、区）中，惠水县、龙里县和长顺县高新技术工业产值分别达到51.44亿元、47.60亿元和21.66亿元，罗甸县、都匀市、贵定县、福泉市和独山县产值达10亿~20亿元，荔波县和三都县产值为0。贵定县、独山县和长顺县增速排前3位，分别达189.5%、75.7%和46.2%；平塘县同比下降，其余县（市、区）同比增长（表2-19）。

表 2-19 黔南州所辖县（市、区）高新技术工业产业分布

县（市、区）名称	2015年产值（亿元）	增速（%）
惠水县	51.44	25.2
龙里县	47.60	14.3
长顺县	21.66	46.2
罗甸县	19.16	33.1
都匀市	18.01	27.5
贵定县	17.65	189.5
福泉市	13.72	36.8
独山县	11.64	75.7
瓮安县	1.22	0
平塘县	0.89	-5.9

（四）安顺市

安顺市高新技术工业产值居全省第4位，占全省的比重达6.78%。其中，产值排名前三的装备制造业、民族制药和特色食品产业及建材产业，分别为108.01亿元、17.33亿元

和17.13亿元；增速排名前三的行业为装备制造业、建材产业及冶金产业，分别达43.1%、33.4%和31.4%。全市高技术产业产值为78.11亿元，同比增长39.9%（表2-20）。

表2-20 安顺市高新技术产业中主要工业产业分布

行业名称	2015年产值（亿元）	增速（%）
装备制造业	108.01	43.1
民族制药和特色食品产业	17.33	16.9
建材产业	17.13	33.4
化工产业	7.59	6.6
冶金产业	2.91	31.4
有色产业	2.89	10.0
节能环保产业	1.94	−1.2
电力产业	0.36	—

安顺市所辖6个县（区）中，西秀区、平坝区和普定县高新技术工业产值分别达到87.66亿元、49.41亿元和17.85亿元；镇宁县、紫云县和关岭县产值在0.3亿～4.0亿元。增速最快的是平坝区、西秀区和普定县，分别达51.5%、28.1%和23.3%；镇宁县和紫云县同比下降（表2-21）。

表2-21 安顺市所辖县（市、区）高新技术工业产业分布

县（市、区）名称	2015年产值（亿元）	增速（%）
西秀区	87.66	28.1
平坝区	49.41	51.5
普定县	17.85	23.3
镇宁县	3.78	−0.1
紫云县	0.41	−4.6
关岭县	0.36	0

（五）毕节市

毕节市高新技术工业产值居全省第5位，占全省的比重为6.32%。其中，装备制造业和

冶金产业产值分别达到 88.40 亿元、34.94 亿元，化工产业、建材产业及民族制药和特色食品产业增速排前三，分别增长 211.5%、178.6% 和 80.0%。全市高技术产业产值为 17.71 亿元，同比增长 212.1%（表 2-22）。

表 2-22　毕节市高新技术产业中主要工业产业分布

行业名称	2015 年产值（亿元）	增速（%）
装备制造业	88.40	41.1
冶金产业	34.94	34.9
化工产业	9.84	211.5
电力产业	7.09	34.7
民族制药和特色食品产业	4.71	80.0
建材产业	2.84	178.6

毕节市所辖 8 个县（市、区）中，高新技术工业产值均同比增长，其中七星关区、赫章县和金沙县的产值分别达到 83.09 亿元、35.28 亿元和 12.40 亿元；其余县在 0.7 亿～6.5 亿元。金沙县、黔西县、大方县和纳雍县同比增长 100% 以上，分别达 504.8%、214.7%、117.5% 和 117.2%（表 2-23）。

表 2-23　毕节市所辖县（市、区）高新技术工业产业分布

县（市、区）名称	2015 年产值（亿元）	增速（%）
七星关区	83.09	31.7
赫章县	35.28	36.2
金沙县	12.40	504.8
威宁县	6.37	33.4
纳雍县	5.76	117.2
大方县	2.35	117.5
黔西县	1.84	214.7
织金县	0.72	46.7

（六）六盘水市

六盘水市高新技术工业产值保持全省第 6 位，占全省的比重为 4.68%。其中，产值排前三的电力产业、煤炭产业和装备制造业，分别为 34.93 亿元、29.79 亿元和 21.93 亿元；增速排前三的产业为冶金产业、节能环保产业及民族制药和特色食品产业，分别为 172.5%、80.1% 和 69.6%。全市高技术产业产值为 2.38 亿元，同比增长 409.8%（表 2-24）。

表 2-24　六盘水市高新技术产业中主要工业产业分布

行业名称	产值（亿元）	增速（%）
电力产业	34.93	-11.0
煤炭产业	29.79	-27.6
装备制造业	21.93	23.2
节能环保产业	9.54	80.1
冶金产业	9.19	172.5
化工产业	2.22	-53.0
建材产业	1.05	-43.3
民族制药和特色食品产业	0.79	69.6

六盘水市所辖 4 个县（特区、区）中，盘县、钟山区和水城县的高新技术工业产值分别为 57.71 亿元、25.90 亿元和 22.69 亿元；六枝特区和水城县增速分别达 43.3% 和 32.0%，盘县同比下降（表 2-25）。

表 2-25　六盘水市所辖县（特区、区）高新技术工业产业分布

县（特区、区）名称	2015 年产值（亿元）	增速（%）
盘县	57.71	-51.9
钟山区	25.90	1.5
水城县	22.69	32.0
六枝特区	3.14	43.3

（七）黔西南州

黔西南州高新技术工业产值居全省第 7 位，占全省的比重为 3.64%。其中，产值最大

的为有色产业、民族制药和特色食品产业、化工产业，分别达到72.16亿元、9.97亿元、1.17亿元；增速排前3位的是民族制药和特色食品产业、有色产业、建材产业，分别为109.1%、17.0%、16.1%。全州高技术产业产值为9.58亿元，同比增长100.8%（表2-26）。

表2-26 黔西南州高新技术产业中主要工业产业分布

行业名称	2015年产值（亿元）	增速（%）
有色产业	72.16	17.0
民族制药和特色食品产业	9.97	109.1
化工产业	1.17	−2.8
建材产业	0.29	16.1
装备制造业	0.28	—

黔西南州所辖8个县（市、区）中，贞丰县、安龙县的高新技术工业产值分别达到53.98亿元和15.11亿元，兴仁县、兴义市、望谟县和册亨县产值在1.8亿～7.0亿元，普安县和晴隆县产值为0。安龙县、贞丰县和望谟县增速排名前三，分别为85.4%、21.3%和20.5%，兴义市和兴仁县同比增长，册亨县同比下降（表2-27）。

表2-27 黔西南州所辖县（市、区）高新技术工业产业分布

县（市、区）名称	2015年产值（亿元）	增速（%）
贞丰县	53.98	21.3
安龙县	15.11	85.4
兴仁县	6.58	12.6
兴义市	4.90	11.5
望谟县	2.73	20.5
册亨县	1.82	−18.1

（八）黔东南州

黔东南州高新技术工业产值居全省第8位，占省的比重为3.37%。其中，装备制造业、冶金产业及民族制药和特色食品产业产值分别为46.95亿元、10.75亿元和9.18亿元。电力产业、有色产业和化工产业同比增长分别为71.8%、59.2%和53.6%，节能环保产业同比下降17.7%。全州高技术产业产值为14.78亿元，同比增长57.4%（表2-28）。

表 2-28 黔东南州高新技术产业中主要工业产业分布

行业名称	2015年产值（亿元）	增速（%）
装备制造业	46.95	31.8
冶金产业	10.75	21.2
民族制药和特色食品产业	9.18	37.2
化工产业	5.72	53.6
有色产业	2.72	59.2
节能环保产业	2.58	-17.7
电力产业	0.89	71.8

黔东南州所辖16个县（市、区）中，凯里市高新技术工业产值最高，为33.79亿元，同比增长31.3%；其次是丹寨县，达22.98亿元，同比增长33.5%；黄平县、剑河县、黎平县、从江县、榕江县和雷山县产值均为0。增速排前三的天柱县、岑巩县和麻江县分别达到159.2%、80.4%和64.7%，台江县同比下降，其余县（市）同比增长（表2-29）。

表 2-29 黔东南州所辖县（市）高新技术工业产业分布

县（市）名称	2015年产值（亿元）	增速（%）
凯里市	33.79	31.3
丹寨县	22.98	33.5
岑巩县	6.14	80.4
台江县	4.76	-39.6
麻江县	3.75	64.7
三穗县	2.11	41.4
锦屏县	1.50	28.5
天柱县	1.46	159.2
镇远县	1.44	0
施秉县	0.85	56.5

（九）铜仁市

铜仁市高新技术工业产值居全省第9位，占全省的比重为1.94%。高新技术工业产值排前3位的是装备制造业、化工产业和建材产业，分别为14.61亿元、11.07亿元和8.36亿元；增速排前3位的是化工产业、民族制药和特色食品产业、建材产业，分别为42.2%、18.4%、11.6%。全市高技术产业产值12.9亿元，同比增长1.7%（表2-30）。

表2-30 铜仁市高新技术产业中主要工业产业分布

行业名称	2015年产值（亿元）	增速（%）
装备制造业	14.61	3.8
化工产业	11.07	42.2
建材产业	8.36	11.6
民族制药和特色食品产业	7.86	18.4
冶金产业	1.18	−46.7
有色产业	0.62	−52.3

铜仁市所辖10个县（区）中，玉屏县、德江县和思南县高新技术工业产值分别达15.49亿元、10.15亿元和6.30亿元，其余县（区）产值在0.4亿~3亿元。江口县、德江县和碧江区分别同比增长69.2%、22.8%和17.3%，印江县、万山区、松桃县和沿河县同比下降，其余县（区）同比增长（表2-31）。

表2-31 铜仁市所辖县（区）高新技术工业产业分布

县（区）名称	2015年产值（亿元）	增速（%）
玉屏县	15.49	14.3
德江县	10.15	22.8
思南县	6.30	6.4
碧江区	2.91	17.3
印江县	2.74	−29.6
万山区	2.54	−9.3
江口县	2.48	69.2
松桃县	1.29	−7.6
石阡县	1.05	12.9
沿河县	0.44	−39.7

六、高新技术产业发展成效、存在问题和工作建议

（一）发展成效

1. 产业发展势头强劲

"十二五"期间，全省高新技术产业产值增速每年均保持在20%以上，2015年达2820.82亿元，全省高新技术工业产值、增加值、营业收入、利润水平实现了快速增长，其中高新技术工业产值增速达22.2%，高于全省规模以上工业产值增速（12.7%）；高新技术工业增加值增速达15.4%，高于全省规模以上工业增加值增速（9.9%）；高新技术工业主营业务收入增速达15.5%，高于全省规模以上工业企业主营业务收入增速（11.4%）；高新技术工业利润总额增速达49.7%，高于全省规模以上工业企业利润总额增速（10.7%）。

2. 区域产值大幅增长

全省9个市（州）高新技术工业产值保持了较快的增长态势，贵阳市高新技术工业产值首次超千亿，达1146.37亿元，占全省高新技术工业产值的比重近50%；2015年，6个市（州）工业产值增速达30%以上，分别为遵义市（60.7%）、六盘水市（50.2%）、毕节市（46.9%）、黔南州（35.6%）、安顺市（34.9%）和黔东南州（30.7%）。

3. 创新要素集聚促进产业发展效果明显

全省高新技术产业创新要素具有较强的集聚性，贵阳市在创新要素的拥有量方面优势明显，集聚了全省86.79%的重点实验室、82.52%的工程技术研究中心、66.67%的大学科技园、64.00%的众创空间、57.07%的高新技术企业，高新技术工业产值占全省的比重达48.99%；遵义市集聚了全省45.45%的孵化器、26.56%的院士工作站、24.21%的企业技术中心、21.99%的高新技术企业，高新技术工业产值占全省的比重达15.62%。创新要素的集聚促进了高新技术产业的发展。

4. 载体聚集效应增强

国家级高新技术产业开发区创新能力全面提升，主营业务收入达2806.96亿元，增速达16.3%，预计2015年在国家级高新技术产业开发区的排名将持续上升。

省级高新技术产业开发区发展迅速，全省3家省级高新技术产业开发区工业总产值增速均高于15%，其中铜仁高新技术产业开发区增速为36.8%，高于铜仁市规模以上工业产值增速（12.2%）；安顺黎阳高新技术产业园区增速为17.7%，高于安顺市规模以上工业产值增速（15.7%）；娄山关高新技术产业开发区增速为30.3%，高于遵义市规模以上工业产值增速（18.2%）。

高新技术产业化基地集聚和配套能力明显增强，主导产业企业达到817家，同比增长

27.9%；工业增加值达 1200.23 亿元，同比增长 86.8%；从业人员中的 R&D 人员达到 62 901 人，同比增长 6.6%；发明专利拥有量达 617 项，同比增长 17.5%。全省高新技术产业化基地集聚了全省 304 家高新技术企业，较上年同期新增 39 家，占全省高新技术企业的比重为 79.6%，较上年同期比重（54.3%）高出 25.3 个百分点，高新技术产业化基地已成为全省高新技术企业集聚区。

（二）存在问题

1. 产业规模偏小，高新技术企业数量少

全省高新技术产业保持了平稳的增长，但与全国其他省份相比，差距依然明显。从高新技术产业的规模来看，2015 年全省高新技术产业产值为 2820.82 亿元，总量只有广东的 5.3%，江苏的 4.7%。从高新技术企业的数量来看，2015 年全省高新技术企业为 382 家，而广东、江苏均在 1 万家以上；从 2014 年西部地区 12 个省份的数据来看，贵州省的高新技术企业数排名第 7 位，高新技术企业工业总产值排名第 8 位（表 2-32）。

表 2-32 2014 年西部地区高新技术企业及工业总产值分布情况

区域	高新技术企业数（家）	工业总产值（亿元）
四川	1990	6330.75
陕西	1337	4697.23
云南	748	2077.46
重庆	740	4745.00
广西	517	2828.22
新疆	336	1176.78
贵州	299	999.59
甘肃	267	597.05
内蒙古	210	1122.06
青海	83	289.93
宁夏	59	205.46
西藏	26	73.00

数据来源：《2015 中国火炬统计年鉴》。

2. 区域发展不均衡，区域产业布局不合理

贵阳市作为省会城市，区域优势明显，产业集聚效应突出，高新技术产业产值占全省的

比重高达 48.99%，遵义市高新技术产业产值占全省的比重为 15.62%，全省其他区域比重均低于 10%，区域发展失衡。从各市（州）高新技术产业的行业分布来看，各市（州）排名靠前的产业均为装备制造业，区域的产业布局趋同，资源重复配置，呈现同质化竞争。

3. 高端创新要素缺乏，投入力度不足

全省高新技术产业发展的政策相对比较完善，而科技投入、人才、金融等要素的支撑力量薄弱，高端创新创业平台和载体较少，缺乏在全国具有较高知名度的科研机构和高层次领军型人才。2014 年，贵州省全社会研发投入占地区生产总值的比重仅为 0.6%，科技投入的不足导致全省高新技术产业创新能力不强，成为制约全省高新技术产业发展的重要因素。2014 年，全省规模以上企业为 3895 家，排西部十二省的第 6 位；有 R&D 活动的企业有 234 家，排西部十二省的第 8 位，有 R&D 活动的企业占规模以上工业企业的比重为 6%，排西部十二省的末位；有研发机构的企业有 162 家，排西部十二省的第 7 位，有研发机构的企业占规模以上工业企业的比重为 4.2%，排名西部十二省的第 10 位（表 2-33）。贵州省 2014 年实际享受研究开发费用加计扣除优惠金额达 5326 万元，排西部十二省的第 9 位。高新技术企业减免税达 16 794 万元，排西部十二省的第 6 位（表 2-34）。

表 2-33　2014 年西部十二省规模以上企业科技活动情况

区域	规模以上企业（家）	有 R&D 活动的企业（家）	有 R&D 活动的企业占规模以上工业企业比重（%）	有研发机构的企业（家）	有研发机构的企业占规模以上工业企业比重（%）
四川	13 268	1248	9.4	855	6.4
重庆	6159	974	15.8	585	9.5
广西	5440	453	8.3	298	5.5
陕西	5081	768	15.1	396	7.8
内蒙古	4413	268	6.1	153	3.5
贵州	3895	234	6.0	162	4.2
云南	3783	500	13.2	338	8.9
新疆	2477	179	7.2	156	6.3
甘肃	2084	353	16.9	239	11.5
宁夏	1170	148	12.6	130	11.1
青海	568	45	7.9	35	6.2
西藏	97	10	10.3	3	3.1

数据来源：《工业企业科技活动统计年鉴 2015》。

表2-34 2014年西部十二省政府相关政策落实情况

区域	研究开发费用加计扣除减免税（万元）	高新技术企业减免税（万元）
四川	88 555	71 646
陕西	73 244	37 557
重庆	40 397	24 797
内蒙古	29 100	11 481
广西	27 056	36 881
新疆	24 044	16 783
云南	14 081	18 138
甘肃	11 299	6522
贵州	5326	16 794
宁夏	4859	3918
青海	4543	181
西藏	629	0

数据来源：《工业企业科技活动统计年鉴2015》。

（三）工作建议

1. 提升存量

紧紧围绕全省高新技术产业708家入统企业继续做大整体规模，提升高新技术产业产值比重，一是进一步加大对企业创新研发的支持，发挥财政对企业研发投入的引导、放大作用，促进企业技术创新；二是加强引导、合理布局，进一步加大对研发平台的建设支持力度，促使其更好地发挥作用；三是扎实推进企业研发加计扣除政策落实，持续引导企业加大研发投入，确保规模以上企业竞争力不减退、产业规模有增长。

2. 寻求增量

重点盯住营业收入接近规模以上的企业，一是多部门联动，对企业进行精准对接，精准帮扶，精准调度，进行任务分工、"包企到户"，确保推进一批具备冲刺规模以上的企业进入规模以上行列，纳入高新技术产业统计范围；二是加快推进科技体制改革，切实把《促进科技成果转化法》及有关规定落到实处，尽快将"科八条"在全省推广实施，充分发挥全省科研人员的创造性和转化成果的积极性，促进企业、科研院所、高校产学研联动，把科研成果尽快转化为实实在在的产业产值。

3. 加快平台载体建设

围绕重点产业发展需求，充分发挥平台和载体支撑高新技术产业的作用，一是加强对大数据产业技术创新试验区、"1+7"平台的支持，充分发挥高新技术产业开发区、经济技术开发区载体作用，促进高新技术产业发展；二是结合地方发展的产业优势，加快省级高新技术产业开发区、高新技术产业化基地和特色产业基地建设，通过差异化政策扶持、公共服务平台搭建、龙头企业引导，逐步形成产业集聚；三是全力打造科技企业创新载体，新建一批孵化器、大学科技园和众创空间，构建"创业苗圃—孵化器—加速器"创业孵化链条，通过促进创新载体和产业园区良性互动和相互促进，培育更多规模以上企业；四是在大数据、高端装备等新兴产业领域，建设一批研发平台，提升对产业发展的支撑力。

4. 加大高新技术企业和科技型企业梯队培育力度

围绕高新技术企业和科技型企业梯队发展需求，一是充分发挥政府财政资金引导作用，促进企业加大研发投入，提升企业研发能力和核心竞争力；二是以高新技术企业和科技型企业梯队为主体布局重大科技专项，着力突破一批高新技术产业重大关键共性技术；三是着力做好培育服务，加快建立省、市（州）、县（市、特区、区）三级联动，多部门配合的高新技术企业和科技型企业梯队培育服务体系，有针对性地开展培训和帮扶，推动高新技术企业和科技型企业梯队不断发展壮大。

第三章

2016 年贵州省高新技术产业发展报告

2016年，全省认真贯彻中央各项决策部署，全面落实五大发展理念，以守底线、走新路、奔小康作为工作总纲，以供给侧结构性改革为主线，在国内经济增速普遍放缓的形势下，全省高新技术产业发展取得新突破，保持了平稳较快的增长态势，实现了产业规模、质量和效益均提升的多重目标。

一、2016 年全省高新技术产业发展情况

（一）总体情况

2016年，全省高新技术产业产值为3527.04亿元，同比增长21.6%，超额完成全年高新技术产业产值预期目标（3100亿元）。其中，高新技术工业产值为2932.72亿元，同比增长21.5%；高新技术产业工业增加值为580.66亿元，同比增长24.2%；高新技术工业主营业务收入为2820.04亿元，同比增长14.8%；高新技术工业利润总额为104.67亿元，同比下降12.7%；高新技术产业出口交货值为129.26亿元，同比增长41.0%。高新技术产业服务业产值为594.32亿元，同比增长25.6%。全省高技术产业产值为1209.54亿元，同比增长34.1%（表3-1）。

根据国民经济行业分类代码，2016年全省高新技术产业工业产值100亿元以上的行业有11个，其中计算机、通信和其他电子设备制造业排名第一，达到515.50亿元，占全部工业产值比重为17.58%；其次是医药制造业，达到470.64亿元，占全部工业产值比重为16.05%；计算机、通信和其他电子设备制造业增速排名第一，达到75.3%，其次是有色金属冶炼和压延加工业，达到33.1%。

第三章
2016年贵州省高新技术产业发展报告

表3-1　2016年贵州省高新技术产业主要指标

主要指标	产值（亿元）	增速（%）
产业产值	3527.04	21.6
#工业产值	2932.72	21.5
工业增加值	580.66	24.2
工业主营业务收入	2820.04	14.8
工业利润总额	104.67	-12.7
出口交货值	129.26	41.0
#服务业产值	594.32	25.6

数据来源：贵州省统计局、贵州省科技发展战略研究院。

根据国民经济行业分类代码，2016年全省高新技术产业工业增加值10亿元以上的行业有14个，其中计算机、通信和其他电子设备制造业排名第一，达到103.87亿元，占全部工业增加值的比重为17.89%，其次是汽车制造业，达到63.71亿元，占全部工业增加值的比重为10.97%；电力、热力生产和供应业增速排名第一，达到70.8%，其次是计算机、通信和其他电子设备制造业，达到63.4%（表3-2）。

表3-2　2016年高新技术产业工业增加值排名前十的行业分布

行业名称	工业增加值（亿元）	增速（%）
计算机、通信和其他电子设备制造业	103.87	63.4
汽车制造业	63.71	19.6
有色金属冶炼和压延加工业	62.52	28.0
化学原料和化学制品制造业	42.91	10.2
铁路、船舶、航空航天和其他运输设备制造业	42.55	7.7
专用设备制造业	40.04	4.0
电力、热力生产和供应业	36.10	70.8
电气机械和器材制造业	32.32	22.0
非金属矿物制品业	32.30	27.8
橡胶和塑料制品业	31.24	5.7

数据来源：贵州省统计局。

（二）主要产业发展情况

2016年，全省高新技术工业产业主要行业与上年同期相比均实现增长，其中，规模排前3位的是装备制造业、民族制药和特色食品产业及化工产业，分别为1445.88亿元、478.52亿元和435.79亿元，占全省高新技术工业产值的比重分别为49.30%、16.32%和14.86%；增速排前3位的是电力产业、节能环保产业和有色产业，分别为63.1%、49.8%和32.8%（表3-3）。

表3-3　2016年全省高新技术主要工业产业分布

主要工业产业	产值（亿元）	占全省高新技术工业产值比重（%）	增速（%）
装备制造业（高端装备制造、电子信息设备制造等）	1445.88	49.30	29.4
民族制药和特色食品产业（生物药品制造、生物食品制造等）	478.52	16.32	13.2
化工产业（精细化工、生物农业用品制造等）	435.79	14.86	2.4
建材产业（新型功能材料、先进结构材料等）	158.38	5.40	27.5
有色产业（高端合金制造等）	139.64	4.76	32.8
冶金产业（高端金属冶炼等）	128.76	4.39	7.2
电力产业（新能源、资源综合利用等）	82.17	2.80	63.1
煤炭产业（资源循环利用等）	35.31	1.20	18.5
节能环保产业（高效节能、先进环保等）	28.27	0.96	49.8

数据来源：贵州省统计局、贵州省科技发展战略研究院，下同。

高新技术产业、高新技术企业、科技型企业成长梯队主营业务收入产业分布中，装备制造业、民族制药和特色食品产业、化工产业均排前3位。2016年，高新技术企业、科技型企业成长梯队分别同比增长25.1%和53.1%。高新技术企业、科技型企业成长梯队培育快速增长在促进高新技术产业中发挥了重要作用（表3-4）。

表3-4　2016年高新技术产业、高新技术企业、科技型企业成长梯队主营业务收入产业分布情况

单位：亿元

主要工业产业	高新技术产业	高新技术企业	科技型企业成长梯队
装备制造业	1236.58	438.14	125.71
民族制药和特色食品产业	371.64	179.14	157.81
化工产业	201.87	162.15	91.48

续表

主要工业产业	高新技术产业	高新技术企业	科技型企业成长梯队
建材产业	137.40	20.91	4.24
有色产业	122.45	23.92	0.29
冶金产业	106.66	0	1.40
电力产业	26.21	1.73	1.92
煤炭产业	—	0	0.10
节能环保产业	17.60	9.07	8.83

数据来源：贵州省科技发展战略研究院。

1. **装备制造业**

装备制造业包含以大数据为引领的电子信息设备制造、高端通用设备制造、高端专用设备制造和高端仪器仪表制造等产业。该产业产值独占鳌头达1445.88亿元，同比增长29.4%，占全省高新技术工业产值的49.30%。其中，其他电子设备制造、低速载货汽车制造、环境保护专用设备制造、光伏设备及元器件制造分别是上年同期的26.3倍、18.8倍、5.8倍和2.5倍；而铸造机械制造、电子工业专用设备制造、环境监测专用仪器仪表制造、计算机零部件制造和其他计算机制造分别同比下降73.9%、42.8%、38.2%、35.0%和33.5%。

2. **民族制药和特色食品产业**

民族制药和特色食品产业包含生物药品制造、保健食品制造等产业。该产业产值为478.52亿元，同比增长13.2%，占全省高新技术工业产值的比重为16.32%。其中，中药饮片加工、化学药品制剂制造和生物药品制造分别同比增长82.9%、37.4%和22.6%。

3. **化工产业**

化工产业包含有机肥料及微生物肥料制造、生物化学农药及微生物农药制造等产业。该产业产值为435.79亿元，同比增长2.4%，占全省高新技术工业产值的比重为14.86%。其中，氮肥制造（清洁生产）、有机肥料及微生物肥料制造（包括功能肥、专用肥）和橡胶零件制造分别同比增长116.4%、40.8%和31.6%，提升幅度较大；而其他橡胶制品制造和轮胎制造分别同比下降25.6%和23.6%。

4. **建材产业**

建材产业包含轻质建筑材料制造、隔热和隔音材料制造等产业。该产业产值为158.38亿元，同比增长27.5%，占全省高新技术工业产值的比重为5.40%。其中，隔热和隔音材料制造、石灰和石膏制造及轻质建筑材料制造分别同比增长80.1%、39.4%和30.8%。

5. 有色产业

有色产业包含高端铝合金制造、高纯钛冶炼等产业。该产业产值为 139.64 亿元，同比增长 32.8%，占全省高新技术工业产值的比重为 4.76%。其中，金冶炼、有色金属铸造和铜压延加工分别同比增长 45.9%、27.1% 和 10.1%；而金矿采选（金矿尾矿再开发利用）同比下降 38.9%。

6. 冶金产业

冶金产业包含金属丝绳及其制品制造、铸件及粉末冶金制品制造等产业。该产业产值为 128.76 亿元，同比增长 7.2%，占全省高新技术工业产值的比重为 4.39%。其中，其他未列明金属制品制造、金属丝绳及其制品制造和金属表面处理及热处理加工分别同比增长 58.6%、16.4% 和 14.8%；而钢压延加工（贵钢、水钢有较高技术含量的产品）同比下降 10.0%。

7. 电力产业

电力产业包含风力产业、火力产业等。该产业产值为 82.17 亿元，同比增长 63.1%，占全省高新技术工业产值的比重为 2.80%。其中，火力发电和风力发电产值分别达 53.35 亿元和 27.81 亿元，分别同比增长 61.17% 和 60.8%。

8. 煤炭产业

煤炭产业包含烟煤和无烟煤尾矿再开发利用及综合利用、煤矿瓦斯抽采与利用等产业。该产业产值为 35.31 亿元，同比增长 18.5%，占全省高新技术工业产值的比重为 1.20%。其中，烟煤和无烟煤开采洗选（再开发、综合利用）及其他煤炭采选（煤矿瓦斯抽采与利用）产值分别为 33.76 亿元和 1.56 亿元，分别同比增长 19.4% 和 2.0%。

9. 节能环保产业

节能环保产业包含金属废料和碎屑加工处理、污水处理及其再生利用等产业。该产业产值为 28.27 亿元，同比增长 49.8%，占全省高新技术工业产值的比重为 0.96%。其中，污水处理及其再生利用及非金属废料和碎屑加工处理分别同比增长 120.0% 和 65.1%；金属废料和碎屑加工处理同比下降 4.5%。

10. 农业产业[①]

据贵州省农业委员会统计数据显示，2016 年全省市（州）级以上农业产业化龙头企业达 2994 家，其中省级以上龙头企业 711 家、国家级龙头企业 25 家。省级以上龙头企业共有资产 619 亿元，全年实现销售收入 549 亿元，实现利润 49.5 亿元，上缴税金 32.9 亿元，辐射带动农户 450 万人。主要的省级以上龙头企业产品类别中，茶叶类、畜牧类、粮油加工类

---

① 农业产业中，高新技术应指农业、林业等生物育种、育苗及其服务业中的高新技术部分，目前由于尚未有统计数据，农业产业仅统计省级以上龙头企业数据作为参考。

第三章 2016年贵州省高新技术产业发展报告

企业数量排名前三，分别为183家、130家和93家（表3-5）。

表3-5 2016年主要的省级以上龙头企业产品类别分布

品类	企业数量（家）	比重（%）
茶叶类	183	25.74
畜牧类	130	18.28
特色食品类	32	4.50
果蔬类	92	12.94
粮油加工类	93	13.08
药业类	53	7.45
林特产品类	9	1.27
辣椒及加工类	26	3.66
市场类	9	1.27
花卉苗木	14	1.97
饲料类	10	1.41
水产类	5	0.70
种业类	7	0.98
农机类	3	0.42
特色工艺品	1	0.14
其他类	44	6.19

数据来源：贵州省农业委员会，按企业数达20家以上的品类统计。

（三）发展环境

1. 政策支撑

近年来，省委省政府围绕科技创新发展相继出台了诸多文件，不断完善政策支撑保障体系，为科技创新发展创造良好的环境。这些政策从鼓励引导社会创新、培育企业梯队、强化知识产权保护运用、促进科技与金融融合等方面为高新技术产业的快速发展提供了良好的政策支撑（表3-6）。

表 3-6　贵州省委省政府出台的相关科技政策

文件名称	文件号	内容及意义
《中共贵州省委贵州省人民政府关于以大数据为引领实施区域科技创新战略的决定》	黔党发〔2016〕17号	继续深化高等院校科研体制改革，深入推进科研院所分类改革，完善以企业为主体的技术创新机制，深化科研项目和资金管理改革，改革科研人才引进和创业激励机制
《省人民政府关于大力推进大众创业万众创新的实施意见》	黔府发〔2016〕25号	提出支持科研人员、大学生创新创业，支持农民工返乡创业，支持高层次人才来黔创业，从营造宽松便捷的市场环境、建立健全创业创新机制等7个方面，提出24项具体措施
《省人民政府办公厅关于印发贵州省省级财政科研项目和资金管理办法（试行）的通知》	黔府办发〔2016〕4号	深入推进财政科研项目和资金管理改革，激发科研人员的积极性和创造性，做好科技发展优先领域、重点任务和重大项目等统筹协调
《贵州省科技保险补助资金管理暂行办法》	黔科通〔2015〕22号	开展科技保险政府补助工作，有效分散、化解贵州省科技企业创新创业风险，帮助企业实现稳健经营
《贵州省知识产权优势企业遴选办法（试行）》	黔科通〔2015〕90号	深入实施创新驱动发展战略和知识产权战略，培育一批知识产权优势明显、自主创新能力和市场竞争力较强的企业
《支持贵州科学院、贵州省农科院深化科研体制改革试点推进科技创新和成果转化八条措施（试行）》	黔科领发〔2015〕1号	奋力打破体制机制的障碍，最大释放改革红利，培植厚实的创新土壤，让大众创业、万众创新遍地开花
《贵州省应用技术研究与开发资金后补助管理暂行规定》	黔科通〔2014〕154号	采用先备案后补助、后审查后补助、科技服务后补助3种方式，科技创新后补助旨在充分发挥市场对技术研发方向、路线选择、各种创新要素配置的导向作用
《贵州省科技型企业成长梯队遴选及管理办法》	黔科通〔2015〕104号	强化企业技术创新主体地位，持续推动技术创新，培育一批科技型企业，形成铺天盖地的企业发展格局
《贵州省创新型领军企业遴选及培育办法（试行）》	黔科领〔2014〕2号	为深入实施"1511"工程，加快培育一批具有一定规模和技术先进性、在国内外同行业具有较强影响力和品牌知名度的创新型领军企业
《贵州省孵化培育一批创新型领军企业和重大创新项目实施办法》	黔科领〔2013〕2号	组织开展创新型领军企业的推荐工作，根据相关程序，组织专家对申报企业进行评审、确定初步入选名单、征求意见后，将建议名单提交省科技创新领导小组审议

2. 政策性补助及补贴

2016年,全省政策性科技补助及补贴共计投入22 646万元。其中,排前3位的是创新型领军企业、高新技术企业、省级工程技术研究中心,分别为5810万元、3395万元及1980万元(表3-7)。

表3-7 主要的政策性补助及补贴

政策性补助及补贴	补助金额(万元)
科技型企业成长梯队	10 270
其中:创新型领军企业	5810
科技小巨人企业	890
科技小巨人成长企业	1200
科技型种子企业	1440
大学生创业企业	930
高新技术企业	3395
众创空间	1750
孵化器(含大学科技园)	1400
院士工作站	470
博士后科研流动站	200
省级高新技术产业开发区	1000
省级重点实验室	400
省级工程技术研究中心	1980
创新券	1696
科技型企业上市补助	400
科技保险后补助	15
共计投入	22 646

数据来源:贵州省科技厅(知识产权局)。

3. 创新要素

创新要素是指和创新相关的资源和能力的组合,通俗地说,就是支撑创新的人、才、物及将人才物组合的机制,本书所指的创新要素主要包括创新服务平台、创新载体、创新主体、人才、知识产权、研发投入等内容。

2016年，全省各类创新服务平台达509个，同比增长9.9%；创新载体达82家，同比增长54.7%；高新技术企业达478家，同比增长25.1%；发明专利授权量达2036件，同比增长35.6%；高新技术产业入统企业达915家，同比增长28.7%；全社会R&D经费62.32亿元，同比增长12.3%（表3-8）。

表3-8 全省创新要素情况

指标名称	2015年	2016年	增速（%）
创新服务平台（个）	463	509	9.9
企业技术中心（个）	184	195	6.0
工程技术研究中心（个）	103	113	9.7
重点实验室（个）	55	57	3.6
工程研究中心（工程实验室）（个）	62	76	22.6
院士工作站（个）	59	68	15.3
创新载体（家）	53	82	54.7
众创空间（家）	25	45	80.0
孵化器（家）	22	28	27.3
大学科技园（家）	6	9	50.0
高新技术产业入统企业（家）	711	915	28.7
高新技术企业（家）	382	478	25.1
科技型企业成长梯队（家）	524	802	53.1
领军企业（家）	22	31	40.9
小巨人企业（家）	82	102	24.4
小巨人成长企业（家）	190	250	31.6
科技型种子企业（家）	169	265	56.8
大学生创业企业（家）	61	154	152.5
国家级高新技术产业开发区（个）	1	1	0.0
省级高新技术产业开发区（个）	3	4	33.3
国家高新技术产业化基地（个）	11	12	9.1
省级高新技术产业化基地（个）	12	11	-8.3
高层次人才数量（人）	108 170	139 465	28.9
发明专利授权量（件）	1501	2036	35.6

续表

指标名称	2015 年	2016 年	增速（%）
发明专利申请量（件）	7538	10 953	45.3
发明专利拥有量（件）	5428	7019	29.3
规模以上企业*（家）	3895	4482	15.1
有研发机构的企业*（家）	162	170	4.9
有R&D活动的企业*（家）	234	285	21.8
全社会R&D经费*（亿元）	55.48	62.32	12.3
工业企业R&D经费*（亿元）	41.01	45.73	11.5
工业企业R&D人员*（人）	20 771	22 465	8.2

注：*表示上年度数据，数据来源于《贵州省科技统计年鉴》、贵州省科技厅（知识产权局）、贵州省统计局、贵州省发展改革委员会、贵州省经济和信息化委员会，下同。

二、2016年高新技术产业区域发展情况

2016年，全省高新技术工业产值主要分布在贵阳市、遵义市和黔南州，分别为1149.36亿元、556.79亿元和311.42亿元，3个市（州）产值总和占全省高新技术工业产值的比重为68.07%；增速排前3位的是六盘水市、遵义市和黔西南州，分别为88.6%、51.1%和50.5%（表3-9）。

表3-9　贵州省高新技术工业产值区域分布

市（州）	产值（亿元）	比重（%）	增速（%）
贵阳市	1149.36	38.78	2.4
遵义市	556.79	18.78	51.1
黔南州	311.42	10.51	14.4
六盘水市	218.47	7.37	88.6
安顺市	214.24	7.23	3.5
毕节市	213.22	7.19	44.6
黔西南州	130.63	4.41	50.5
黔东南州	105.12	3.55	25.6
铜仁市	64.83	2.19	34.7

数据来源：贵州省统计局、贵州省科技发展战略研究院。

高新技术企业、科技型企业成长梯队进一步发展壮大，促进市（州）高新技术产业发展，2016年高新技术企业主营业务收入排前3位的是贵阳市、安顺市、遵义市，分别为656.84亿元、110.59亿元和103.77亿元；科技型企业成长梯队主营业务收入排前3位的是贵阳市、黔南州、遵义市，分别为333.07亿元、76.81亿元和74.06亿元（表3-10）。

表3-10　2016年全省高新技术企业和科技型企业成长梯队主营业务收入区域分布

市（州）	高新技术企业主营业务收入（亿元）	科技型企业成长梯队主营业务收入（亿元）
贵阳市	656.84	333.07
安顺市	110.59	69.52
遵义市	103.77	74.06
黔南州	80.97	76.81
毕节市	67.00	2.00
铜仁市	19.07	15.51
黔东南州	13.92	13.10
六盘水市	5.97	0.37
黔西南州	5.68	4.27

数据来源：贵州省科技发展战略研究院。

（一）贵阳市

贵阳市仍是全省高新技术产业发展的主战场，高新技术工业产值居全省第1位，占全省的比重达38.78%（但较上年下降10.21个百分点）。贵阳市高新技术工业产值排前3位的是装备制造业、化工产业及民族制药和特色食品产业，分别为502.02亿元、272.81亿元和264.81亿元；增速排前3位的是节能环保产业、建材产业及民族制药和特色食品产业，分别为169.3%、12.6%和7.5%。高技术产业产值为473.42亿元，同比增长8.1%（表3-11）。

表3-11　贵阳市高新技术主要工业产业分布

行业名称	产值（亿元）	增速（%）
装备制造业	502.02	1.9
化工产业	272.81	-4.4
民族制药和特色食品产业	264.81	7.5
建材产业	50.99	12.6

续表

行业名称	产值（亿元）	增速（%）
冶金产业	25.51	2.4
有色产业	23.50	0.5
节能环保产业	8.96	169.3
电力产业	0.75	-3.3

贵阳市所辖10个县（市、区）中，花溪区、乌当区、白云区、息烽县、云岩区四区一县高新技术工业产值均达百亿元以上，其中花溪区排第1位，达294.12亿元；增速排前3位的是白云区、息烽县和乌当区，分别为15.8%、15.0%和12.5%。除云岩区、南明区、观山湖区同比下降外，其余县（市、区）均实现增长（表3-12）。

表3-12 贵阳市所辖县（市、区）高新技术工业产值区域分布

县（市、区）名称	产值（亿元）	增速（%）
花溪区	294.12	0.3
乌当区	170.52	12.5
白云区	168.38	15.8
息烽县	124.61	15.0
云岩区	102.33	-20.8
修文县	79.48	5.4
开阳县	51.67	3.7
清镇市	40.70	9.8
观山湖区	32.74	-2.6
南明区	14.93	-9.7

（二）遵义市

遵义市高新技术工业产值居全省第2位，占全省的比重达18.78%。高新技术工业产值排前3位的是装备制造业、民族制药和特色食品产业及建材产业，分别为392.48亿元、76.77亿元和50.88亿元；增速排前3位的是装备制造业、节能环保产业及建材产业，分别为69.8%、58.5%和35.8%。高技术产业产值为372.66亿元，同比增长79.1%（表3-13）。

表 3-13 遵义市高新技术主要工业产业分布

行业名称	产值（亿元）	增速（%）
装备制造业	392.48	69.8
民族制药和特色食品产业	76.77	18.6
建材产业	50.88	35.8
冶金产业	26.70	6.1
有色产业	4.26	12.8
化工产业	3.33	−27.6
节能环保产业	2.36	58.5

遵义市所辖14个县（市、区）中，播州区高新技术工业产值居全省第1位，达到296.29亿元，红花岗区和汇川区分别居全市第2位、第3位，产值分别为118.02亿元和94.27亿元，正安县首次有高新技术工业产值；增速排前3位的是余庆县、播州区、道真县，分别为423.5%、87.0%和55.0%。除仁怀市产值为0、习水县同比下降外，其余均实现增长（表3-14）。

表 3-14 遵义市所辖县（市、区）高新技术工业产值区域分布

县（市、区）名称	产值（亿元）	增速（%）
播州区	296.29	87.0
红花岗区	118.02	16.6
汇川区	94.27	38.1
绥阳县	28.49	16.2
赤水市	4.46	12.8
道真县	3.88	55.0
湄潭县	3.40	36.7
桐梓县	2.63	23.1
余庆县	1.29	423.5
务川县	1.02	47.8
习水县	0.84	−1.9
凤冈县	0.56	9.2
正安县	0.42	—

（三）黔南州

黔南州高新技术工业产值居全省第3位，占全省的比重达10.51%。高新技术工业产值前3位的是装备制造业、化工产业及民族制药和特色食品产业，分别为106.20亿元、103.96亿元和71.80亿元；增速排前3位的是电力产业、建材产业及装备制造业，分别为68.6%、33.6%和15.4%。高技术产业产值为78.94亿元，同比增长14.8%（表3-15）。

表3-15 黔南州高新技术主要工业产业分布

行业名称	产值（亿元）	增速（%）
装备制造业	106.20	15.4
化工产业	103.96	9.8
民族制药和特色食品产业	71.80	14.1
建材产业	13.67	33.6
冶金产业	8.33	3.7
电力产业	7.46	68.6

黔南州所辖12个县（市）中，高新技术工业产值排前3位的是龙里县、惠水县、福泉市，分别为57.64亿元、50.51亿元和49.46亿元；增速排前3位的是瓮安县、都匀市及独山县，分别为45.9%、30.6%和30.5%。除荔波县和三都县产值为0、福泉市产值同比下降外，其他县（市）同比均实现增长（表3-16）。

表3-16 黔南州所辖县（市）高新技术工业产值区域分布

县（市）名称	产值（亿元）	增速（%）
龙里县	57.64	18.9
惠水县	50.51	6.5
福泉市	49.46	-9.8
瓮安县	45.88	45.9
都匀市	24.08	30.6
贵定县	22.81	29.2
长顺县	22.20	2.5
罗甸县	21.76	13.6
独山县	15.90	30.5
平塘县	1.02	14.8

（四）六盘水市

六盘水市高新技术工业产值居全省第4位，占全省的比重为7.37%。高新技术工业产值排前3位的是装备制造业、电力产业及煤炭产业，分别为85.10亿元、57.46亿元和35.31亿元；增速排前3位的是装备制造业、建材产业及民族制药和特色食品产业，分别为261.5%、236.8%和190.2%。高技术产业产值为55.63亿元，同比增长1390.3%（表3-17）。

表3-17 六盘水市高新技术主要工业产业分布

行业名称	产值（亿元）	增速（%）
装备制造业	85.10	261.5
电力产业	57.46	62.5
煤炭产业	35.31	18.5
有色产业	19.62	0.7
节能环保产业	12.84	34.6
建材产业	7.33	236.8
冶金产业	5.90	0.8
化工产业	5.19	113.5
民族制药和特色食品产业	2.29	190.2

六盘水市所辖4个县（特区、区）中，高新技术工业产值排前3位的是盘县、水城县、钟山区，分别为92.41亿元、68.64亿元和54.34亿元；增速排前3位的是水城县、钟山区、盘县，分别为176.9%、84.0%和58.9%。仅六枝特区同比下降（表3-18）。

表3-18 六盘水市所辖县（特区、区）高新技术工业产值区域分布

县（特区、区）名称	产值（亿元）	增速（%）
盘县	92.41	58.9
水城县	68.64	176.9
钟山区	54.34	84.0
六枝特区	3.07	-8.4

（五）安顺市

安顺市高新技术工业产值居全省第5位，占全省的比重为7.23%。高新技术工业产值排前3位的是装备制造业、民族制药和特色食品产业及建材产业，分别为152.62亿元、22.63亿元和18.07亿元；增速排名前3位的是电力产业、冶金产业及节能环保产业，分别为170.3%、82.0%及32.3%。高技术产业产值为132.59亿元，同比增长2.8%（表3-19）。

表3-19 安顺市高新技术主要工业产业分布

行业名称	产值（亿元）	增速（%）
装备制造业	152.62	-2.3
民族制药和特色食品产业	22.63	30.6
建材产业	18.07	1.9
化工产业	8.92	11.5
冶金产业	5.30	82.0
有色产业	3.14	27.1
节能环保产业	2.57	32.3
电力产业	0.98	170.3

安顺市所辖6个县（区）中，高新技术工业产值排前3位的是西秀区、平坝区和普定县，分别为104.48亿元、90.57亿元和19.59亿元；除西秀区和普定县两县分别增长18.5%和6.2%外，平坝区、紫云县、镇宁县则同比下降。关岭县首次有高新技术工业产值（表3-20）。

表3-20 安顺市所辖县（区）高新技术工业产值区域分布

县（区）名称	2016年产值（亿元）	增速（%）
西秀区	104.48	18.5
平坝区	90.57	-9.9
普定县	19.59	6.2
镇宁县	2.96	-21.6
关岭县	0.96	—
紫云县	0.37	-9.9

（六）毕节市

毕节市高新技术工业产值居全省第6位，占全省的比重为7.19%。高新技术工业产值排前3位的是装备制造业、冶金产业及化工产业，分别为138.08亿元、36.14亿元和15.78亿元；增速排前3位的是民族制药和特色食品产业、建材产业及化工产业，分别为112.4%、96.9%和60.4%。高技术产业产值为43.09亿元，同比增长163.0%（表3-21）。

表3-21 毕节市高新技术主要工业产业分布

行业名称	产值（亿元）	增速（%）
装备制造业	138.08	55.2
冶金产业	36.14	3.4
化工产业	15.78	60.4
电力产业	12.13	46.1
建材产业	5.58	96.9
民族制药和特色食品产业	5.51	112.4

毕节市所辖8个县（区）中，高新技术工业产值排前3位的是七星关区、金沙县和赫章县，分别为113.11亿元、34.05亿元和33.34亿元；增速排前3位的是织金县、金沙县及纳雍县，分别为284.4%、174.6%和113.9%。除赫章县同比下降外，其余县（区）均同比增长（表3-22）。

表3-22 毕节市所辖县（区）高新技术工业产值区域分布

县（区）名称	产值（亿元）	增速（%）
七星关区	113.11	40.1
金沙县	34.05	174.6
赫章县	33.34	-8.6
纳雍县	14.02	113.9
威宁县	9.28	45.5
黔西县	3.44	86.7
大方县	3.23	37.2
织金县	2.76	284.4

（七）黔西南州

黔西南州高新技术工业产值居全省第 7 位，占全省的比重为 4.41%。高新技术工业产值排前 3 位的是有色产业、民族制药和特色食品产业及化工产业，分别为 104.95 亿元、13.12 亿元及 4.59 亿元；增速排前 3 位的是建材产业、装备制造业及化工产业，分别为 956.8%、411.8% 和 90.2%。高技术产业产值为 12.93 亿元，同比增长 19.2%（表 3-23）。

表 3-23 黔西南州高新技术主要工业产业分布

行业名称	产值（亿元）	增速（%）
有色产业	104.95	45.4
民族制药和特色食品产业	13.12	16.8
化工产业	4.59	90.2
装备制造业	3.56	411.8
建材产业	3.05	956.8
电力产业	1.36	—

黔西南州所辖 8 个县（市）中，高新技术工业产值排前 3 位的是贞丰县、安龙县和兴义市，分别为 80.22 亿元、18.21 亿元和 14.01 亿元；增速排前 3 位的是兴义市、贞丰县、册亨县，分别为 133.9%、48.6% 和 48.5%。普安县和晴隆县首次有高新技术工业产值（表 3-24）。

表 3-24 黔西南州所辖县（市）高新技术工业产值区域分布

县（市）名称	产值（亿元）	增速（%）
贞丰县	80.22	48.6
安龙县	18.21	20.5
兴义市	14.01	133.9
兴仁县	10.31	47.9
望谟县	3.82	30.6
册亨县	2.71	48.5
普安县	0.91	—
晴隆县	0.45	—

（八）黔东南州

黔东南州高新技术工业产值居全省第8位，占全省的比重为3.55%。高新技术工业产值排前3位的是装备制造业、冶金产业及民族制药和特色食品产业，分别为68.20亿元、12.83亿元和10.90亿元；增速居前3位的是电力产业、装备制造业及民族制药和特色食品产业，分别为76.8%、31.0%和24.7%。高技术产业产值为19.73亿元，同比增长36.7%（表3-25）。

表3-25 黔东南州高新技术主要工业产业分布

行业名称	产值（亿元）	增速（%）
装备制造业	68.20	31.0
冶金产业	12.83	19.3
民族制药和特色食品产业	10.90	24.7
化工产业	6.56	14.8
有色产业	3.05	11.8
电力产业	2.03	76.8
节能环保产业	1.54	-40.2

黔东南州所辖16个县（市）中，高新技术工业产值排前3位的是凯里市、丹寨县和岑巩县，分别为52.94亿元、26.93亿元和8.12亿元；增速排前3位的是天柱县、台江县和凯里市，分别为70.7%、55.0%和36.1%。除黄平县、剑河县、黎平县、从江县、榕江县和雷山县产值为0，麻江县、锦屏县及镇远县同比下降外，其余县（市）均实现增长（表3-26）。

表3-26 黔东南州所辖县（市）高新技术工业产值区域分布

县（区）名称	产值（亿元）	增速（%）
凯里市	52.94	36.1
丹寨县	26.93	17.2
岑巩县	8.12	32.3
台江县	7.78	55.0
天柱县	2.49	70.7
三穗县	2.33	10.7
麻江县	1.54	-58.9
镇远县	1.35	-6.6

续表

县（区）名称	产值（亿元）	增速（%）
锦屏县	1.17	-21.7
施秉县	0.47	12.6

（九）铜仁市

铜仁市高新技术工业产值居全省第9位，占全省的比重为2.19%。高新技术工业产值排前3位的是装备制造业、化工产业、民族制药和特色食品产业，分别为28.96亿元、14.64亿元及10.68亿元；增速排前3位的是装备制造业、民族制药和特色食品产业及有色产业，分别为65.1%、35.8%及18.6%。高技术产业产值为20.53亿元，同比增长60.9%（表3-27）。

表3-27　铜仁市高新技术主要工业产业分布

行业名称	产值（亿元）	增速（%）
装备制造业	28.96	65.1
化工产业	14.64	15.6
民族制药和特色食品产业	10.68	35.8
建材产业	8.80	6.6
冶金产业	1.01	-14.0
有色产业	0.73	18.6

铜仁市所辖10个县（区）中，高新技术工业产值排前3位的是玉屏县、德江县和思南县，分别为26.30亿元、11.72亿元和6.55亿元；增速排前3位的是碧江区、玉屏县和印江县，分别为82.5%、49.3%和41.3%（表3-28）。

表3-28　铜仁市所辖县（区）高新技术工业产值区域分布

县（区）名称	产值（亿元）	增速（%）
玉屏县	26.30	49.3
德江县	11.72	15.5
思南县	6.55	3.9
碧江区	5.30	82.5
印江县	3.55	41.3

续表

县（区）名称	产值（亿元）	增速（%）
万山区	3.35	38.1
松桃县	3.25	39.7
江口县	3.08	24.4
石阡县	1.31	24.5
沿河县	0.43	16.8

三、高新技术产业开发区发展情况

2016年，全省省级以上高新区整体发展态势良好，科技创新支撑引领全省经济发展，主要经济指标增长均高于全省平均水平，贵阳国家高新区持续稳步发展，安顺国家高新区待审批，铜仁、遵义、娄山关省级高新区各项指标增速较快。

（一）整体保持平稳增长

全省加快推进高新区建设，2016年已经形成1家国家高新区和4家省级高新区的发展格局，高新区成为区域经济快速发展的重要引擎。高新区的产业结构进一步优化，高新技术产业、高新技术企业占比逐步提升，高新区各项经济指标均实现增长。

根据科技部火炬中心统计，2016年贵阳国家高新区主营业务收入3000亿元、财政总收入27.42亿元、固定资产投资560亿元，分别同比增长4.5%、21.7%和7.6%；规模以上工业企业556家、高新技术企业270家，分别同比增长7.3%、15.9%；创新服务平台105个、创新载体38家，分别同比增长4.0%、27.7%。全省4家省级高新区主营业务收入551.09亿元、财政总收入28.11亿元、固定资产投资516.28亿元，分别同比增长106.4%、51.9%和83.2%；规模以上工业企业166家、高新技术企业55家，分别同比增长90.8%、111.5%；创新服务平台47个、创新载体14家，分别同比增长135.0%、55.6%（表3-29）。

表3-29　2016年贵州省高新技术产业开发区发展情况

指标名称	省级		国家级	
	2015年	2016年	2015年	2016年
主营业务收入（亿元）	266.95	551.09	2870.28	3000.00
财政总收入（亿元）	18.51	28.11	22.53	27.42
固定资产投资（亿元）	281.86	516.28	520.31	560.00

续表

指标名称	省级		国家级	
	2015 年	2016 年	2015 年	2016 年
规模以上工业企业（家）	87	166	518	556
高新技术企业（家）	26	55	233	270
创新服务平台（个）	20	47	101	105
企业技术中心（个）	12	18	43	44
工程技术研究中心（个）	5	19	40	42
重点实验室（个）	0	3	2	2
工程研究中心（工程实验室）（个）	1	3	5	5
院士工作站（个）	2	4	11	12
创新载体（家）	9	14	30	38
众创空间（家）	5	7	10	16
孵化器（家）	4	7	19	21
大学科技园（家）	0	0	1	1

数据来源：省级以上高新技术产业开发区。

（二）国家高新区创新能力持续提升

2016 年，贵阳国家高新区深入贯彻落实国家创新驱动发展战略、国家大数据战略、国家"双创"战略，紧扣大数据战略布局，加快建设大数据"双创"引领区、大数据技术创新试验区、大数据中小微企业聚集区，全力打造以大数据为引领的创新型中心城市示范区。新增国家认定高新技术企业 37 家，国家认定高新技术企业累计达 270 家；新建创新载体 8 家，聚集创新载体累计达 38 家，其中国家级孵化器 21 家（含国家大学科技园），国家级众创空间 4 家，新增孵化场地面积 40 万平方米，新增在孵企业 308 家，累计孵化企业 1500 家。预计全年工业总产值完成 2600 亿元，同比增长 21%；企业 R&D 经费投入强度达 5.74%，综合科技进步水平指数达 87.7%，在全省 106 家产业园区中排名第一。

根据《关于通报国家高新区评价（试行）结果的通知》（国科火字〔2016〕81 号），贵阳国家高新区综合排名第 43 位，较上年有大幅提升，与其前 5 位的高新区单项指标比较，贵阳国家高新区可持续发展能力（第 8 位）高于威海、南宁、哈尔滨、常州；知识创造和技术创新能力（第 42 位）高于威海、哈尔滨、常州；产业升级和结构优化能力（第 52 位）高于威海、南宁、乌鲁木齐；国际化和参与全球竞争能力（第 105 位）高于乌鲁木齐（表 3-30）。

表 3-30 贵阳及其前 5 位的国家高新区指标排名情况

高新区	总排名	知识创造和技术创新能力	产业升级和结构优化能力	国际化和参与全球竞争能力	高新区可持续发展能力
威海	38	59	55	8	48
南宁	39	24	62	67	49
哈尔滨	40	40	29	56	64
乌鲁木齐	41	23	76	110	5
常州	42	69	32	21	72
贵阳	43	42	52	105	8

（三）省级高新区发展势头强劲

2016年，省级高新区围绕区域发展特色，大力推进科技创新，加快推进产业布局，协调区域发展资源，不断增强高新区在区域经济社会发展中的作用，实现主要核心指标增速高于区域经济发展增速。安顺高新区预计全年实现工业产值、增加值、税收分别达到159亿元、42.3亿元和3.06亿元，分别同比增长18.83%、13.13%和93.67%；娄山关高新区预计全年实现营业总收入、工业总产值、固定资产投资分别达到34亿元、43.5亿元、44.5亿元，分别同比增长17%、16%和22%；铜仁高新区预计全年实现规模以上工业产值、增加值、固定资产投资分别达到17.44亿元、3.22亿元和26.86亿元；遵义高新区预计全年实现生产总值、财政总收入、一般公共预算收入、工业总产值、规模工业增加值、进出口总额、固定资产投资分别达到167.2亿元、13.5亿元、7亿元、276.9亿元、54.78亿元、1049万美元和190.79亿元。

四、高新技术产业发展成效、存在问题和工作建议

（一）发展成效

1. 指标增速高于规模以上工业，企业规模取得新突破

全省高新技术产业产值达3527.04亿元，同比增长21.6%，连续7年产值保持20%以上的增速，产值增速比GDP增速（10.5%）高11.1个百分点；高新技术产业工业增加值为580.67亿元，同比增长24.2%，比规模以上工业增加值（9.9%）高14.3个百分点；全省高新技术产业共涉及入统企业915家，较上年同期增长28.7%；高新技术产业从业人数达到28.7万人，创历史新高。

2. 支柱产业进一步壮大，新兴产业快速增长

全省高新技术产业中，先进制造、新材料、生物医药等支柱产业共实现产值2360.19亿元，

同比增长25.1%，占全省高新技术产业产值的71.02%；新能源、节能环保产业产值保持了较快的增长速度，分别达到63.1%和49.8%，均高于全省高新技术产业产值增速（21.6%）。

3. 区域发展态势良好，高新产值占比提升

全省大部分市（州）高新技术产业保持了较快的增长速度，六盘水市、遵义市、黔西南州、毕节市分别同比增长88.6%、51.1%、50.5%和44.6%。部分市（州）高新技术产业产值占全省的比重进一步提高，遵义市、六盘水市、黔南州分别比上年提高3.16个百分点、2.69个百分点、1.83个百分点。

4. 产业主体发展壮大，推动高新技术产业快速发展

引领全省高新技术产业发展的主体不断壮大，一是高新技术企业快速发展，2016年全省共478家高新技术企业，较上年同期增长25.1%，实现工业总产值1238.24亿元，同比增长17.83%；二是科技型企业成长梯队迅速发展，2016年梯队企业总数为802个，增速为53.1%，实现工业总产值572亿元。

5. 创新服务体系不断优化，营造良好的创新环境

2016年，全省高新技术产业围绕重点行业布局，建设一批工程（技术）研究中心、重点实验室、企业技术中心、新型研发机构等创新平台，全省各类创新服务平台共509个，省级以上高新区集聚152家，其中工程研究中心（工程实验室）达到76家，同比增长28.8%；孵化器建设成效显著，共建设各类孵化器和众创空间82家，同比增长54.7%，一大批在孵企业逐步成为技术含量高、创新能力强、发展势头猛的科技型企业。

（二）存在问题

1. 部分区域增长趋势放缓

全省高新技术产业发展强劲，但政府引导高新技术产业发展的力度需进一步加强，部分区域高新技术产业产值增长幅度有所下滑，2016年，贵阳市和安顺市高新技术产业产值分别同比增长2.4%、3.5%，较上年增速下降9.1个百分点、31.5个百分点，与全省高新技术产业产值增速（21.6%）差距较为明显。截至2016年，全省有79个县（市、区、特区）有高新技术产业产值［即9个县（市、区）产值为0］，13个县（市、区）产值同比下降。

2. 平台载体支撑力度不够

全省高新技术产业发展的平台载体相对较少，缺乏具有影响力和知名度的高端平台载体。从与周边五省（市）的对比看，2015年贵州省国家高新区1个，排名末位，与四川、陕西差距较大；科技企业孵化器22家，仅高于云南，与四川、广西差距较为明显；国家大学科技园2家，高于广西，与四川、陕西有一定的差距（表3-31）。

表 3-31　2015 年贵州省与周边省（市）平台载体对比

单位：个

省份	国家高新区	科技企业孵化器	国家大学科技园
广西	4	42	1
云南	2	14	2
重庆	2	33	2
陕西	6	38	4
四川	7	90	5
贵州	1	22	2

数据来源：《2016 中国火炬统计年鉴》。

3. 企业科技活动能力弱

从 2016 年全省主要工业产业分布情况看，冶金产业、煤炭产业高新技术企业主营业务收入为 0，企业创新能力弱，难以支撑产业快速发展，成为高新技术产业发展中的短板。规模以上高新技术企业 245 家，占高新技术企业总数的 51.3%，高新技术企业总体规模偏小；其中，入统高新技术产业的高新技术企业总数为 164 家，占规模以上高新技术企业总数的 66.9%，其产值为 872.8 亿元，占高新技术工业产值的 29.8%，高新技术企业支撑高新技术产业发展能力有待进一步提高。

2015 年，全省高新技术企业 382 家，远低于其他省（市），分别仅为四川省、陕西省的 14.6%、24.0%；有 R&D 活动的企业占规模以上工业企业数的比重仅为 6.4%，比云南省、重庆市分别低 12.8 个百分点、12.1 个百分点；有研发机构的企业占规模以上工业企业数的比重为 3.8%，比重庆市、云南省分别低 7.1 个百分点、6.6 个百分点（表 3-32）。

表 3-32　2015 年贵州省与周边省份规模以上企业科技活动对比

单位：家

省份	高新技术企业	规模以上工业企业数	有 R&D 活动的企业	有研发机构的企业
广西	631	5511	456	246
云南	902	3873	744	404
重庆	940	6612	1225	722
陕西	1589	5413	868	400
四川	2614	13524	1304	743
贵州	382	4482	285	170

数据来源：《2016 中国火炬统计年鉴》《工业企业科技活动统计年鉴 2016》。

第三章 2016年贵州省高新技术产业发展报告

4. 协同创新机制不灵活

协同创新是科技创新的必然选择，产业联盟是实现协同创新的有效载体，2016年，全省面临单个创新主体难以突破条块分割的障碍，协同创新存在着认识不到位、领军人物不足、协同机制亟待完善、利益共同体尚未形成等问题。部分高校和科研院所尚未建立健全协同创新制度体系，间接降低了人才、资本、信息、技术等创新要素活力的释放程度。

5. 政策落实力度不够

贵州相继出台系列高新技术产业发展的重点政策，从实施效果来看，存在政策知晓程度不高、政策实施力度不够、政策保障体系不健全等问题。2015年，贵州研究开发费用加计扣除减免税为0.6亿元，远低于周边省份，仅为四川的4.2%；高新技术企业减免税为2.15亿元，略高于云南，与四川、广西差距较大（表3-33）。从贵州9个市（州）来看，有3个市（州）研发费用税前加计扣除金额几乎为0（表3-34）。

表3-33　2015年贵州省与周边省份相关政策落实情况

单位：亿元

省份	研究开发费用加计扣除减免税	高新技术企业减免税
广西	3.12	4.51
云南	1.06	1.84
重庆	6.91	3.49
陕西	8.05	3.81
四川	14.25	8.38
贵州	0.60	2.15

数据来源：《工业企业科技活动统计年鉴2016》。

表3-34　2015年贵州省及9个市（州）研发费用税前加计扣除金额

单位：万元

区域	国税绝对数	地税绝对数
全省	12 221.08	4624.17
贵阳市	9429.30	3061.80
六盘水市	0.00	411.52
遵义市	1630.97	234.99
安顺市	524.12	514.62

续表

区域	国税绝对数	地税绝对数
毕节市	49.49	0.00
铜仁市	0.00	12.88
黔西南州	0.00	20.14
黔东南州	133.45	52.25
黔南州	453.75	315.97

数据来源：贵州省国家税务局、贵州省地方税务局。

（三）工作建议

1. 加强政府引导力度

加快发展高新技术产业不仅是落实供给侧结构性改革的内在要求，也是推进贵州省经济结构转型，提升经济竞争力的有效路径。各级党委、政府要重视高新技术产业发展，充分发挥高新技术产业在转型升级中的引擎作用，推动政府职能从研发管理向创新服务转变，处理好市场与政府、供给与需求两个关系，系统推进制度创新、技术创新、文化创新，稳定存量，增加增量，努力聚集各类要素资源，不断完善高新技术产业，发展协调调度机制，促进产业健康有序发展。

2. 加快推进平台载体建设

推动遵义高新区升级为国家高新区，支持有条件的市州建设省级高新区；推进贵阳、遵义国家级创新型试点城市和创新型县（市）建设；以贵州省国家级可持续发展实验区为基础，重点围绕精准扶贫等领域确定创新示范区实验主题，争创国家可持续发展议程创新示范区。在大数据、大健康、大生态领域布局建设一批重点实验室、工程技术研究中心、临床医学研究中心等研发平台，依托研发平台建设和重大科技项目实施培养与聚集一批创新人才。全力打造科技企业创新载体，新建一批孵化器、大学科技园和众创空间，构建"创业苗圃—孵化器—加速器"创业孵化链条，通过促进创新载体和产业园区良性互动和相互促进，促进高新技术产业快速发展。

3. 发挥重点企业市场主体地位作用

紧紧围绕全省科技型企业成长梯队和高新技术企业的发展，重点盯住营业收入接近规模以上的重点企业，一是多部门联动，对企业进行精准对接，精准帮扶，精准调度，进行任务分工、包企到户，确保具备冲刺规模以上的企业进入规模以上行列，纳入高新技术产业统计范围。二是发挥领军企业的龙头带动效应，遴选一批具有较大规模优势、较好人才基础、较强创新实力和较快发展速度的规模以上企业，形成一批具有知名品牌，可引领贵州省重点产业发展的百亿级、十亿级创新型领军企业。

4. 构建协同创新体系

围绕高新技术产业发展，加强跨部门、跨行业、跨区域研发布局和协同创新，集成企业、高等院校、科研院所、高新区、众创空间和创新链各环节的创新资源，培育建设一批省级产业协同创新中心（基地），加快创新成果的转化与扩散。强化高校、科研院所原始创新、前沿技术创新、创新人才培养能力，发挥高校、科研院所支撑行业重大关键共性技术研究的主力军作用。高度重视产业联盟的协同创新载体作用，加快政产学研用深度融合，探索产学研结合的新模式、新机制，完善产业创新链。

5. 加快推进政策落实

不断深化部门间的工作配合与协调联动，进一步加强优惠政策的宣传，加大企业研发费用加计扣除、技术成果交易税收减免等政策落实力度，集成资源共同推进各类高新技术产业创新政策落到实处。出台一批促进高新技术产业发展的政策措施，包括推进重点领域关键技术攻关、科技金融支撑、技术转移和成果转化、高新技术企业培育等措施，切实把《关于深化人才发展体制机制改革的意见》（中发〔2016〕9号）《中华人民共和国促进科技成果转化法》（国发〔2016〕16号）《中共贵州省委贵州省人民政府关于以大数据为引领实施区域科技创新战略的决定》（黔党发〔2016〕17号）等文件精神落到实处，尽快将"科八条"在全省推广实施。

第四章

2017年贵州省高新技术产业发展报告

2017年，贵州省高新技术产业发展紧紧围绕大扶贫、大数据、大生态"三大"战略行动，激发创新发展的内生动力，发挥高新技术产业的引领和带动作用，提高高质量发展的科技供给，助力全省"千企改造"和"千企引进"工程，提升高新技术产业与国民经济社会发展的融合度，全省高新技术产业保持了持续向好，稳中求进的发展态势。

一、2017年全省高新技术产业发展情况

（一）总体情况

2017年，全省高新技术产业产值为3977.88亿元，同比增长24.1%，超额完成2017年度省政府高新技术产业产值目标任务（3600亿元）。其中，高新技术工业总产值为3414.72亿元，同比增长30.8%；高新技术产业工业增加值为797.58亿元，同比增长22.6%；高新技术工业主营业务收入达到3343.35亿元，同比增长27.3%；高新技术工业利润总额为125.62亿元，同比增长26.6%。高新技术产业出口交货值为242.61亿元，同比增长95.2%，如表4-1所示。全省高技术产业产值为1162.18亿元，同比增长35.3%，占全部高新技术工业总产值的比重为34.03%。

表4-1 2017年贵州省高新技术产业主要指标情况

主要指标	产值（亿元）	增速（%）
产业产值	3977.88	24.1
#工业总产值	3414.72	30.8
工业增加值	797.58	22.6
工业主营业务收入	3343.35	27.3

续表

主要指标	产值（亿元）	增速（%）
工业利润总额	125.62	26.6
出口交货值	242.61	95.2

数据来源：贵州省统计局、贵州省科技发展战略研究院，下同。

根据国民经济行业分类，2017年全省高新技术产业工业总产值排名前十的行业中，计算机、通信和其他电子设备制造业排名第一，产值达到798.29亿元，占全部高新技术产业工业总产值的比重为23.38%。排名第二的是医药制造业，达486.53亿元，占全部高新技术产业工业总产值的比重为14.2%。在增速方面，计算机、通信和其他电子设备制造业增速也排名第一，达85.4%，高于全省高新技术产业产值增速，发展良好；化学原料和化学制品制造业的增速较快，达到79.5%，超过高新技术产业工业总产值的增速；而医药制造业、铁路、船舶、航空航天和其他运输设备制造业、通用设备制造业和非金属矿物制品业均低于全省高新技术产业工业总产值的增速；橡胶和塑料制品业增速仅为2.7%，专用设备制造业出现负增长，发展相对滞后（表4-2）。

表4-2　2017年高新技术产业工业总产值排名前十的行业分布

行业名称	工业总产值（亿元）	增速（%）
计算机、通信和其他电子设备制造业	798.29	85.4
医药制造业	486.53	22.6
汽车制造业	273.84	25.4
电气机械和器材制造业	266.48	25.2
化学原料和化学制品制造业	260.15	79.5
铁路、船舶、航空航天和其他运输设备制造业	202.55	21.5
非金属矿物制品业	181.95	10.4
橡胶和塑料制品业	180.12	2.7
专用设备制造业	139.21	-2.0
通用设备制造业	123.94	17.8

2017年，全省高新技术产业工业增加值排名前10位中，计算机、通信和其他电子设备制造业排名第一，达126.72亿元，占全部工业增加值的比重为15.89%，其增速也排第一，达83.6%；其次是汽车制造业，达75.00亿元，占全部工业增加值的比重为9.40%。在增

速方面,煤炭开采和洗选业排第二,达54.4%,两个产业的增速都远远高于全省高新技术产业工业增加值增速(22.6%),发展良好;电气机械和器材制造业、电力、热力生产和供应业及汽车制造业,增速分别达27.4%、26.9%和22.7%,也高于全省高新技术产业工业增加值增速,发展较快;铁路、船舶、航空航天和其他运输设备制造业及化学原料和化学制品制造业,低于全省高新技术产业工业增加值增速,发展相对较慢;非金属矿物制品业、专用设备制造业及橡胶和塑料制品业呈现负增长,发展相对滞后(表4-3)。

表4-3 2017年高新技术产业工业增加值排名前十的行业分布

行业名称	工业增加值(亿元)	增速(%)
计算机、通信和其他电子设备制造业	126.72	83.6
汽车制造业	75.00	22.7
铁路、船舶、航空航天和其他运输设备制造业	54.23	17.5
化学原料和化学制品制造业	51.87	12.3
电力、热力生产和供应业	50.88	26.9
电气机械和器材制造业	47.19	27.4
非金属矿物制品业	39.07	-0.2
专用设备制造业	38.50	-4.7
煤炭开采和洗选业	36.13	54.4
橡胶和塑料制品业	29.98	-5.4

(二)主要产业发展情况

2017年,全省高新技术主要工业产业与上年同期相比均实现增长,增速排前3位的产业为节能环保产业、煤炭产业和装备制造业,其增速分别达121.9%、113.0%和40.8%;产值排前3位的产业为装备制造业、民族制药和特色食品产业及化工产业,分别达1842.92亿元、494.23亿元和456.72亿元(表4-4)。

表4-4 2017年贵州省高新技术主要工业产业分布

行业名称	产值(亿元)	同比增长(%)	占比(%)
装备制造业(高端装备制造、电子信息设备制造等)	1842.92	40.8	53.97
民族制药和特色食品产业(生物药品制造、生物食品制造等)	494.23	22.6	14.47

续表

行业名称	产值（亿元）	同比增长（%）	占比（%）
化工产业（精细化工、生物农业用品制造等）	456.72	10.5	13.38
建材产业（新型功能材料、先进结构材料等）	182.92	10.5	5.36
电力产业（新能源、资源综合利用等）	111.62	17.9	3.27
冶金产业（高端金属冶炼等）	101.21	8.8	2.96
煤炭产业（资源循环利用等）	90.72	113.0	2.66
有色产业（高端合金制造等）	83.33	24.6	2.44
节能环保产业（高效节能、先进环保等）	51.04	121.9	1.49

1. 装备制造业

装备制造业包含以大数据为引领的电子信息设备制造、高端通用设备制造、高端专用设备制造和高端仪器仪表制造等产业。该产业产值独占鳌头达1842.92亿元，同比增长40.8%，占全省高新技术工业总产值的53.97%。其中，运输设备及生产用计数仪表制造、印制电路板制造和雷达及配套设备制造分别为上年同期的745.2倍、14.2倍和7.2倍，拉升幅度较大；而金属切割及焊接设备制造、连续搬运设备制造、微电机及其他电机制造分别同比下降81.9%、71.1%和64.0%。

2. 民族制药和特色食品产业

民族制药和特色食品产业包含生物药品制造、保健食品制造等产业。该产业产值为494.23亿元，同比增长22.6%，占全省高新技术工业总产值的比重为14.47%。其中，化学药品原料药制造、生物药品制造和化学药品制剂制造分别同比增长242.2%、85.4%和69.3%；而兽用药品制造和卫生材料及医药用品制造分别同比下降5.5%和4.4%。

3. 化工产业

化工产业包含有机肥料及微生物肥料制造、生物化学农药及微生物农药制造等产业。该产业产值为456.72亿元，同比增长10.5%，占全省高新技术工业总产值的比重为13.38%。其中，氮肥制造（清洁生产）、磷肥制造（精细磷化工、磷矿资源及副产物综合利用、清洁生产）与化学试剂和助剂制造（催化材料）分别同比增长11.6倍、62.8%和49.8%；而塑料薄膜制造、化学矿开采（化学矿尾矿再开发利用）和林产化学产品制造（活性炭等）分别同比下降97.2%、93.6%和32.0%。

4. 建材产业

建材产业包含轻质建筑材料制造、隔热和隔音材料制造等产业。该产业产值为182.92

亿元，同比增长 10.5%，占全省高新技术工业总产值的比重为 5.36%。其中，耐火陶瓷制品及其他耐火材料制造、其他非金属矿物制品制造和刨花板制造（新型人造板等）分别同比增长 77.7 倍、2.81 倍和 41.0%；而建筑、安全用金属制品制造和耐火陶瓷制品分别同比下降 25.1% 和 9.4%。

5. 电力产业

电力产业包含风力产业、火力产业等产业。该产业产值为 111.62 亿元，同比增长 17.9%，占全省高新技术工业总产值的比重为 3.27%。其中，风力发电产值为 33.24 亿元，同比增长 15.3%；太阳能发电和电力供应大幅增长，分别为上年同期的 6.5 倍和 3.5 倍；火力发电产值为 59.71 亿元，同比下降 2.8%。

6. 冶金产业

冶金产业包含金属丝绳及其制品制造、铸件及粉末冶金制品制造等产业。该产业产值为 101.21 亿元，同比增长 8.8%，占全省高新技术工业总产值的比重为 2.96%。其中，锻件及粉末冶金制品制造、其他未列明金属制品制造和钢压延加工（贵钢、水钢有较高技术含量的产品）分别同比增长 72.0%、30.2% 和 23.1%；而黑色金属铸造同比下降 30.2%。

7. 煤炭产业

煤炭产业包含烟煤和无烟煤尾矿再开发利用及综合利用、煤矿瓦斯抽采与利用等产业。该产业产值为 90.72 亿元，同比增长 113.0%，占全省高新技术工业总产值的比重为 2.66%。其中，烟煤和无烟煤开采洗选（再开发、综合利用）和其他煤炭采选（煤矿瓦斯抽采与利用）产值分别为 40.97 亿元和 2.43 亿元，分别同比增长 115.5% 和 49.6%。

8. 有色产业

有色产业包含高端铝合金制造、高纯钛冶炼等产业。该产业产值为 83.33 亿元，同比增长 24.6%，占全省高新技术工业总产值的比重为 2.44%。其中，金矿采选（金矿尾矿再开发利用）、铅锌冶炼（高纯）和其他有色金属压延加工分别同比增长 19.4 倍、62.4% 和 30.7%。

9. 节能环保产业

节能环保产业包含金属废料和碎屑加工处理、污水处理及其再利用等产业。该产业产值为 51.04 亿元，同比增长 121.9%，占全省高新技术工业总产值的比重为 1.49%。其中，污水处理及其再利用及非金属废料和碎屑加工处理分别同比增长 133.8% 和 31.3%，而金属废料和碎屑加工处理同比下降 48.3%。

（三）创新要素

创新要素是指和创新相关的资源和能力的组合，通俗地说，就是支撑创新的人、财、物

第四章 2017年贵州省高新技术产业发展报告

及将人财物组合的机制,本书所指的创新要素主要包括创新服务平台、创新主体、人才、知识产权、研发投入等内容。

2017年,全省各类创新服务平台达631个,高新技术企业达693家,科技型企业成长梯队1034家,高新技术产业入统企业达1125家,发明专利申请量达13 884件,发明专利授权量达1875件,发明专利拥有量达8024件(表4-5)。

表4-5 全省创新要素情况

指标名称	2015年	2016年	2017年
创新服务平台(个)	521	584	631
企业技术中心(个)	184	191	204
工程技术研究中心(个)	104	113	129
重点实验室(个)	57	57	58
工程研究中心(工程实验室)(个)	59	73	73
院士工作站(个)	64	68	73
众创空间(家)	25	45	53
孵化器(家)	22	28	31
大学科技园(家)	6	9	10
高新技术产业入统企业(家)	711	915	1125
高新技术企业(家)	382	478	693
科技型企业成长梯队(家)	524	802	1034
领军企业(家)	22	31	33
小巨人企业(家)	82	102	112
小巨人成长企业(家)	190	250	281
科技型种子企业(家)	169	265	431
大学生创业企业(家)	61	154	177
国家级高新技术产业开发区(个)	1	1	2
省级高新技术产业开发区(个)	3	4	3
国家高新技术产业化基地(个)	11	12	15
省级高新技术产业化基地(个)	12	11	12
发明专利申请量(件)	7538	10 953	13 884

续表

指标名称	2015年	2016年	2017年
发明专利授权量（件）	1501	2036	1875
发明专利拥有量（件）	5428	7019	8024
规模以上企业（家）	4482	5123	5146
有R&D活动的企业（家）	285	650	946
全社会R&D经费（亿元）	62.32	73.40	95.88
规模以上工业企业R&D经费（亿元）	45.73	55.69	64.85
全社会R&D人员（人）	40 516	45 222	52 746
规模以上工业企业R&D人员（人）	22 465	27 677	32 616

数据来源：贵州省科技厅（知识产权局）、贵州省统计局、贵州省发展改革委员会、贵州省经济和信息化委员会。下同。

二、2017年高新技术产业区域发展情况

2017年，全省高新技术工业总产值主要分布在贵阳市、遵义市和安顺市，分别为1295.39亿元、582.70亿元和388.76亿元，三者总和占全省高新技术工业总产值的比重达66.48%，是贵州省高新技术产业发展较好的主要区域。安顺市、铜仁市和黔西南州的增速排前3位，分别为107.7%、71.1%和62.8%（表4-6）。

表4-6　2017年贵州省高新技术工业总产值区域分布

市（州）	产值（亿元）	同比增长（%）	占比（%）
贵阳市	1295.39	11.6	37.99
遵义市	582.70	44.3	17.09
安顺市	388.76	107.7	11.40
黔南州	349.89	27.2	10.26
毕节市	300.74	49.2	8.82
六盘水市	246.41	19.6	7.23
铜仁市	102.73	71.1	3.01
黔西南州	90.37	62.8	2.65
黔东南州	52.45	-7.9	1.54

第四章 2017年贵州省高新技术产业发展报告

（一）贵阳市

贵阳市高新技术工业总产值占全省的比重达37.99%，居第1位，是全省高新技术产业发展的主战场。高新技术工业总产值主要分布在8个产业，其中排前3位的产业是装备制造业、化工产业及民族制药和特色食品产业，分别为575.39亿元、299.93亿元及284.30亿元；节能环保产业、冶金产业及民族制药和特色食品产业增速排前3位，分别为129.9%、53.1%及14.0%。全市高新技术产业中，高技术产业产值为553.81亿元，同比增长10.0%（表4-7）。

表4-7 贵阳市高新技术主要工业产业分布

行业名称	产值（亿元）	增速（%）
装备制造业	575.39	12.3
化工产业	299.93	4.8
民族制药和特色食品产业	284.30	14.0
冶金产业	39.06	53.1
建材产业	48.73	-9.1
有色产业	26.63	13.3
节能环保产业	20.60	129.9
电力产业	0.75	0.1

贵阳市所辖10个县（市、区）中，花溪区高新技术工业总产值排位第一，达399.20亿元，同比增长24.3%；花溪区、白云区、息烽县、乌当区、云岩区产值均达百亿元以上。开阳县、南明区和花溪区增速排前3位，分别达33.4%、29.3%和24.3%；除观山湖区、修文县、清镇市、云岩区同比下降外，其余县（区）同比增长（表4-8）。

表4-8 贵阳市所辖县（市、区）高新技术工业总产值区域分布

县（市、区）名称	产值（亿元）	增速（%）
花溪区	399.20	24.3
白云区	188.52	16.2
息烽县	180.66	7.6
乌当区	154.99	6.4
云岩区	101.93	-0.4

续表

县（市、区）名称	产值（亿元）	增速（%）
修文县	73.07	-8.4
开阳县	58.89	33.4
清镇市	40.99	-4.8
观山湖区	37.60	-12.8
南明区	19.31	29.3

贵阳市是全省创新要素的主要聚集地，创新服务平台 390 个，占全省的比重达 61.81%；高新技术企业达 431 家，占全省的比重达 62.19%；科技型企业成长梯队 478 家，占全省的比重达 46.23%。作为省会城市，占据全省众多的创新资源，应充分发挥资源优势的作用，做好高新技术产业发展的排头兵（表 4-9）。

表 4-9 贵阳市创新要素情况

指标名称	2015 年	2016 年	2017 年
创新服务平台（个）	344	374	390
企业技术中心（个）	111	109	116
工程技术研究中心（个）	83	84	88
重点实验室（个）	47	49	49
工程研究中心（工程实验室）（个）	42	51	51
院士工作站（个）	36	41	42
众创空间（家）	16	25	28
孵化器（家）	5	10	11
大学科技园（家）	4	5	5
高新技术产业入统企业（家）	231	255	314
高新技术企业（家）	217	288	431
科技型企业成长梯队（家）	239	386	478
领军企业（家）	15	19	19
小巨人企业（家）	45	50	53
小巨人成长企业（家）	54	67	79

续表

指标名称	2015年	2016年	2017年
科技型种子企业（家）	80	136	207
大学生创业企业（家）	45	124	120
国家级高新技术产业开发区（个）	1	1	1
省级高新技术产业开发区（个）	0	0	0
国家高新技术产业化基地（个）	6	6	6
省级高新技术产业化基地（个）	1	1	1
发明专利授权量（件）	940	1236	1072
发明专利申请量（件）	3083	3952	4747
发明专利拥有量（件）	3749	4640	5256
规模以上企业（家）	635	697	697
有R&D活动的企业（家）	110	130	193
全社会R&D经费（亿元）	32.71	36.03	47.55
规模以上工业企业R&D经费（亿元）	19.67	22.92	27.74
全社会R&D人员（人）	21 947	20 590	23 556
规模以上工业企业R&D人员（人）	9974	9888	11 237

（二）遵义市

遵义市高新技术工业总产值占全省的比重达17.09%，居第2位。高新技术工业总产值主要分布在9个产业，排前3位的是装备制造业、建材产业及民族制药和特色食品产业，分别为448.49亿元、56.65亿元及27.88亿元；煤炭产业、化工产业及电力产业增速排前3位，分别达969.1%、243.7%及70.8%。全市高新技术产业中，高技术产业产值为376.53亿元，同比增长61.1%（表4-10）。

表4-10 遵义市高新技术主要工业产业分布

行业名称	产值（亿元）	增速（%）
装备制造业	448.49	49.9
建材产业	56.65	11.5
民族制药和特色食品产业	27.88	27.3

续表

行业名称	产值（亿元）	增速（%）
冶金产业	22.10	12.3
化工产业	15.69	243.7
有色产业	4.43	4.0
煤炭产业	3.52	969.1
节能环保产业	2.77	17.0
电力产业	1.15	70.8

遵义市所辖14个县（市、区）中，红花岗区高新技术工业总产值一马当先，达到292.38亿元；汇川区排名第二，达到119.60亿元，播州区达到87.35亿元，排名第三。习水县、务川县、桐梓县增速排前3位，分别达2074.2%、379.9%和376.8%；除余庆县同比下降外，其余县（市、区）均实现同比增长。仁怀县无高新技术产业产值（表4-11）。

表4-11 遵义市所辖县（市、区）高新技术工业总产值区域分布

县（市、区）名称	产值（亿元）	增速（%）
红花岗区	292.38	49.0
汇川区	119.60	26.6
播州区	87.35	25.0
绥阳县	28.20	11.0
习水县	17.46	2074.2
桐梓县	16.69	376.8
赤水市	9.09	65.7
道真县	8.37	52.7
湄潭县	4.34	27.5
务川县	1.97	379.9
余庆县	0.89	−31.2
正安县	0.87	77.7
凤冈县	0.56	0.5

遵义市创新服务平台有104个，占全省的比重达16.48%；高新技术企业为121家，占

全省的比重达 17.46%；科技型企业成长梯队有 220 家，占全省的比重达 21.28%（表 4-12）。

表 4-12 遵义市创新要素情况

指标名称	2015 年	2016 年	2017 年
创新服务平台（个）	85	100	104
企业技术中心（个）	37	44	45
工程技术研究中心（个）	7	8	11
重点实验室（个）	8	8	8
工程研究中心（工程实验室）（个）	7	9	9
院士工作站（个）	14	16	16
众创空间（家）	3	6	6
孵化器（家）	8	8	8
大学科技园（家）	1	1	1
高新技术产业入统企业（家）	121	166	209
高新技术企业（家）	84	93	121
科技型企业成长梯队（家）	124	170	220
领军企业（家）	3	5	6
小巨人企业（家）	19	23	24
小巨人成长企业（家）	64	82	87
科技型种子企业（家）	37	58	100
大学生创业企业（家）	1	2	3
国家级高新技术产业开发区（个）	0	0	0
省级高新技术产业开发区（个）	1	1	2
国家高新技术产业化基地（个）	2	2	2
省级高新技术产业化基地（个）	3	3	4
发明专利授权量（件）	236	333	349
发明专利申请量（件）	1496	2184	3227
发明专利拥有量（件）	656	955	1194
规模以上企业（家）	873	1008	1008
有 R&D 活动的企业（家）	60	76	155

续表

指标名称	2015年	2016年	2017年
全社会R&D经费（亿元）	8.68	8.80	11.24
规模以上工业企业R&D经费（亿元）	7.97	7.87	8.49
全社会R&D人员（人）	5128	5377	6894
规模以上工业企业R&D人员（人）	3429	3778	5048

（三）安顺市

安顺市高新技术工业总产值居全省第3位，占全省的比重达11.40%。高新技术工业总产值前3位的产业是装备制造业、民族制药和特色食品产业及建材产业，分别为311.94亿元、35.08亿元及22.71亿元；装备制造业、节能环保产业及民族制药和特色食品产业增速排前3位，分别为158.2%、53.3%及23.6%。全市高新技术产业中，高技术产业产值为303.32亿元，同比增长197.8%（表4-13）。

表4-13　安顺市高新技术主要工业产业分布

行业名称	产值（亿元）	增速（%）
装备制造业	311.94	158.2
民族制药和特色食品产业	35.08	23.6
建材产业	22.71	13.5
冶金产业	5.66	6.7
化工产业	4.95	-17.0
节能环保产业	3.94	53.3
有色产业	3.30	5.0
电力产业	1.19	20.4

安顺市所辖6个县（区）中，平坝区、西秀区和普定县的高新技术工业总产值分别为250.10亿元、144.71亿元及24.86亿元，排名前三。平坝区、西秀区和关岭县增速排前3位，分别达169.0%、42.6%和32.4%；除紫云县同比下降31.4%以外，其他均实现同比增长（表4-14）。

表 4-14 安顺市所辖县（区）高新技术工业总产值区域分布

县（区）名称	产值（亿元）	增速（%）
平坝区	250.10	169.0
西秀区	144.71	42.6
普定县	24.86	19.4
关岭县	1.54	32.4
镇宁县	0.69	—
紫云县	0.25	-31.4

安顺市创新服务平台有30个，占全省的比重达4.75%；高新技术企业为34家，占全省的比重达4.90%；科技型企业成长梯队有35家，占全省的比重达3.38%（表4-15）。

表 4-15 安顺市创新要素情况

指标名称	2015年	2016年	2017年
创新服务平台（个）	27	28	30
企业技术中心（个）	9	9	8
工程技术研究中心（个）	7	7	10
重点实验室（个）	0	0	0
工程研究中心（工程实验室）（个）	3	3	3
院士工作站（个）	3	5	5
众创空间（家）	2	2	2
孵化器（家）	3	2	2
大学科技园（家）	0	0	0
高新技术产业入统企业（家）	58	78	93
高新技术企业（家）	21	27	34
科技型企业成长梯队（家）	25	42	35
领军企业（家）	2	4	4
小巨人企业（家）	1	3	3
小巨人成长企业（家）	11	13	14
科技型种子企业（家）	11	12	14

续表

指标名称	2015 年	2016 年	2017 年
大学生创业企业（家）	0	10	0
国家级高新技术产业开发区（个）	0	0	1
省级高新技术产业开发区（个）	1	1	0
国家高新技术产业化基地（个）	0	0	1
省级高新技术产业化基地（个）	0	0	0
发明专利授权量（件）	92	141	100
发明专利申请量（件）	468	750	1045
发明专利拥有量（件）	318	453	548
规模以上企业（家）	309	354	354
有 R&D 活动的企业（家）	12	18	39
全社会 R&D 经费（亿元）	7.86	3.32	4.17
规模以上工业企业 R&D 经费（亿元）	7.68	3.18	3.93
全社会 R&D 人员（人）	3115	2048	2469
规模以上工业企业 R&D 人员（人）	2709	1656	1985

（四）黔南州

黔南州高新技术工业总产值居全省第 4 位，占全省的比重为 10.26%。高新技术工业总产值排前 3 位的产业是装备制造业、民族制药和特色食品产业及化工产业，分别为 119.49 亿元、96.97 亿元及 91.50 亿元；有色产业、民族制药和特色食品产业及电力产业增速排前 3 位，分别为 647.9%、32.8% 和 24.2%。全州高新技术产业中，高技术产业产值为 116.22 亿元，同比增长 35.3%（表 4-16）。

表 4-16 黔南州高新技术主要工业产业分布

行业名称	产值（亿元）	增速（%）
装备制造业	119.49	24.1
民族制药和特色食品产业	96.97	32.8
化工产业	91.50	21.7
建材产业	15.20	11.1

续表

行业名称	产值（亿元）	增速（%）
电力产业	10.07	24.2
冶金产业	9.33	12.0
有色产业	4.08	647.9
煤炭产业	3.25	—

黔南州所辖12个县（市）中，高新技术工业总产值均同比增长，其中龙里县、惠水县及福泉市的产值分别达到79.37亿元、61.78亿元和50.35亿元，排名前三。三都县、平塘县、独山县增速排名前3位，分别达386.2%、92.0%及54.3%。荔波县高新技术工业总产值为0（表4-17）。

表4-17　黔南州所辖县（市）高新技术工业总产值区域分布

县（市）名称	产值（亿元）	增速（%）
龙里县	79.37	30.8
惠水县	61.78	18.6
福泉市	50.35	19.6
瓮安县	34.79	34.5
贵定县	30.32	31.6
独山县	28.60	54.3
都匀市	26.38	9.6
罗甸县	25.56	17.5
长顺县	14.72	20.6
三都县	3.15	386.2
平塘县	1.95	92.0

黔南州创新服务平台有29个，占全省的比重达4.60%；高新技术企业为40家，占全省的比重达5.77%；科技型企业成长梯队有82家，占全省的比重达7.93%（表4-18）。

表 4-18 黔南州创新要素情况

指标名称	2015 年	2016 年	2017 年
创新服务平台（个）	17	20	29
企业技术中心（个）	9	8	10
工程技术研究中心（个）	2	2	4
重点实验室（个）	0	0	1
工程研究中心（工程实验室）（个）	2	4	4
院士工作站（个）	1	1	2
众创空间（家）	1	3	4
孵化器（家）	2	2	4
大学科技园（家）	0	0	0
高新技术产业入统企业（家）	101	126	153
高新技术企业（家）	19	20	40
科技型企业成长梯队（家）	37	64	82
领军企业（家）	1	1	1
小巨人企业（家）	4	7	9
小巨人成长企业（家）	21	37	42
科技型种子企业（家）	9	16	27
大学生创业企业（家）	2	3	3
国家级高新技术产业开发区（个）	0	0	0
省级高新技术产业开发区（个）	0	0	0
国家高新技术产业化基地（个）	1	1	1
省级高新技术产业化基地（个）	2	2	2
发明专利授权量（件）	61	88	93
发明专利申请量（件）	822	1652	1661
发明专利拥有量（件）	188	260	365
规模以上企业（家）	629	768	768
有 R&D 活动的企业（家）	14	46	65
全社会 R&D 经费（亿元）	1.00	3.66	5.13
规模以上工业企业 R&D 经费（亿元）	0.87	3.42	4.5
全社会 R&D 人员（人）	1251	1878	2659
规模以上工业企业 R&D 人员（人）	509	1218	1970

（五）毕节市

毕节市高新技术工业总产值保持全省第 5 位，占全省的比重为 8.82%。高新技术工业总产值排前 3 位的产业是装备制造业、电力产业及煤炭产业，分别为 187.81 亿元、40.49 亿元及 22.48 亿元；煤炭产业、电力产业及建材产业增速排前 3 位，分别为 228.2%、158.5% 及 109.0%。全市高新技术产业中，高技术产业产值为 52.1 亿元，同比增长 32.8%（表 4-19）。

表 4-19　毕节市高新技术主要工业产业分布

行业名称	产值（亿元）	增速（%）
装备制造业	187.81	36.2
电力产业	40.49	158.5
煤炭产业	22.48	228.2
化工产业	12.96	-20.8
节能环保产业	12.76	—
民族制药和特色食品产业	9.13	44.8
冶金产业	9.06	-41.8
建材产业	6.05	109.0

毕节市所辖 8 个县（区）中，七星关区、金沙县、大方县的高新技术工业总产值分别为 140.06 亿元、35.16 亿元和 30.36 亿元，排名前三；大方县、织金县及纳雍县增速排名前三，分别达 827.7%、300.8% 及 98.8%。除赫章县外，其余县（区）均实现同比增长（表 4-20）。

表 4-20　毕节市所辖县（区）高新技术工业总产值区域分布

县（区）名称	产值（亿元）	增速（%）
七星关区	140.06	25.3
金沙县	35.16	17.5
大方县	30.36	827.7
纳雍县	27.87	98.8
织金县	26.62	300.8
黔西县	15.87	23.9
威宁县	14.96	48.5
赫章县	9.83	-24.4

毕节市创新服务平台有12个，占全省的比重达1.90%；高新技术企业有10家，占全省的比重达1.44%；科技型企业成长梯队有10家，占全省的比重达0.97%（表4-21）。

表4-21 毕节市创新要素情况

指标名称	2015年	2016年	2017年
创新服务平台（个）	9	11	12
企业技术中心（个）	5	6	6
工程技术研究中心（个）	1	1	2
重点实验室（个）	0	0	0
工程研究中心（工程实验室）（个）	1	1	1
院士工作站（个）	0	0	0
众创空间（家）	1	2	2
孵化器（家）	1	1	1
大学科技园（家）	0	0	0
高新技术产业入统企业（家）	39	58	74
高新技术企业（家）	4	7	10
科技型企业成长梯队（家）	6	9	10
领军企业（家）	0	0	0
小巨人企业（家）	0	1	1
小巨人成长企业（家）	2	2	3
科技型种子企业（家）	3	3	3
大学生创业企业（家）	1	3	3
国家级高新技术产业开发区（个）	0	0	0
省级高新技术产业开发区（个）	0	0	0
国家高新技术产业化基地（个）	1	1	1
省级高新技术产业化基地（个）	0	0	0
发明专利授权量（件）	37	26	31
发明专利申请量（件）	172	124	229
发明专利拥有量（件）	130	141	173
规模以上企业（家）	363	401	512
有R&D活动的企业（家）	10	23	65

续表

指标名称	2015 年	2016 年	2017 年
全社会 R&D 经费（亿元）	0.96	2.02	4.48
规模以上工业企业 R&D 经费（亿元）	0.80	1.34	3.44
全社会 R&D 人员（人）	840	1105	2268
规模以上工业企业 R&D 人员（人）	219	519	1635

（六）六盘水市

六盘水市高新技术工业总产值居全省第 6 位，占全省的比重达 7.23%。高新技术工业总产值排前 3 位的产业是装备制造业、煤炭产业及电力产业，分别为 109.65 亿元、61.17 亿元及 32.77 亿元；增速排前 3 位的产业是煤炭产业、有色产业及装备制造业，分别达 73.2%、44.2% 及 40.9%。全市高新技术产业中，高技术产业产值为 89.69 亿元，同比增长 59%（表 4-22）。

表 4-22　六盘水市高新技术主要工业产业分布

行业名称	产值（亿元）	增速（%）
装备制造业	109.65	40.9
煤炭产业	61.17	73.2
电力产业	32.77	-43.0
冶金产业	13.49	6.1
节能环保产业	10.02	37.0
建材产业	9.55	33.3
化工产业	6.31	21.5
民族制药和特色食品产业	2.71	8.7
有色产业	0.72	44.2

六盘水市所辖 4 个县（特区、区）中，盘州市、钟山区、水城县高新技术工业总产值分别达到 90.20 亿元、83.16 亿元和 69.54 亿元，排名前三。除盘州市同比下降外，其余县（特区、区）同比增长，其中钟山区、水城县及六枝特区增速分别达 51.3%、26.0% 和 14.2%（表 4-23）。

表 4-23 六盘水市所辖县（特区、区）高新技术工业总产值区域分布

县（特区、区）名称	产值（亿元）	增速（%）
盘州市	90.20	-2.8
钟山区	83.16	51.3
水城县	69.54	26.0
六枝特区	3.51	14.2

六盘水市创新服务平台有 4 个，占全省的比重达 0.63%；高新技术企业有 13 家，占全省的比重达 1.88%；科技型企业成长梯队有 11 家，占全省的比重达 1.06%（表 4-24）。

表 4-24 六盘水市创新要素情况

指标名称	2015 年	2016 年	2017 年
创新服务平台（个）	4	4	4
企业技术中心（个）	2	2	2
工程技术研究中心（个）	1	2	2
重点实验室（个）	0	0	0
工程研究中心（工程实验室）（个）	1	0	0
院士工作站（个）	0	0	0
众创空间（家）	0	0	0
孵化器（家）	0	0	0
大学科技园（家）	0	0	0
高新技术产业入统企业（家）	31	67	80
高新技术企业（家）	7	7	13
科技型企业成长梯队（家）	3	4	11
领军企业（家）	0	0	0
小巨人企业（家）	0	0	3
小巨人成长企业（家）	1	2	3
科技型种子企业（家）	0	0	2
大学生创业企业（家）	2	2	3
国家级高新技术产业开发区（个）	0	0	0

续表

指标名称	2015 年	2016 年	2017 年
省级高新技术产业开发区（个）	0	0	0
国家高新技术产业化基地（个）	0	0	0
省级高新技术产业化基地（个）	0	0	0
发明专利授权量（件）	27	47	48
发明专利申请量（件）	128	186	276
发明专利拥有量（件）	81	117	172
规模以上企业（家）	358	436	436
有 R&D 活动的企业（家）	19	33	33
全社会 R&D 经费（亿元）	6.45	6.96	4.39
规模以上工业企业 R&D 经费（亿元）	6.15	6.69	3.44
全社会 R&D 人员（人）	5055	4885	2735
规模以上工业企业 R&D 人员（人）	4761	4595	1635

（七）铜仁市

铜仁市高新技术工业总产值居全省第 7 位，占全省的比重为 3.01%。高新技术工业总产值排前 3 位的产业是装备制造业、化工产业、民族制药和特色食品产业，分别为 60.45 亿元、14.29 亿元及 13.84 亿元；电力产业、装备制造业及节能环保产业增速排前 3 位，分别为 189.4%、110.2% 及 52.2%。全市高新技术产业中，高技术产业产值为 51.5 亿元，同比增长 150.9%（表 4-25）。

表 4-25　铜仁市高新技术主要工业产业分布

行业名称	产值（亿元）	增速（%）
装备制造业	60.45	110.2
化工产业	14.29	48.2
民族制药和特色食品产业	13.84	29.6
建材产业	11.36	29.2
冶金产业	1.20	18.0
有色产业	0.74	0.2

续表

行业名称	产值（亿元）	增速（%）
电力产业	0.54	189.4
节能环保产业	0.30	52.2

铜仁市所辖10个县（区）中，玉屏县、德江县和碧江区高新技术工业总产值分别达45.52亿元、13.49亿元和13.11亿元，排名前三。碧江区、松桃县及玉屏县增速排名前3位，分别达146.8%、137.7%和99.7%（表4-26）。

表4-26　铜仁市所辖县（区）高新技术工业总产值区域分布

县（区）名称	产值（亿元）	增速（%）
玉屏县	42.52	99.7
德江县	13.49	15.1
碧江区	13.11	146.8
思南县	8.09	23.6
松桃县	7.73	137.7
印江县	6.25	75.9
万山区	5.44	62.6
江口县	3.50	13.7
石阡县	2.09	39.8
沿河县	0.51	19.1

铜仁市创新服务平台有25个，占全省的比重达3.96%；高新技术企业有14家，占全省的比重达2.02%；科技型企业成长梯队有44家，占全省的比重达4.26%（表4-27）。

表4-27　铜仁市创新要素情况

指标名称	2015年	2016年	2017年
创新服务平台（个）	9	17	25
企业技术中心（个）	2	2	4
工程技术研究中心（个）	2	4	6
重点实验室（个）	0	0	0

续表

指标名称	2015 年	2016 年	2017 年
工程研究中心（工程实验室）（个）	2	4	4
院士工作站（个）	1	1	3
众创空间（家）	1	2	4
孵化器（家）	1	3	3
大学科技园（家）	0	1	1
高新技术产业入统企业（家）	56	62	72
高新技术企业（家）	10	12	14
科技型企业成长梯队（家）	30	35	44
领军企业（家）	1	1	2
小巨人企业（家）	6	6	7
小巨人成长企业（家）	18	21	21
科技型种子企业（家）	5	6	12
大学生创业企业（家）	0	1	2
国家级高新技术产业开发区（个）	0	0	0
省级高新技术产业开发区（个）	1	1	1
国家高新技术产业化基地（个）	0	1	1
省级高新技术产业化基地（个）	3	2	2
发明专利授权量（件）	35	86	84
发明专利申请量（件）	512	731	813
发明专利拥有量（件）	83	161	246
规模以上企业（家）	517	565	565
有 R&D 活动的企业（家）	43	69	92
全社会 R&D 经费（亿元）	2.11	2.63	4.66
规模以上工业企业 R&D 经费（亿元）	1.78	2.43	3.58
全社会 R&D 人员（人）	1249	1601	2406
规模以上工业企业 R&D 人员（人）	543	826	1439

（八）黔西南州

黔西南州高新技术工业总产值居全省第 8 位，占全省的比重为 2.65%。高新技术工业总产值排前 3 位的产业是有色产业、民族制药和特色食品产业及建材产业，分别为 39.81 亿元、21.70 亿元及 8.46 亿元；节能环保产业、煤炭产业、民族制药和特色食品产业增速排前 3 位，分别达 225.6%、191.0% 和 155.8%。全州高新技术产业中，高技术产业产值为 21.34 亿元，同比增长 157.2%（表 4-28）。

表 4-28　黔西南州高新技术主要工业产业分布

行业名称	产值（亿元）	增速（%）
有色产业	39.81	32.8
民族制药和特色食品产业	21.70	155.8
建材产业	8.46	31.8
电力产业	7.76	107.2
化工产业	7.62	58.8
装备制造业	4.28	130.0
节能环保产业	0.43	225.6
煤炭产业	0.30	191.0

黔西南州所辖 8 个县（市）中，贞丰县、兴义市、兴仁县的高新技术工业总产值分别达到 32.07 亿元、31.61 亿元和 8.32 亿元，排名前三。安龙县、兴义市及望谟县增速排名前三，分别达 186.7%、125.9% 和 116.7%。8 个县（市）均实现同比增长（表 4-29）。

表 4-29　黔西南州所辖县（市）高新技术工业总产值区域分布

县（市）名称	产值（亿元）	增速（%）
贞丰县	32.07	25.6
兴义市	31.61	125.9
兴仁县	8.32	23.2
安龙县	7.74	186.7
册亨县	5.25	52.4
望谟县	3.55	116.7
普安县	1.07	18.2
晴隆县	0.77	37.8

黔西南州创新服务平台有19个，占全省的比重达3.01%；高新技术企业有10家，占全省的比重达1.44%；科技型企业成长梯队有12家，占全省的比重达1.16%（表4-30）。

表4-30　黔西南州创新要素情况

指标名称	2015年	2016年	2017年
创新服务平台（个）	10	14	19
企业技术中心（个）	4	5	6
工程技术研究中心（个）	2	3	3
重点实验室（个）	0	0	0
工程研究中心（工程实验室）（个）	0	0	0
院士工作站（个）	3	3	4
众创空间（家）	0	2	4
孵化器（家）	1	1	1
大学科技园（家）	0	0	1
高新技术产业入统企业（家）	23	40	47
高新技术企业（家）	9	9	10
科技型企业成长梯队（家）	7	10	12
领军企业（家）	0	0	0
小巨人企业（家）	2	4	4
小巨人成长企业（家）	2	2	3
科技型种子企业（家）	3	4	5
大学生创业企业（家）	0	0	0
国家级高新技术产业开发区（个）	0	0	0
省级高新技术产业开发区（个）	0	0	0
国家高新技术产业化基地（个）	0	0	1
省级高新技术产业化基地（个）	1	1	1
发明专利授权量（件）	33	32	32
发明专利申请量（件）	169	360	833
发明专利拥有量（件）	90	116	210
规模以上企业（家）	368	392	392
有R&D活动的企业（家）	8	106	157

续表

指标名称	2015 年	2016 年	2017 年
全社会 R&D 经费（亿元）	0.82	3.80	7.34
规模以上工业企业 R&D 经费（亿元）	0.63	3.47	6.9
全社会 R&D 人员（人）	441	3775	6203
规模以上工业企业 R&D 人员（人）	133	3454	5850

（九）黔东南州

黔东南州高新技术工业总产值居全省第 9 位，占全省的比重为 1.54%。高新技术工业总产值排前 3 位的产业是装备制造业、电力产业及建材产业，分别为 20.10 亿元、16.89 亿元及 4.20 亿元；电力产业、建材产业、民族制药和特色食品产业增速排前 3 位，分别达 136.4%、101.4% 和 3.9%。全州高新技术产业中，高技术产业产值为 7.86 亿元，同比下降 21.7%（表 4-31）。

表 4-31　黔东南州高新技术主要工业产业分布

行业名称	产值（亿元）	增速（%）
装备制造业	20.10	-31.7
电力产业	16.89	136.4
建材产业	4.20	101.4
有色产业	3.63	-13.6
化工产业	3.49	-33.5
民族制药和特色食品产业	2.61	3.9
冶金产业	1.32	-73.0
节能环保产业	0.21	-85.3

黔东南州所辖 16 个县（市）中，凯里市、镇远县、岑巩县高新技术工业总产值排前 3 位，分别为 11.63 亿元、8.02 亿元和 8.00 亿元。黄平县、台江县及岑巩县增速排前 3 位，分别达 304.8%、100.5% 和 81.7%（表 4-32）。

表 4-32 黔东南州所辖县（市）高新技术工业总产值区域分布

县（市）名称	产值（亿元）	增速（%）
凯里市	11.63	-35.8
镇远县	8.02	38.1
岑巩县	8.00	81.7
丹寨县	6.68	-53.0
天柱县	5.15	-11.6
台江县	4.55	100.5
黄平县	1.48	304.8
榕江县	1.41	28.2
锦屏县	1.19	-45.5
三穗县	1.00	41.2
剑河县	0.92	41.0
黎平县	0.83	40.6
雷山县	0.68	—
麻江县	0.44	14.4
施秉县	0.36	10.6
从江县	0.10	—

黔东南州创新服务平台有18个，占全省的比重达2.85%；高新技术企业有21家，占全省的比重达3.03%；科技型企业成长梯队有114家，占全省的比重达11.03%（表4-33）。

表 4-33 黔东南州创新要素情况

指标名称	2015年	2016年	2017年
创新服务平台（个）	12	16	18
企业技术中心（个）	5	6	7
工程技术研究中心（个）	2	2	3
重点实验室（个）	0	0	0
工程研究中心（工程实验室）（个）	1	1	1
院士工作站（个）	1	1	1
众创空间（家）	1	3	3

续表

指标名称	2015 年	2016 年	2017 年
孵化器（家）	1	1	1
大学科技园（家）	1	2	2
高新技术产业入统企业（家）	51	63	83
高新技术企业（家）	11	15	21
科技型企业成长梯队（家）	53	82	114
领军企业（家）	0	1	1
小巨人企业（家）	5	8	8
小巨人成长企业（家）	17	24	28
科技型种子企业（家）	21	30	52
大学生创业企业（家）	10	19	25
国家级高新技术产业开发区（个）	0	0	0
省级高新技术产业开发区（个）	0	0	0
国家高新技术产业化基地（个）	1	1	2
省级高新技术产业化基地（个）	2	2	2
发明专利授权量（件）	41	47	66
发明专利申请量（件）	688	1014	1053
发明专利拥有量（件）	133	176	244
规模以上企业（家）	392	414	414
有 R&D 活动的企业（家）	10	149	93
全社会 R&D 经费（亿元）	0.45	5.24	3.22
规模以上工业企业 R&D 经费（亿元）	0.19	4.35	2.69
全社会 R&D 人员（人）	842	2414	1559
规模以上工业企业 R&D 人员（人）	188	1743	988

三、高新技术企业及科技型企业成长梯队发展情况

高新技术企业、科技型企业成长梯队在全省高新技术产业当中的支撑作用日益显现，全省高新技术企业队伍不断壮大，数量不断增多，科技型企业成长梯队的经济贡献和创新能力逐步提高，培育成效日益显现，该两类企业成为地方政府推动地方经济发展和创新能力提高

的重要抓手。

（一）高新技术企业

1. 总体发展情况

2017年，高新技术企业累计实现工业总产值1407.76亿元[①]，同比增长26.7%；产品销售收入1432.41亿元，同比增长40.3%；主营业务收入1592.92亿元，同比增长41.2%；实际上缴税费总额74.06亿元，同比增长21.0%（表4-34）。

表4-34 高新技术企业主要经济指标

主要经济指标	2016年（亿元）	2017年（亿元）	同比增长（%）
工业总产值	1110.86	1407.76	26.7
年销售收入（产品销售收入）	1020.68	1432.41	40.3
主营业务收入	1128.38	1592.92	41.2
上缴税费总额（实际上缴税费总额）	61.18	74.06	21.1

2. 区域发展情况

从地区分布来看，全省高新技术企业主要集中在贵阳，占62.19%；其次是遵义市121家、黔南州40家，分别占17.46%、5.77%；其余市（州）高新技术企业的数量相对较少，全省高新技术企业分布不均衡。从各市（州）高新技术企业工业产值的实现情况来看，排前3位的分别是贵阳市887.31亿元，遵义市238.39亿元、安顺市90.45亿元（表4-35）。

表4-35 高新技术企业区域分布情况

市（州）	企业数（家）	工业总产值（亿元）	增速（%）
贵阳市	431	887.31	10.4
遵义市	121	238.39	113.7
黔南州	40	53.30	144.0
六盘水市	13	5.40	45.1
毕节市	10	64.43	19.2
安顺市	33	90.45	15.0

---

① 高新技术企业数据来源于火炬统计调查信息系统，有效企业数688家，有5家企业由于停产等原因未有数据。

续表

市（州）	企业数（家）	工业总产值（亿元）	增速（%）
黔西南州	10	19.08	319.0
黔东南州	21	17.50	35.0
铜仁市	14	31.91	60.0

按高新技术领域分，电子信息占比28.6%，其后依次是先进制造与自动化和新材料，分别占比15.8%和15.3%。其中，电子信息是先进制造与自动化的1.8倍，是新材料的1.9倍，是航空航天的6.0倍（表4-36）。

表4-36 高新技术领域地区分布

单位：家

地区	电子信息	生物与新医药	航空航天	新材料	高技术服务	新能源与节能	资源与环境	先进制造与自动化	总计
贵阳市	159	46	24	51	67	15	17	54	433
六盘水市	1	1	—	2	1	4	1	3	13
遵义市	26	13	4	23	2	11	10	28	117
安顺市	1	5	5	4	4	2	1	8	30
毕节市	2	2	—	2	—	—	1	3	10
铜仁市	2	1	—	6	1	3	—	1	14
黔西南州	—	5	—	2	1	—	1	1	10
黔东南州	5	6	—	2	1	3	2	2	21
黔南州	1	7	—	13	2	5	3	9	40
总计	197	86	33	105	79	43	36	109	688
占比（%）	28.6	12.5	4.8	15.3	11.5	6.3	5.2	15.8	100

3. 创新投入情况

2017年，有658家高新技术企业开展科技项目3651项。其中，467家高新技术企业研发R&D项目2511项，占科技项目的比重为68.8%。

从内部R&D经费看，2017年高新技术企业投入R&D项目内部研发经费约44.7亿元，同比增长49.4%，下降10.5个百分点。R&D经费投入强度（高新技术企业内部R&D经费支出占主营业务收入的比重）为2.81%，上升约0.2个百分点（表4-37）。

第四章 2017年贵州省高新技术产业发展报告

表 4-37　2016—2017 年 9 个市（州）R&D 经费

项目	2016 年			2017 年		
	统计数（家）	R&D 项目经费内部支出（万元）	投入强度（%）	统计数（家）	R&D 项目经费内部支出（万元）	投入强度（%）
总计	471	299 368.2	2.65	688	447 258.2	2.81
贵阳市	290	246 999.7	2.94	433	354 555.8	3.29
六盘水市	7	556.5	1.63	13	1778.8	3.43
遵义市	91	25 876.3	2.55	117	41 883.8	1.83
安顺市	25	12 976.2	1.78	30	22 306.0	2.22
毕节市	5	1617.8	0.30	10	1939.1	0.30
铜仁市	12	4132.8	2.25	14	3918.9	1.28
黔西南州	9	824.5	1.88	10	1551.1	0.80
黔东南州	15	4439.6	3.72	21	5748.9	3.70
黔南州	17	1944.8	0.95	40	13 575.8	2.67

从 R&D 人员看，2017 年高新技术企业 R&D 项目人员 24 054 人，占科技项目人员的比重为 70.0%，同比上升 13 个百分点；占从业人员期末人数的比重为 13.8%，同比上升 2.6 个百分点（图 4-1）。

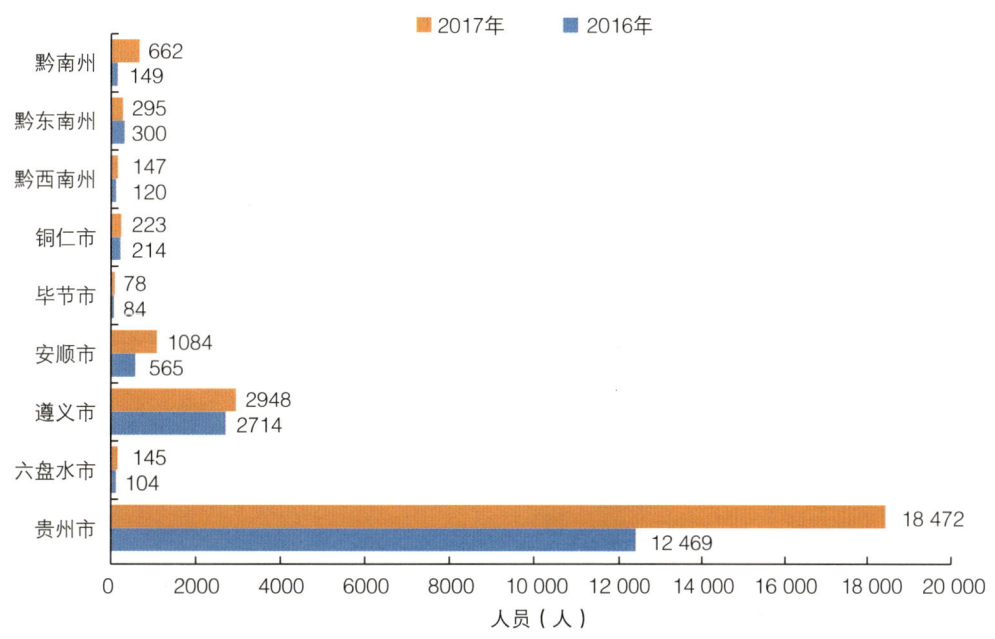

图 4-1　2016—2017 年 9 个市（州）R&D 人员

从数量上看，贵阳市达到了 18 472 人，占全省 R&D 人员的比重为 76.8%，同比增长 48.1%；从增长幅度看，黔南州位居首位，R&D 人员的增长速度达到了 344.3%。

4. 创新产出情况

从发明专利申请数看，2017 年，高新技术企业万人当年发明专利申请数为 140.8 件/万人，同比增长 17.8%，上升了 6.6 个百分点（图 4-2）。

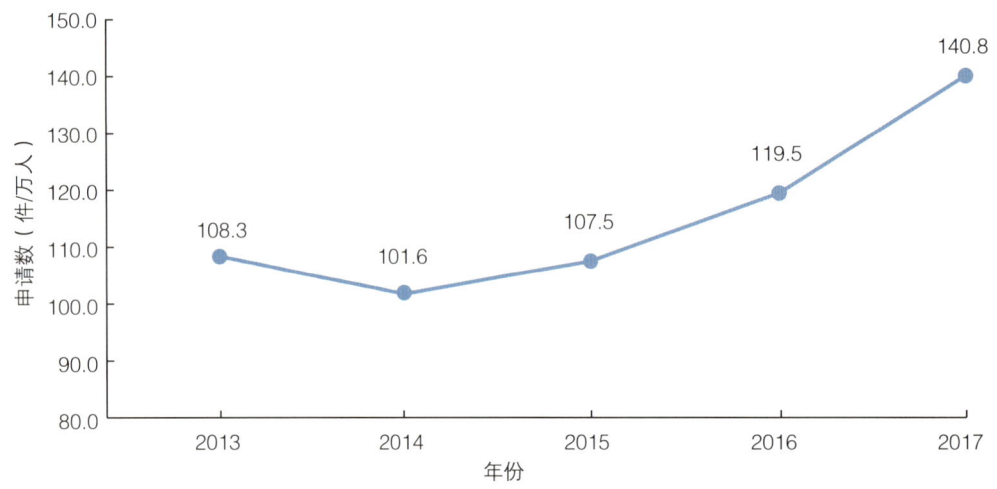

图 4-2　高新技术企业万人当年发明专利申请数

2017 年，高新技术企业的申请发明专利占申请专利总数的比重为 51.3%，创历史新高；当年授权发明专利占授权专利总数的比重为 32.7%，低于上年同期，下降了 1.3 个百分点；期末拥有有效发明专利占期末拥有有效专利总数的比重为 30.7%，高于上年同期，提升了 2.3 个百分点（图 4-3）。

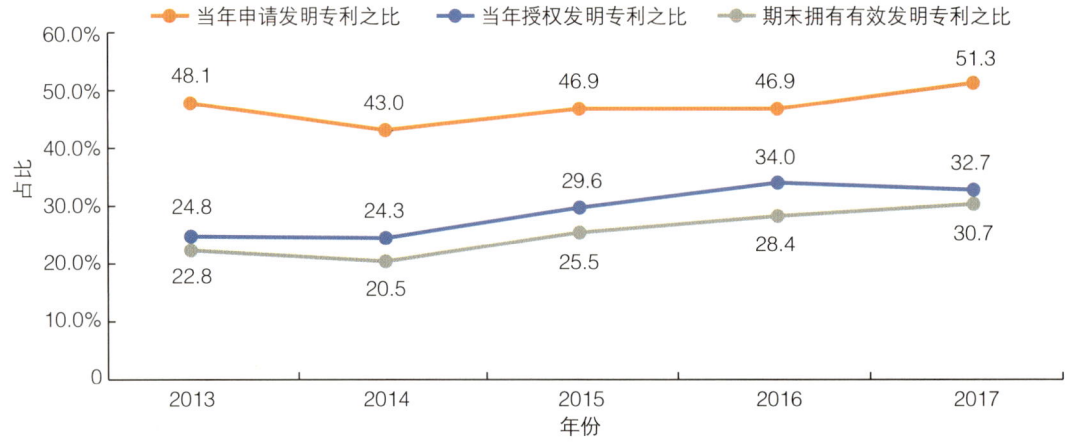

图 4-3　2017 年高新技术企业发明专利占比情况

从新产品看，2017年贵州省高新技术企业的新产品产值和新产品销售收入均平稳增长，延续了前5年增长的态势。其中，新产品产值同比增长43.3%，上升27.5个百分点；新产品销售收入同比增长36.4%，上升20.4个百分点。

2017年，登记技术合同高新技术企业50家，占比7.3%，下降0.1个百分点。技术合同交易764项，与同期35家登记技术合同的高新技术企业产生的技术合同交易187项相比，增长308.6%；技术合同成交额创下8.28亿元的新高，同比增长50.8%；平均成交额108.37万元/份，与上年同期293.38万元/份相差185.01万元/份（图4-4）。

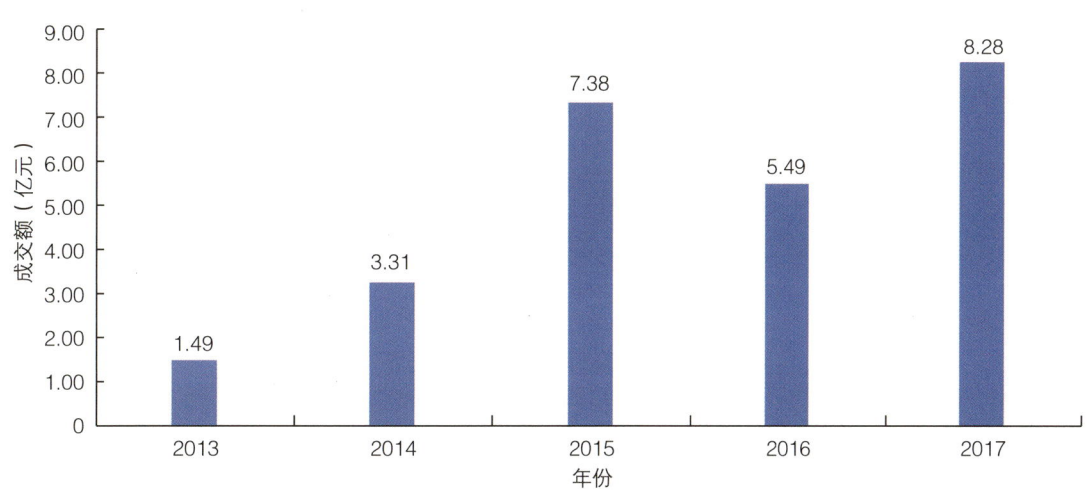

图4-4 2017年技术合同成交额

（二）科技型企业成长梯队

自2014年贵州省科技厅启动科技型企业成长培育工作以来，科技型企业成长梯队数量呈逐年增长趋势，初步形成了大学生创业企业、科技型种子企业、科技型小巨人成长企业、科技型小巨人企业、创新型领军企业等层次分明、结构合理的科技型企业集群。

1. 总体发展情况

2017年，全省大学生创业企业177家、科技型种子企业431家、科技型小巨人成长企业281家、科技型小巨人企业112家、领军企业33家。2017年，贵州省科技型企业成长梯队中有293家为规模以上企业，占整个梯队企业数量的28.34%（表4-38）。

表 4-38 2015—2017 年贵州省科技型企业成长梯队总量和变化

梯队类型	2015 年（家）	2016 年（家）	2017 年（家）	年均增长率（%）
大学生创业企业	61	154	177	70.34
科技型种子企业	169	265	431	59.70
科技型小巨人成长企业	190	250	281	21.61
科技型小巨人企业	82	102	112	16.87
领军企业	22	31	33	22.47
总计	524	802	1034	40.47

从规模以上梯队企业的数量分布来看，主要集中在科技型小巨人成长企业、科技型小巨人企业、科技型种子企业，分别为 121 家、74 家、70 家；从规模以上梯队企业与相应类型梯队企业的数量占比来看，排在前 3 位的是领军企业、科技型小巨人企业、科技型小巨人成长企业，占比分别为 75.76%、66.07%、43.06%（表 4-39）。

表 4-39 2017 年规模以上梯队企业的分布与占比

梯队类型	规模以上梯队企业（家）	梯队企业（家）	占比（%）
大学生创业企业	3	177	1.69%
科技型种子企业	70	431	16.24%
科技型小巨人成长企业	121	281	43.06%
科技型小巨人企业	74	112	66.07%
领军企业	25	33	75.76%
总计	293	1034	28.34%

2017 年，科技型企业成长梯队累计实现工业总产值 535.01 亿元[1]，占全省工业总产值的比重为 4.19%（2017 年贵州省的工业总产值为 12 754.39 亿元[2]）。实现销售收入 673.07 亿元、净利润 51.15 亿元、上缴税费总额 34.77 亿元，年均增长率分别为 18.12%、15.86%、3.54%（表 4-40）。

---

[1] 数据来源：2017 年贵州省科技型企业成长梯队企业信息直报统计。本次调查采用在线填报调查问卷的方式，调查对象为 1034 家科技型成长梯队企业，其中有 844 家企业提交了调查问卷，占整个梯队的 81.62%。

[2] 数据来源：贵州省统计局 2017 年 12 月统计月报。

表 4-40　科技型企业成长梯队主要经济指标

主要经济指标	2015年（亿元）	2016年（亿元）	2017年（亿元）	年均增长率（%）
工业总产值	453.08	572.45	535.01	8.67
年销售收入	483.47	598.17	673.07	17.99
主营业务收入	474.29	588.90	672.57	19.08
净利润	39.44	54.10	51.15	13.88
上缴税费总额	32.50	32.15	34.77	3.43

2. 产业发展情况

贵州省1034家科技型成长梯队企业主要分布于电子信息、装备制造业、特色优势轻工产业，企业数量分别为262家、181家、123家，分别占梯队企业总数的25.34%、17.50%、11.90%。可见，梯队企业所从事的主要产业与省委省政府重点支持产业发展方向契合（图4-5）。

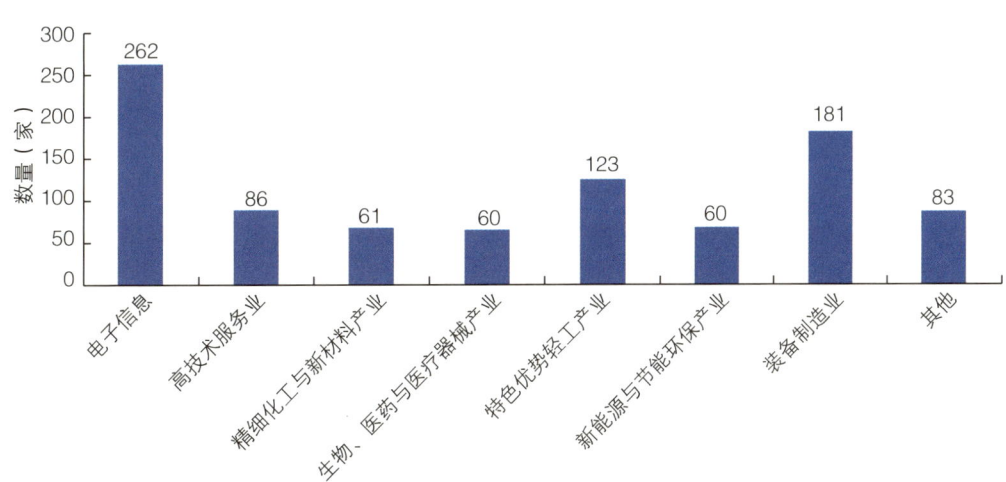

图4-5　科技型企业成长梯队在贵州省主要产业的分布情况

从2017年贵州省主要产业中科技型成长梯队企业工业总产值看，排在前3位的是装备制造业、精细化工与新材料产业、生物、医药与医疗器械产业，分别为136.65亿元、115.67亿元、107.63亿元，分别占全省高新技术工业总产值的比重为4.00%、3.39%、3.15%。从2017年贵州省主要产业中的科技型成长梯队企业销售收入看，排在前3位的是装备制造业、高技术服务业、精细化工与新材料产业，分别为148.43亿元、141.77亿元、128.45亿元。从2017年贵州省主要产业中梯队企业新产品销售收入占比看，排在前3位的依次是精细化工与新材料产业、新能源与节能环保产业及生物、医药与医疗器械产业，分别为50.61%、41.91%、39.97%（表4-41）。

表 4-41　2017 年不同产业的科技型企业成长梯队主要经济产出指标

行业	工业总产值（亿元）	年销售收入（亿元）	新产品销售收入（亿元）	新产品销售收入占比（%）
电子信息	27.19	89.32	8.35	9.35
高技术服务业	70.54	141.77	44.82	31.61
精细化工与新材料产业	115.67	128.45	65.01	50.61
生物、医药与医疗器械产业	107.63	98.40	39.33	39.97
特色优势轻工产业	27.45	23.98	6.99	29.15
新能源与节能环保产业	19.74	18.28	7.66	41.90
装备制造业	136.65	148.43	50.04	33.71
其他	15.03	9.36	1.04	11.11

3. 区域发展情况

全省科技型成长梯队企业集中分布在贵阳市、遵义市、黔东南州，占企业总数的 78.53%，而黔西南州、毕节市、六盘水市、贵安新区则较少，4 个地区合计仅占到全省的 5.9%，地区分布严重失衡（表 4-42）。

从各市州梯队企业与当地企业的数量的比较来看，占比排在前三的分别是贵安新区、遵义市、黔东南州，分别为 0.28%、0.25%、0.25%。从梯队企业数量占全省企业总数来看，占比仅为 0.17%（2017 年年末贵州全省企业 601 728 家[①]），梯队企业的培育和发展仍有较大空间。

表 4-42　2017 年各市州及新区科技型成长梯队企业数量与所属地区企业数量比较

市州	梯队企业数量（家）	各市州企业数量（家）	占比（%）
贵阳市	478	200 319	0.24
六盘水市	11	39 358	0.03
遵义市	220	87 402	0.25
安顺市	35	34 657	0.10
毕节市	10	57 481	0.02
铜仁市	44	42 040	0.10

---

① 数据来源：贵州省工商局《贵州省市场主体发展月度分析报告》（2016 年 12 月）。

续表

市州	梯队企业数量（家）	各市州企业数量（家）	占比（%）
黔西南州	12	33 645	0.04
黔东南州	114	45 851	0.25
黔南州	82	50 958	0.16
贵安新区	28	10 017	0.28
总计	1034	601 728	0.17

4. 创新投入情况

2017年，贵州省科技型企业成长梯队创新投入达到57.59亿元，其中研发经费30.67亿元，占53.26%；技术改造21.42亿元，占37.19%；技术引进费共1.70亿元，占2.95%；享受减免税3.80亿元，占6.60%（图4-6）。

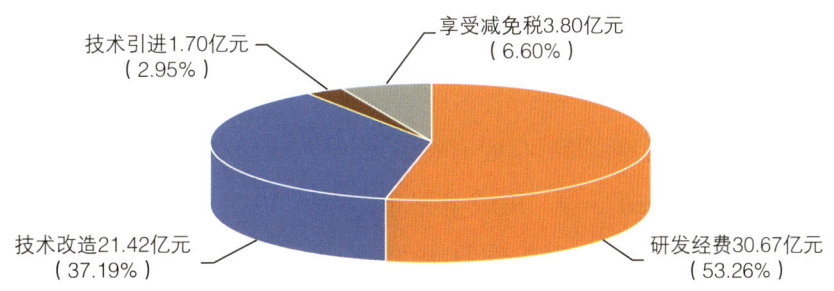

图4-6　2017年科技型企业成长梯队创新投入构成

从研发投入看，2017年贵州省科技型企业成长梯队研发投入强度为4.56%，是贵州省规模以上企业R&D投入强度的7.48倍（2017年贵州省规模以上企业R&D投入强度为0.61%），这也从一定程度上说明贵州省科技型企业成长梯队的创新意识较强（表4-43）。

表4-43　2015—2017年科技型企业成长梯队研发投入强度

各梯队企业的研发投入强度	2015年（%）	2016年（%）	2017年（%）
大学生创业企业	17.86	19.51	10.56
科技型种子企业	14.98	12.49	10.05
科技型小巨人成长企业	5.74	5.42	5.65
科技型小巨人企业	4.85	4.37	5.18
领军企业	3.05	3.16	4.02

从研发人员看，梯队企业现有从业人员82 821人，其中大专以上学历45 376人，占从业人员的54.79%，其中博士学历313人，占从业人员的0.38%；硕士学历2536人，占从业人员的3.06%，高级职称3105人，占从业人员的3.75%。企业研发人员16 459人，占从业人员的19.87%（图4-7）。

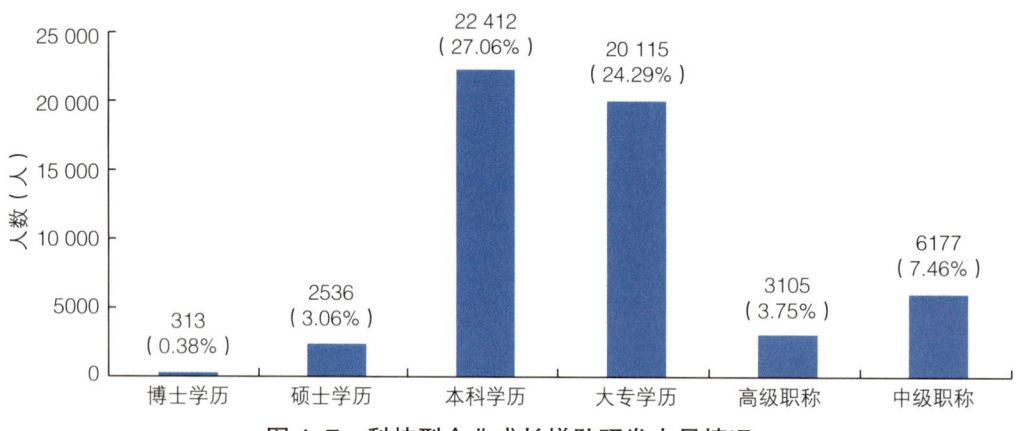

图4-7　科技型企业成长梯队研发人员情况

5. 创新产出情况

从知识产权拥有情况看，梯队企业拥有有效专利10 810件，有效注册商标2131个，植物新品种31项、软件著作权2023项，集成电路布图设计12项，专有技术1333个（图4-8）。

从创新产品看，2015年梯队企业累计开发新产品9019个，2016年累计开发新产品13 132个，2017年上升为20 621个，平均年增长率为51.21%。梯队企业的新产品销售收入从2015年的约169.57亿元增加到2017年的约225.85亿元，年均增长率为15.41%，新产品销售收入呈上升趋势（图4-9）。2017年，梯队企业新产品销售收入占全省规模以上工业新产品销售收入的37.3%[①]。这客观反映了梯队企业产出水平不断提升，梯队企业创新成果的转化及产业化能力比较稳定，体现了企业技术创新的市场价值。

---

① 2017年规模以上工业企业新产品销售收入为605.57亿元。

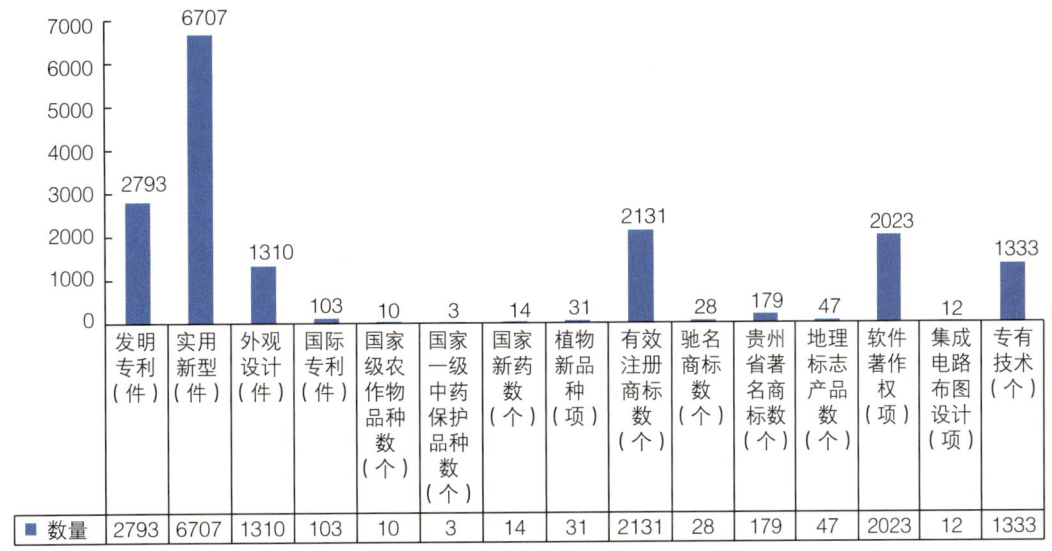

图 4-8 科技型企业成长梯队知识产权拥有情况

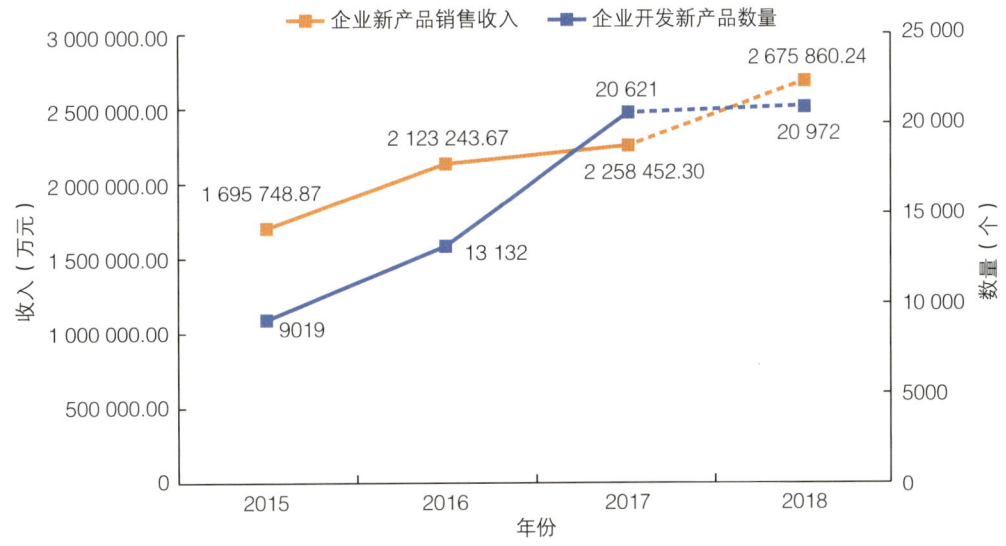

图 4-9 2015—2017 年科技型企业成长梯队企业新产品情况及 2018 年预测

四、高新区和经济技术开发区发展情况

2017年，全省省级以上高新区加快发展步伐，贵阳国家高新区在全国排名持续上升，排第 42 位；安顺高新区升级为国家高新区，遵义高新区正全力争取升级为国家高新区。其他未布局高新区的市（州）正在积极申建。截至 2017 年，全省有 2 家国家高新区，3 家省级高新区，2 个国家级经济技术开发区。

（一）高新区

1. 贵阳国家高新区

根据调查数据显示，2017年贵阳国家高新区财政总收入33.04亿元、规模以上工业总产值133.42亿元、规模以上工业增加值35.26亿元；引资项目129个、规模以上工业企业50家、高新技术企业131家；企业技术中心45个、工程技术研究中心24个、重点实验室3个；众创空间22家、孵化器26家、大学科技园1家（表4-44）。

表4-44 2017年贵阳国家高新区发展情况

指标名称	2016年	2017年
财政总收入（亿元）	27.42	33.04
规模以上工业总产值（亿元）	141.19	133.42
规模以上工业增加值（亿元）	38.40	35.26
引资项目（个）	137	129
协议引资（亿元）	408.10	587.36
实际到位资金（亿元）	212.75	143.00
固定资产投资（亿元）	自2014年起，贵阳市不再对高新区考核该指标	
规模以上工业企业（家）	50	50
高新技术企业（家）	113	131
企业技术中心（个）	44	45
工程技术研究中心（个）	17	24
研究机构（个）	31	31
重点实验室（个）	1	3
工程研究中心（工程实验室）（个）	3	5
院士工作站（个）	12	13
众创空间（家）	18	22
孵化器（家）	24	26
大学科技园（家）	1	1
孵化面积（平方米）	1 650 000	2 130 000
孵化企业（家）	1276	1599

数据来源：2017年高新区和国家经济技术开发区专项调查。

2. 安顺国家高新区

根据调查数据显示，2017 年安顺国家高新区财政总收入 3.42 亿元、工业总产值 176.18 亿元、工业增加值 47.15 亿元、固定资产投资 62.66 亿元；引资项目 29 个、规模以上工业企业 76 家、高新技术企业 26 家；企业技术中心 9 个、工程技术研究中心 12 个（表 4-45）。

表 4-45 2017 年安顺国家高新区发展情况

指标名称	2016 年	2017 年
财政总收入（亿元）	3.24	3.42
工业总产值（亿元）	168.80	176.18
工业增加值（亿元）	44.98	47.15
引资项目（个）	41	29
协议引资（亿元）	36.92	16.97
实际到位资金（亿元）	47.15	49.03
固定资产投资（亿元）	62.43	62.66
规模以上工业企业（家）	85	76
高新技术企业（家）	26	26
企业技术中心（个）	9	9
工程技术研究中心（个）	9	12
研究机构（个）	1	1
重点实验室（个）	1	1
工程研究中心（工程实验室）（个）	0	0
院士工作站（个）	1	1
众创空间（家）	4	4
孵化器（家）	2	2
大学科技园（家）	0	0
孵化面积（平方米）	785 400	801 500
孵化企业（家）	122	158

数据来源：2017 年高新区和国家经济技术开发区专项调查。

3. 遵义省级高新区

根据调查数据显示，2017年遵义省级高新区财政总收入18.14亿元、工业总产值139.22亿元、工业增加值28.6亿元、固定资产投资140.61亿元；引资项目24个、规模以上工业企业64家、高新技术企业27家；企业技术中心4个、工程技术研究中心3个（表4-46）。

表4-46 2017年遵义省级高新区发展情况

指标名称	2016年	2017年
财政总收入（亿元）	13.72	18.14
工业总产值（亿元）	108.09	139.22
工业增加值（亿元）	21.55	28.60
引资项目（个）	19	24
协议引资（亿元）	62.53	23.20
实际到位资金（亿元）	221.50	270.23
固定资产投资（亿元）	116.01	140.61
规模以上工业企业（家）	57	64
高新技术企业（家）	19	27
企业技术中心（个）	4	4
工程技术研究中心（个）	3	3
研究机构（个）	0	0
重点实验室（个）	0	0
工程研究中心（工程实验室）（个）	2	2
院士工作站（个）	2	2
众创空间（家）	0	1
孵化器（家）	1	1
大学科技园（家）	0	0
孵化面积（平方米）	12 000	23 000
孵化企业（家）	26	26

数据来源：2017年高新区和国家经济技术开发区专项调查。

4. 铜仁省级高新区

根据调查数据显示，2017年铜仁省级高新区财政总收入1.20亿元、工业总产值32.66亿元、工业增加值 6.56 亿元、固定资产投资 34.72 亿元；引资项目 32 个、规模以上工业企业 29 家、高新技术企业 2 家；企业技术中心 1 个、工程技术研究中心 1 个；众创空间 3 家、孵化器 2 家（表 4-47）。

表 4-47　2017 年铜仁省级高新区发展情况

指标名称	2016 年	2017 年
财政总收入（亿元）	0.79	1.20
工业总产值（亿元）	17.44	32.66
工业增加值（亿元）	3.22	6.56
引资项目（个）	29	32
协议引资（亿元）	93.32	170.04
实际到位资金（亿元）	63.78	133.46
固定资产投资（亿元）	26.86	34.72
规模以上工业企业（家）	23	29
高新技术企业（家）	2	2
企业技术中心（个）	0	1
工程技术研究中心（个）	0	1
研究机构（个）	0	0
重点实验室（个）	0	0
工程研究中心（工程实验室）（个）	0	1
院士工作站（个）	0	0
众创空间（家）	1	3
孵化器（家）	2	2
大学科技园（家）	0	0
孵化面积（平方米）	416 833	416 833
孵化企业（家）	65	103

数据来源：2017 年高新区和国家经济技术开发区专项调查。

5. 娄山关省级高新区

根据调查数据显示，2017 年娄山关省级高新区财政总收入 1.22 亿元、工业总产值 13.67 亿元、工业增加值 3.21 亿元、固定资产投资 23.48 亿元；引资项目 7 个、规模以上工业企业 17 家、

高新技术企业5家；企业技术中心1个、工程技术研究中心1个；众创空间1家、孵化器1家（表4-48）。

表4-48　2017年娄山关省级高新区发展情况

指标名称	2016年	2017年
财政总收入（亿元）	0.71	1.22
工业总产值（亿元）	12.16	13.67
工业增加值（亿元）	2.57	3.21
引资项目（个）	8	7
协议引资（亿元）	30	38
实际到位资金（亿元）	15.4	19.8
固定资产投资（亿元）	16.62	23.48
规模以上工业企业（家）	13	17
高新技术企业（家）	4	5
企业技术中心（个）	1	1
工程技术研究中心（个）	1	1
研究机构（个）	0	0
重点实验室（个）	0	0
工程研究中心（工程实验室）（个）	0	0
院士工作站（个）	0	0
众创空间（家）	1	1
孵化器（家）	1	1
大学科技园（家）	0	0
孵化面积（平方米）	25 000	25 000
孵化企业（家）	18	25

数据来源：2017年高新区和国家经济技术开发区专项调查。

（二）经济技术开发区

1. 贵阳国家经济技术开发区

根据调查数据显示，2017年贵阳国家经济技术开发区财政总收入41.55亿元、工业总产值560.77亿元、工业增加值223.80亿元、固定资产投资175.7亿元；引资项目75个、规模以上工业企业81家、高新技术企业54家；企业技术中心24个、工程技术研究中心20个、重点实验室4个；众创空间4家、孵化器2家、大学科技园1家（表4-49）。

表4-49　2017年贵阳国家经济技术开发区发展情况

指标名称	2016年	2017年
财政总收入（亿元）	34.30	41.55
工业总产值（亿元）	523.12	560.77
工业增加值（亿元）	213.80	223.80
引资项目（个）	40	75
协议引资（亿元）	224.09	207.53
实际到位资金（亿元）	322.01	137.50
固定资产投资（亿元）	196.64	175.70
规模以上工业企业（家）	69	81
高新技术企业（家）	41	54
企业技术中心（个）	23	24
工程技术研究中心（个）	19	20
研究机构（个）	57	57
重点实验室（个）	4	4
工程研究中心（工程实验室）（个）	4	4
院士工作站（个）	5	5
众创空间（家）	4	4
孵化器（家）	2	2
大学科技园（家）	1	1
孵化面积（平方米）	1460	1460
孵化企业（家）	96	145

数据来源：2017年高新区和国家经济技术开发区专项调查。

2. 遵义国家经济技术开发区

根据调查数据显示，2017年遵义国家经济技术开发区财政总收入63.49亿元、工业总产值337.19亿元、工业增加值117.4亿元、固定资产投资224.98亿元；引资项目127个、规模以上工业企业101家、高新技术企业50家；企业技术中心25个、工程技术研究中心19个、重点实验室25个；众创空间3家、孵化器4家、大学科技园1家（表4-50）。

表4-50　2017年遵义国家经济技术开发区发展情况

指标名称	2016年	2017年
财政总收入（亿元）	55.93	63.49
工业总产值（亿元）	270.13	337.19
工业增加值（亿元）	102.33	117.40
引资项目（个）	160	127
协议引资（亿元）	709.92	188.73
实际到位资金（亿元）	265.81	202.50
固定资产投资（亿元）	178.83	224.98
规模以上工业企业（家）	80	101
高新技术企业（家）	40	50
企业技术中心（个）	25	25
工程技术研究中心（个）	12	19
研究机构（个）	36	36
重点实验室（个）	23	25
工程研究中心（工程实验室）（个）	12	19
院士工作站（个）	12	14
众创空间（家）	3	3
孵化器（家）	4	4
大学科技园（家）	1	1
孵化面积（平方米）	0.17	0.17
孵化企业（家）	8	8

数据来源：2017年高新区和国家经济技术开发区专项调查。

五、高新技术产业发展成效、存在问题和工作建议

（一）发展成效

1. 加快高新区创建工作，创新载体建设取得新突破

新形势下，高新区已成为引领经济发展的新引擎。贵阳国家高新区围绕大数据和高端装备制造等主导产业，实施创新驱动发展战略，加快构建区域创新体系，在国家高新区综合排名中逐年上升，达到第41位，连续多年在全省开发区年度考评中位列第一，凸显了在全省高新技术产业发展中火车头、发动机作用。安顺国家高新区于2017年2月获国务院批复升级为国家高新区，立足军民融合特色，以高端装备制造、民族制药为主，引领区域高新技术产业发展成效显著。全力推进遵义高新区升级为国家高新区，为遵义高新技术产业发展打造高端平台。省级高新区建设有序推进，重点在六盘水、黔西南、毕节等市（州）布局建设省级高新区，铜仁高新区、娄山关高新区等省级高新区创新能力逐步提升，助推区域经济发展。同时，成功获批"国家火炬安顺航空智能制造特色产业基地""国家火炬黔东南州苗侗民族工艺品特色产业基地""国家火炬黔西南州民族医药特色产业基地"。通过高新区和特色产业化基地等创新载体创建，营造环境，聚集资源，孵化高科技企业，不断推动全省高新技术产业集聚和发展。

2. 加大企业培育力度，梯队规模不断壮大

通过在全省范围内大力发展高新技术产业，不断集聚创新资源，形成一批科技开发水平高、服务产业能力强、经济社会效益好的高新技术企业，截至2017年年末，全省高新技术企业总数达到693家。构建"大学生创业企业—科技型种子企业—科技型小巨人成长企业—科技型小巨人企业—领军企业"的梯队培育机制，选择创新基础好、有发展潜力、接近高新技术企业标准的科技型企业入库，并对入库企业科技、财政、税务等部门按照职责和"一企一策"的原则开展针对性的帮扶指导；截至2017年，全省有大学生创业企业177家、科技型种子企业431家、科技型小巨人成长企业281家、科技型小巨人企业112家、领军企业33家，年均分别增长83.70%、59.72%、21.99%、17.10%和23.68%。

3. 强化平台建设，创新基础进一步夯实

引导重大产业化项目、重大创新基地、新型研究机构和研发总部等在全省布局，建立多渠道、多层次的技术转移、联合研发等中心，创新平台建设取得新进展。全省围绕高新技术产业重点行业布局建设了一批工程（技术）研究中心、重点实验室、企业技术中心、新型研发机构等创新平台，构建了多层次的创新支撑体系，增强了产业发展的技术创新供给能力。省部共建"药用植物功效与利用"国家重点实验室获批建设，2017年全省国家级和省级创

新平台达到631家。以激发全社会创新创业活力为主线，以构建众创空间等孵化平台为载体，以营造创新创业良好生态为目标，有效整合资源，集成落实政策，完善服务模式，培育创新文化，不断推动创新创业事业发展及经济转型和产业升级。

4. 营造创新生态，产业环境逐步优化

全省在科技创新、科技型企业培育、科技企业孵化器等方面的培育力度进一步加大，科技创新政策宣讲范围进一步扩大，创新驱动发展战略持续发力，招商引资、引智环境进一步改善，高新技术产业调度机制更加精准，推动全省创新资源和要素进一步向高新技术产业领域聚集，高新技术产业取得了快速增长。各市（州）依据本地高新技术产业基础和资源禀赋，围绕加快自主创新，突出优势产业，开展多方位、多模式、多路径探讨，构建了良好的高技术新产业发展生态环境。安顺市、遵义市、黔东南州等市（州）相继出台科技创新政策，加大对国家高新区、企业研发机构、科技型企业培育等方面的扶持力度。

（二）存在问题

1. 高新技术产业重点企业数量少，规模小

2017年，全省高新技术企业的发展虽然取得较大的突破，全年高新技术企业总数达到693家，从纵向发展来看，成绩喜人，但是从横向比较来看，贵州的高新技术企业的数量还是比较少。2017年，贵州高新技术企业仅为广东（33 073家）的2.1%；四川、重庆、云南、广西的高新技术企业分别为3571家、2027家、1239家、1204家，分别是贵州的5.15倍、2.92倍、1.79倍、1.74倍。同时，高新技术企业的规模普遍较小，全省693家高新技术企业中规模以上高新技术企业291家，占比为41.99%，主营业务收入10亿元以上的企业仅35家，占比为5.1%，主营业务收入1亿～10亿元的企业155家，占比为22.4%。从全省科技型成长梯队企业数量来看，2017年全省科技型成长梯队企业有1034家，与全省601 728家企业总数相比，数量较少，仅占0.17%。

2. 高新技术产业招商存在同质化现象，针对性不强

从目前的情况来看，全省招商引资思路和方法具有普适性，通过引进省外知名或龙头企业的成熟技术来实现产业的快速落地，出发点较好，但由于与当前区域主导产业及相关产业链条的结合度不高，事前未围绕区域主导产业开展全产业链研究分析，在具体的实施过程中存在招商同质化现象，招商的质量有待提高。同时，按照"强链、补链、延链"进行高科技企业招商的针对性较弱，难以形成全产业链发展。2011—2017年，全省招商引资8896家企业中，高新技术企业仅有435家，数量较少，仅占引进企业数的4.9%。

3. 创新载体发展不平衡不充分，创新平台数量不足

2017年，拥有国家高新区的仅有贵阳、安顺。遵义国家高新区尚在申建过程中，省级高新区尚未在市（州）实现全覆盖，国家高新技术产业化（特色）基地数量少，创新资源主要集聚在经济发达的中心城市，支撑全省高新技术产业发展的载体不平衡不充分。现有省级以上创新服务平台为631个，其中国家级创新服务平台156个，占比为24.72%，现有省级创新平台技术支撑和辐射能力较弱，缺乏高端平台支撑，难以支撑高新技术产业的发展。另外，创新创业领军型人才和技术研发人才匮乏，制约高新技术产业可持续发展。

（三）工作建议

1. 强化创新载体建设，夯实发展基础

加快推进国家高新区建设，促进国家高新区提质增效，充分发挥贵阳、安顺国家高新区在区域创新、高新技术产业发展的引领示范和辐射作用。重点推进遵义国家高新区申建工作，强化高新区科技企业孵化器、加速器、创新中心、科技服务中心等建设。进一步加快黔西南州、六盘水市省级高新区建设，在全省范围内针对有条件的市（州）布局建设省级高新区，完善高新技术企业培育引进环境，推动全省高新技术产业集聚发展。

2. 加快平台建设，不断集聚创新要素

以高新技术产业发展的需求为着力点，大力推进高校、产业基地、农业科技园区、重点实验室、工程技术研究中心、众创空间等创新创业平台载体的建设，不断加强平台与载体之间的共享共建。聚焦高新技术产业发展需求，围绕"双创"主战场，着力打造全链条的创业孵化体系。突出市场在创新资源配置中的决定性作用，进一步推动技术市场快速发展，促进科技金融深度融合，加快科技成果向现实生产力转化。

3. 加大科技供给，强化研发投入

聚焦推进经济转型升级、保护生态环境、增进民生福祉、创新社会治理等重点领域和环节，加大对于高新技术产业的布局力度，实现科技供给的有效支出。千方百计将高新技术产业的重点企业作为研发投入的主体来抓，让科技型企业成为研发投入的排头兵，通过引导企业加大研发投入，提升企业核心竞争力。继续加大财政资金的后补助政策支持力度，鼓励引导企业加大研发投入。

4. 提高高科技招商的精准度

围绕全省产业招商的目标与任务，结合各市（州）资源禀赋及高新技术产业的发展现状与特点，着眼"强链、补链、延链"，强化产业链研究，避免同质化竞争，在不断补齐产业链条的同时着力做优产业生态，适时编制和更新高科技招商目录指引，实现精准招商。

第五章

2018年贵州省高新技术产业发展报告

2018年，贵州省全面坚持新发展理念，紧紧围绕"大扶贫、大数据、大生态"三大战略行动，重点培育经济高质量发展新动能，全面提升高新技术产业对全省经济发展的引领示范作用，全省高新技术产业保持了持续向好、稳中求进的发展态势。

一、2018年全省高新技术产业发展情况

（一）总体情况

2018年，全省高新技术产业产值为4305.09亿元，同比增长23.0%，超额完成2018年度省政府高新技术产业产值目标任务（4300亿元）。其中，高新技术工业总产值3367.49亿元，同比增长14.7%；高新技术产业工业增加值为788.55亿元，同比增长15.9%；高新技术工业主营业务收入为4250.95亿元，同比增长19.9%；高新技术工业利润总额为143.14亿元，同比增长11.7%（表5-1）。

表5-1　2018年贵州省高新技术产业主要指标情况

主要指标	产值（亿元）	增速（%）
产业产值	4305.09	23.0
#工业总产值	3367.49	14.7
工业增加值	788.55	15.9
工业主营业务收入	4250.95	19.9
工业利润总额	143.14	11.7

数据来源：贵州省统计局、贵州省科技发展战略研究院，下同。

注：增速用现价计算，下同。

第五章
2018年贵州省高新技术产业发展报告

根据国民经济行业分类，2018年全省高新技术产业工业总产值排名前十的行业中，计算机、通信和其他电子设备制造业排名第一，产值为717.31亿元，占全部高新技术工业总产值的比重为21.3%。排名第二的是医药制造业，产值为408.48亿元，占全部高新技术工业总产值的比重为12.1%。在增速方面，煤炭开采和洗选业增速排名第一，为62.5%；电气机械和器材制造业排名第二，为42.9%；医药制造业位居第三，为29.4%，均超过高新技术工业总产值的增速；而橡胶和塑料制品业，铁路、船舶、航空航天和其他运输设备制造业，有色金属冶炼和压延加工业，化学原料和化学制品制造业低于全省高新技术产业工业总产值增速，发展相对较慢；非金属矿物制品业增速仅为3.2%，计算机、通信和其他电子设备制造业出现负增长，发展速度有待提高（表5-2）。

表5-2 2018年高新技术产业工业总产值排名前十的行业分布

行业名称	工业总产值（亿元）	增速（%）
计算机、通信和其他电子设备制造业	717.31	-0.2
医药制造业	408.48	29.4
化学原料和化学制品制造业	304.51	6.4
电气机械和器材制造业	241.73	42.9
铁路、船舶、航空航天和其他运输设备制造业	209.41	9.2
有色金属冶炼和压延加工业	206.93	8.3
汽车制造业	194.41	26.7
非金属矿物制品业	179.10	3.2
橡胶和塑料制品业	173.01	13.7
煤炭开采和洗选业	150.42	62.5

数据来源：贵州省统计局、贵州省科技发展战略研究院，下同。

2018年，全省高新技术产业工业增加值排名前10位的行业中，医药制造业排名第一，为139.39亿元，占全部工业增加值的比重为17.7%；排名第二的是电力、热力生产和供应业，为76.14亿元，占全部工业增加值的比重为9.7%；排名第三的是计算机、通信和其他电子设备制造业，为68.77亿元，占全部工业增加值的比重为8.7%。在增速方面，煤炭开采和洗选业的增速排名第一，为48.7%，排名第二的是电气机械和器材制造业，为43.0%，两个产业的增速都远远高于全省高新技术产业工业增加值增速（15.9%），发展良好；电力、热力生产和供应业，汽车制造业，医药制造业分别为28.0%、23.2%、23.2%，也高于全省高新技术产业工业增加值增速，发展较快；有色金属冶炼和压延加工业，计算机、通信和其他电子设

备制造业及铁路、船舶、航空航天和其他运输设备制造业低于全省高新技术产业工业增加值增速，发展相对滞后；非金属矿物制品业、化学原料和化学制品制造业呈现负增长（表5-3）。

表 5-3 2018 年高新技术产业工业增加值排名前十的行业分布

行业名称	工业增加值（亿元）	增速（%）
医药制造业	139.39	23.2
电力、热力生产和供应业	76.14	28.0
计算机、通信和其他电子设备制造业	68.77	8.9
煤炭开采和洗选业	65.62	48.7
化学原料和化学制品制造业	60.78	−5.7
有色金属冶炼和压延加工业	60.29	14.3
铁路、船舶、航空航天和其他运输设备制造业	53.43	3.8
汽车制造业	49.94	23.2
电气机械和器材制造业	48.09	43.0
非金属矿物制品业	45.77	−0.8

数据来源：贵州省统计局、贵州省科技发展战略研究院，下同。

（二）主要产业发展情况

2018 年，全省高新技术主要工业产业与上年同期相比，除节能环保产业外其余均实现增长，产值排前 3 位的产业为装备制造业、化工产业、民族制药和特色食品产业，分别为 1606.56 亿元、507.32 亿元、420.25 亿元；增速排前 3 位的产业为煤炭产业、民族制药和特色食品产业、冶金产业，其增速分别为 54.4%、29.8%、27.9%（表 5-4）。

表 5-4 2018 年贵州省高新技术主要工业产业分布

行业名称	产值（亿元）	同比增长（%）	占比（%）
装备制造业（高端装备制造、电子信息设备制造等）	1606.56	5.4	47.7
化工产业（精细化工、生物农业用品制造等）	507.32	10.1	15.1
民族制药和特色食品产业（生物药品制造、生物食品制造等）	420.25	29.8	12.5

续表

行业名称	产值（亿元）	同比增长（%）	占比（%）
有色产业（高端合金制造等）	220.88	13.0	6.6
建材产业（新型功能材料、先进结构材料等）	181.29	3.3	5.4
电力产业（新能源、资源综合利用等）	162.24	12.9	4.8
煤炭产业（资源循环利用等）	150.42	54.4	4.5
冶金产业（高端金属冶炼等）	91.02	27.9	2.7
节能环保产业（高效节能、先进环保等）	41.50	−7.8	1.2

1. 装备制造业

装备制造业包含通信终端设备制造、汽车整车制造、高端仪器仪表制造等产业。该产业产值为1606.56亿元，同比增长5.4%，占全省高新技术工业总产值的47.7%。其中，光伏设备及元器件制造、计算机整机制造、电子元件及组件制造分别同比增长10.7倍、3倍、2.1倍，拉升幅度较大；雷达及配套设备制造、机械治疗及病房护理设备制造、广播电视接收设备制造分别同比下降94.3%、91.0%、90.8%。

2. 化工产业

化工产业包含磷肥制造（精细磷化工、磷矿资源及副产物综合利用、清洁生产）、轮胎制造和塑料板、管、型材制造等产业。该产业产值为507.32亿元，同比增长10.1%，占全省高新技术工业总产值的15.1%。其中，有机肥料及微生物肥料制造（功能肥、专用肥）、泡沫塑料制造（高保肥、耐水育苗）、木竹浆制造（漂白硫酸盐竹浆板）分别同比增长70.7倍、34.7倍、2.6倍；塑料包装箱及容器制造、氮肥制造（清洁生产）、其他未列明非金属矿采选分别同比下降81.5%、53.8%、52.3%。

3. 民族制药和特色食品产业

民族制药和特色食品产业包含中成药生产、中药饮片加工、生物药品制造等产业。产业产值为420.25亿元，同比增长29.8%，占全省高新技术工业总产值的12.5%。其中，化学药品原料药制造、生物药品制造、保健食品制造分别同比增长81.5%、60.1%、34.5%；兽用药品制造、化学药品制剂制造分别同比增长2.8%、6.9%，增速相对较缓。

4. 有色产业

有色产业包含铝冶炼（精铝）、铝压延加工、金冶炼等产业。该产业产值为220.88亿元，同比增长13.0%，占全省高新技术工业总产值的6.6%。其中，铅锌冶炼（高纯）、金矿采选（金矿尾矿再开发利用）、铝冶炼（精铝）分别同比增长564.2%、212.9%、61.2%；有色金属合金制造（高端铝合金）、其他有色金属压延加工、铝压延加工分别同比下降80.6%、12.0%、8.1%。

5. 建材产业

建材产业包含轻质建筑材料制造、石灰和石膏制造、耐火陶瓷制品及其他耐火材料制造等产业。该产业产值为 181.29 亿元，同比增长 3.3%，占全省高新技术工业总产值的 5.4%。其中，黏土砖瓦及建筑砌块制造、建筑装饰及水暖管道零件制造、玻璃纤维及制品制造分别同比增长 123.0%、119.9%、43.0%；建筑陶瓷制品制造、隔热和隔音材料制造、耐火陶瓷制品及其他耐火材料制造分别同比下降 96.8%、65.9%、35.8%。

6. 电力产业

电力产业包含风电、火电等产业。该产业产值为 162.24 亿元，同比增长 12.9%，占全省高新技术工业总产值的 4.8%。其中，火力发电产值为 92.88 亿元，同比增长 13.4%；风力发电产值为 27.00 亿元，同比增长 6.7%；太阳能发电产值为 14.53 亿元，同比增长 103.4%；电力供应同比下降 60.3%。

7. 煤炭产业

煤炭产业包含烟煤和无烟煤尾矿再开发利用及综合利用、煤矿瓦斯抽采与利用等产业。该产业产值为 150.42 亿元，同比增长 54.4%，占全省高新技术工业总产值的 4.5%。其中，烟煤和无烟煤开采洗选（再开发、综合利用）、其他煤炭采选（煤矿瓦斯抽采与利用）产值分别为 140.57 亿元、4.75 亿元，分别同比增长 56.4%、95.5%。

8. 冶金产业

冶金产业包含金属丝绳及其制品制造、铸件及粉末冶金制品制造等产业。该产业产值为 91.02 亿元，同比增长 27.9%，占全省高新技术工业总产值的 2.7%。其中，金属门窗制造（高技术合金产品）、锻件及粉末冶金制品制造、金属结构制造（有较高技术的产品）分别同比增长 72.1%、37.2%、36.0%；金属表面处理及热处理加工、钢压延加工分别同比下降 33.1%、30.8%。

9. 节能环保产业

节能环保产业包含金属废料和碎屑加工处理、污水处理及其再利用等产业。该产业产值为 41.50 亿元，同比下降 7.8%，占全省高新技术工业总产值的 1.2%。其中，新材料、新能源与节能、资源与环境，金属废料和碎屑加工处理，包装装潢及其他印刷分别同比增长 361.2%、259.0%、145.4%；非金属废料和碎屑加工处理、污水处理及其再生利用分别同比下降 39.2%、5.3%。

（三）创新要素情况

创新要素是指和创新相关的资源和能力的组合，通俗地说，就是支撑创新的人、财、物及将人、财、物组合的机制，本报告所指的创新要素主要包括创新服务平台、创新载体、创新主体、人才、知识产权、研发投入等内容。

2018年，全省有各类创新服务平台568个、创新载体102家、高新技术企业1173家、科技型企业成长梯队1108家、高新技术产业入统企业1614家、发明专利申请量14 348件、发明专利授权量2081件、发明专利拥有量10 099件（表5-5）。

表5-5 全省创新要素情况

指标名称	2016年	2017年	2018年
创新服务平台（个）	502	537	568
企业技术中心（个）	191	204	219
工程技术研究中心（个）	113	129	133
重点实验室（个）	57	58	63
工程研究中心（工程实验室）（个）	73	73	73*
院士工作站（个）	68	73	80
创新载体（家）	82	94	102
众创空间（家）	45	53	56
孵化器（家）	28	31	35
大学科技园（家）	9	10	11
高新技术产业入统企业（家）	915	1125	1614
高新技术企业（家）	478	694	1173
科技型企业成长梯队（家）	802	1034	1108
领军企业（家）	31	33	33
小巨人企业（家）	102	112	118
小巨人成长企业（家）	250	281	287
科技型种子企业（家）	265	431	478
大学生创业企业（家）	154	177	192
国家级高新技术产业开发区（个）	1	2	2
省级高新技术产业开发区（个）	4	3	5
国家高新技术产业化基地（个）	12	15	15
省级高新技术产业化基地（个）	11	11	11
发明专利申请量（件）	10 953	13 884	14 348

续表

指标名称	2016 年	2017 年	2018 年
发明专利授权量（件）	2036	1875	2081
发明专利拥有量（件）	7019	8024	10 099
规模以上企业（家）	5123	5146	5310
有 R&D 活动的企业（家）	650	946	946*
全社会 R&D 经费（亿元）	73.40	95.88	95.88*
规模以上工业企业 R&D 经费（亿元）	55.69	64.85	64.85*
全社会 R&D 人员（人）	45 222	52 746	52 746*
规模以上工业企业 R&D 人员（人）	27 677	32 616	32 616*

数据来源：贵州省科学技术厅、贵州省统计局、贵州省发展和改革委员会、贵州省工业和信息化厅。

注：* 表示上年的数据，下同。

二、2018 年高新技术产业工业总产值区域发展情况

2018 年，全省高新技术产业工业总产值主要分布在贵阳市、安顺市、遵义市，分别为 1086.11 亿元、526.37 亿元、482.90 亿元，三者总和占全省高新技术产业工业总产值的比重为 62.1%，是贵州省高新技术产业发展较好的区域。黔西南州、铜仁市、安顺市的增速排前 3 位，分别为 63.9%、50.0%、43.0%（表 5-6）。

表 5-6　2018 年贵州省高新技术产业工业总产值区域分布

市（州）	产值（亿元）	同比增长（%）	占比（%）
贵阳市	1086.11	5.5	32.2
安顺市	526.37	43.0	15.6
遵义市	482.90	-18.4	14.3
黔南州	371.91	27.8	11.0
毕节市	359.55	36.8	10.7
六盘水市	220.55	0.2	6.5
黔西南州	149.67	63.9	4.4
铜仁市	124.38	50.0	3.7
黔东南州	54.23	16.7	1.6

第五章
2018 年贵州省高新技术产业发展报告

根据2018年高新技术产业预期完成情况来看，全省高新技术产业产值4305.09亿元处于预期4097.72亿～4375.67亿元的区间内，达到预期，进展顺利（图5-1、图5-2）。

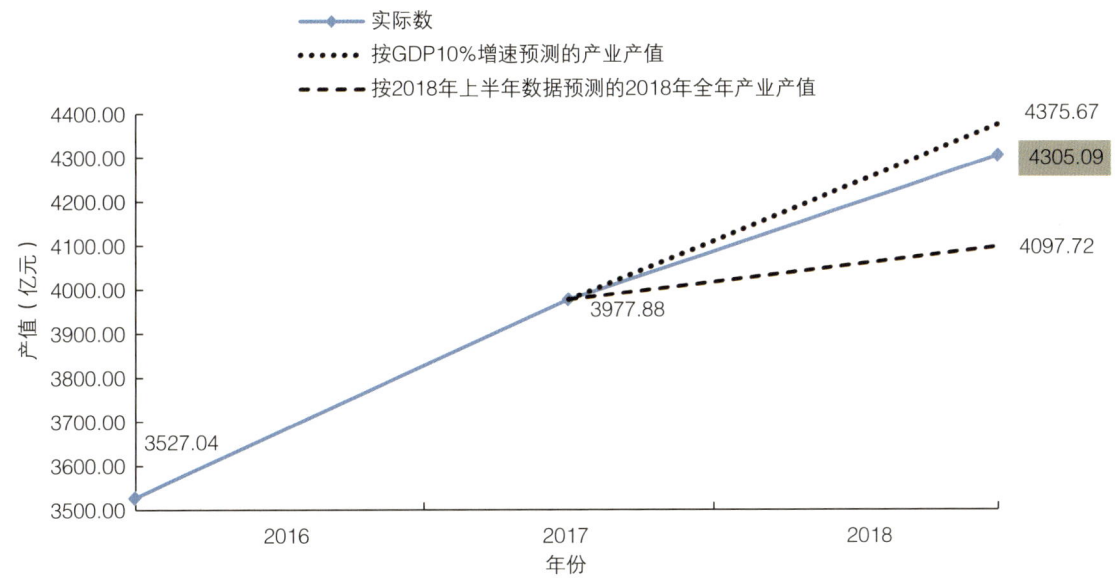

图 5-1　贵州省高新技术产业产值完成情况评价

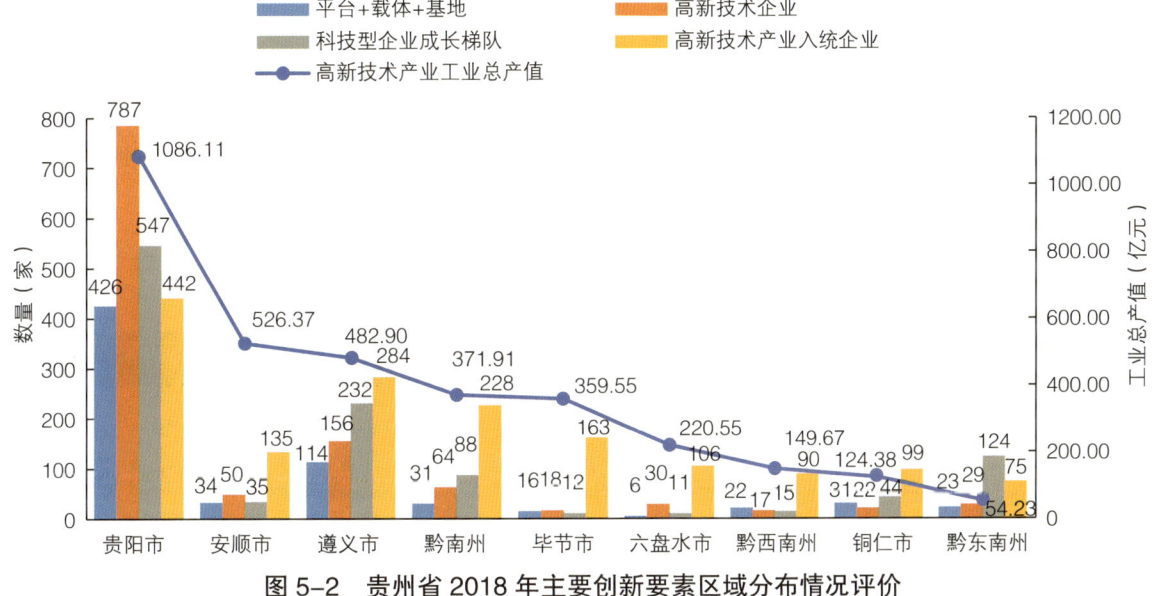

图 5-2　贵州省 2018 年主要创新要素区域分布情况评价

（一）贵阳市

贵阳市高新技术工业总产值为1086.11亿元，居第1位，占全省的比重为32.2%，是全省高新技术产业发展的主战场。高新技术工业总产值主要分布在 8 个产业，其中排前 3 位的产业是装备制造业、化工产业、民族制药和特色食品产业，分别为 465.04 亿元、289.68 亿元、212.87 亿元；电力产业、民族制药和特色食品产业、冶金产业增速排前 3 位，分别为 335.8%、24.8%、17.0%。建材产业、有色产业、节能环保产业均呈现负增长态势（表 5-7）。

表 5-7　贵阳市高新技术主要工业产业分布

行业名称	产值（亿元）	增速（%）
装备制造业	465.04	7.2
化工产业	289.68	2.5
民族制药和特色食品产业	212.87	24.8
有色产业	45.28	-23.4
冶金产业	28.54	17.0
建材产业	27.83	-38.1
节能环保产业	12.84	-3.2
电力产业	4.03	335.8

贵阳市所辖 10 个县（市、区）中，花溪区高新技术工业总产值排名第一，为 265.07 亿元，同比增长 3.6%；白云区、乌当区、开阳县、修文县产值均达 100 亿元以上；观山湖区、开阳县、清镇市增速排前 3 位，分别为 83.4%、32.5%、28.7%；白云区、云岩区、息烽县同比下降，其余县（市、区）同比增长（表 5-8）。

表 5-8　贵阳市所辖县（市、区）高新技术工业总产值区域分布

县（市、区）名称	产值（亿元）	增速（%）
花溪区	265.07	3.6
白云区	189.68	-2.2
乌当区	141.34	17.6
开阳县	139.05	32.5
修文县	125.23	8.5
观山湖区	50.97	83.4
清镇市	49.79	28.7
息烽县	49.09	-28.9

续表

县（市、区）名称	产值（亿元）	增速（%）
云岩区	32.58	-18.9
南明区	16.97	8.2

2018 年，贵阳市是全省创新要素的主要聚集地，有创新服务平台 370 个，占全省的比重为 65.1%；创新载体 48 家，占全省的比重为 47.1%；高新技术企业 787 家，占全省的比重为 67.1%；科技型企业成长梯队 547 家，占全省的比重为 49.4%（表 5-9）。

表 5-9　贵阳市创新要素情况

指标名称	2016 年	2017 年	2018 年
创新服务平台（个）	334	346	370
企业技术中心（个）	109	116	127
工程技术研究中心（个）	84	88	92
重点实验室（个）	49	49	55
工程研究中心（工程实验室）（个）	51	51	51*
院士工作站（个）	41	42	45
创新载体（家）	40	44	48
众创空间（家）	25	28	29
孵化器（家）	10	11	13
大学科技园（家）	5	5	6
高新技术产业入统企业（家）	255	314	442
高新技术企业（家）	288	431	787
科技型企业成长梯队（家）	386	478	547
领军企业（家）	19	19	19
小巨人企业（家）	50	53	56
小巨人成长企业（家）	67	79	81
科技型种子企业（家）	136	207	229
大学生创业企业（家）	114	120	148
国家级高新技术产业开发区（个）	1	1	1

续表

指标名称	2016年	2017年	2018年
省级高新技术产业开发区（个）	0	0	0
国家高新技术产业化基地（个）	6	6	6
省级高新技术产业化基地（个）	1	1	1
发明专利申请量（件）	3952	4747	5749
发明专利授权量（件）	1236	1072	1160
发明专利拥有量（件）	4640	5256	6151
规模以上企业（家）	697	697	740
有R&D活动的企业（家）	130	193	193*
全社会R&D经费（亿元）	36.03	47.55	47.55*
规模以上工业企业R&D经费（亿元）	22.92	27.74	27.74*
全社会R&D人员（人）	20 590	23 556	23 556*
规模以上工业企业R&D人员（人）	9888	11 237	11 237*

根据2018年高新技术工业总产值预期完成情况来看，贵阳市高新技术工业总产值为1086.11亿元，低于预期1117.92亿～1439.18亿元的区间下限，未达预期（图5-3）。

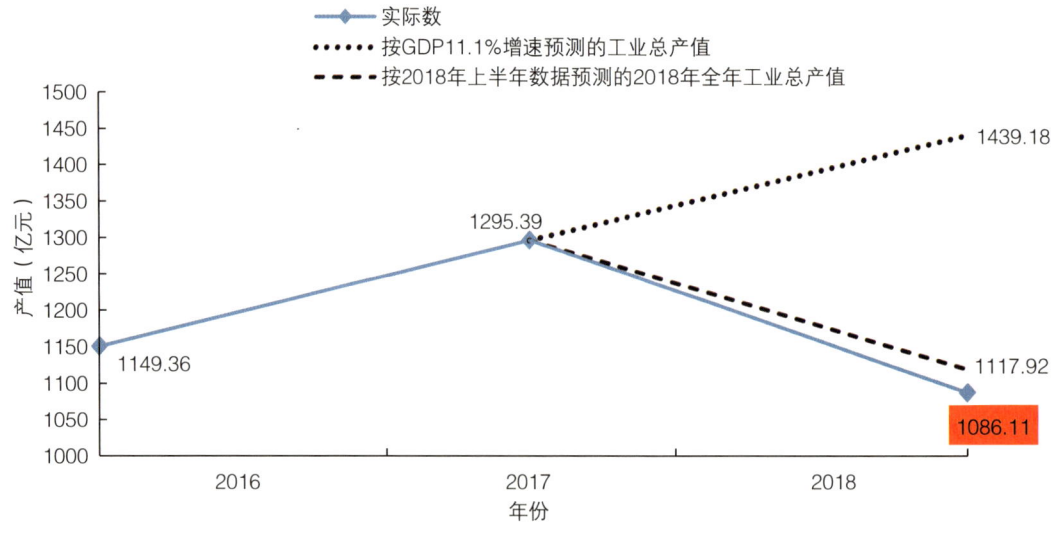

图5-3　贵阳市高新技术工业总产值完成情况评价

第五章 2018年贵州省高新技术产业发展报告

提示：

从贵阳市近3年的主导产业发展情况来看，装备制造业、化工产业、民族制药产业和特色食品产业稳居前三，但是装备制造业、民族制药产业和特色食品产业占比有所下降，尤其装备制造业受外部环境的冲击较大，占比下降较多，建议针对装备制造业出台相关的政策措施（图5-4）。

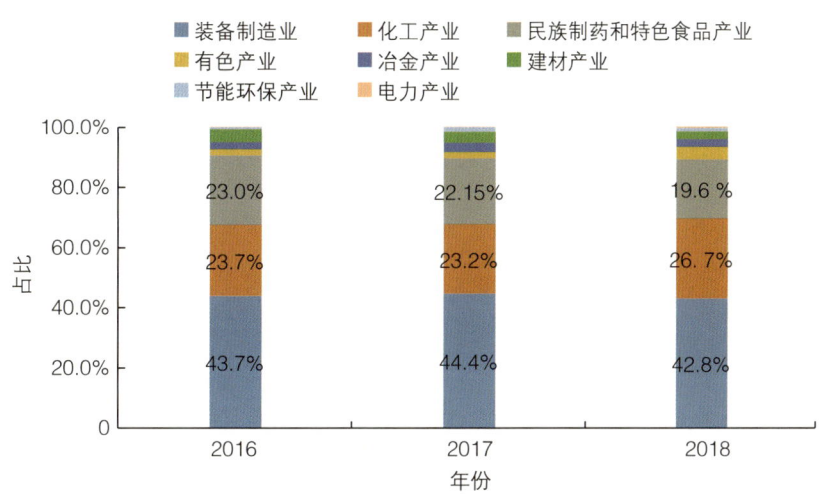

图5-4　2016—2018年贵阳市重点产业分布情况

从创新要素占比情况来看，贵阳市的各类创新要素居全省首位，但对高新技术产业发展的带动能力不明显，未能发挥传统装备制造业的优势，建议利用大数据产业的优势推动装备制造业转型升级，从而带动整体发展（图5-5）。

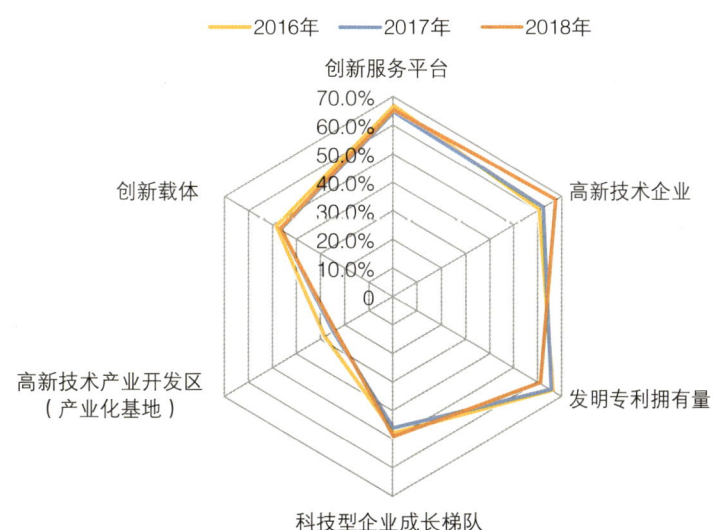

图5-5　2016—2018年贵阳市主要创新要素占比分布情况

（二）安顺市

安顺市高新技术工业总产值为526.37亿元，居第2位，占全省的比重为15.6%。高新技术工业总产值前3位的产业是装备制造业、民族制药和特色食品产业、有色产业，分别为424.13亿元、58.33亿元、19.03亿元；民族制药和特色食品产业、装备制造业、电力产业增速排前3位，分别为83.2%、43.6%、33.9%。冶金产业、节能环保产业均呈现负增长态势（表5-10）。

表5-10 安顺市高新技术主要工业产业分布

行业名称	产值（亿元）	增速（%）
装备制造业	424.13	43.6
民族制药和特色食品产业	58.33	83.2
有色产业	19.03	27.2
建材产业	13.00	5.9
化工产业	5.26	8.2
冶金产业	2.85	−37.7
节能环保产业	2.17	−26.9
电力产业	1.59	33.9

安顺市所辖6个县（区）中，平坝区、西秀区的高新技术工业总产值均在200亿元以上，分别为296.03亿元、213.57亿元；镇宁县、西秀区的增速较快，分别为313.1%、60.9%。紫云县、普定县同比下降（表5-11）。

表5-11 安顺市所辖县（区）高新技术工业总产值区域分布

县（区）名称	产值（亿元）	增速（%）
平坝区	296.03	35.4
西秀区	213.57	60.9
普定县	13.43	−5.3
镇宁县	2.85	313.1
关岭县	1.72	33.7
紫云县	0.10	−61.2

2018年，安顺市创新服务平台28个，占全省的比重为4.9%；创新载体4家，占全省的比重为3.9%；高新技术企业50家，占全省的比重为4.3%；科技型企业成长梯队35家，占全省的比重为3.2%（表5-12）。

表 5-12　安顺市创新要素情况

指标名称	2016 年	2017 年	2018 年
创新服务平台（个）	24	26	28
企业技术中心（个）	9	8	9
工程技术研究中心（个）	7	10	10
重点实验室（个）	0	0	0
工程研究中心（工程实验室）（个）	3	3	3*
院士工作站（个）	5	5	6
创新载体（家）	4	4	4
众创空间（家）	2	2	2
孵化器（家）	2	2	2
大学科技园（家）	0	0	0
高新技术产业入统企业（家）	78	93	135
高新技术企业（家）	27	34	50
科技型企业成长梯队（家）	42	35	35
领军企业（家）	4	4	4
小巨人企业（家）	3	3	3
小巨人成长企业（家）	13	14	14
科技型种子企业（家）	12	14	14
大学生创业企业（家）	10	0	0
国家级高新技术产业开发区（个）	0	1	1
省级高新技术产业开发区（个）	1	0	0
国家高新技术产业化基地（个）	0	1	1
省级高新技术产业化基地（个）	0	0	0
发明专利申请量（件）	750	1045	1069
发明专利授权量（件）	141	100	109
发明专利拥有量（件）	453	548	234
规模以上企业（家）	354	354	369
有 R&D 活动的企业（家）	18	39	39*
全社会 R&D 经费（亿元）	3.32	4.17	4.17*
规模以上工业企业 R&D 经费（亿元）	3.18	3.93	3.93*
全社会 R&D 人员（人）	2048	2469	2469*
规模以上工业企业 R&D 人员（人）	1656	1985	1985*

根据 2018 年高新技术工业总产值预期完成情况来看，安顺市高新技术工业总产值为 526.37 亿元，高于预期 435.41 亿～ 458.44 亿元的区间上限，远超预期（图 5-6）。

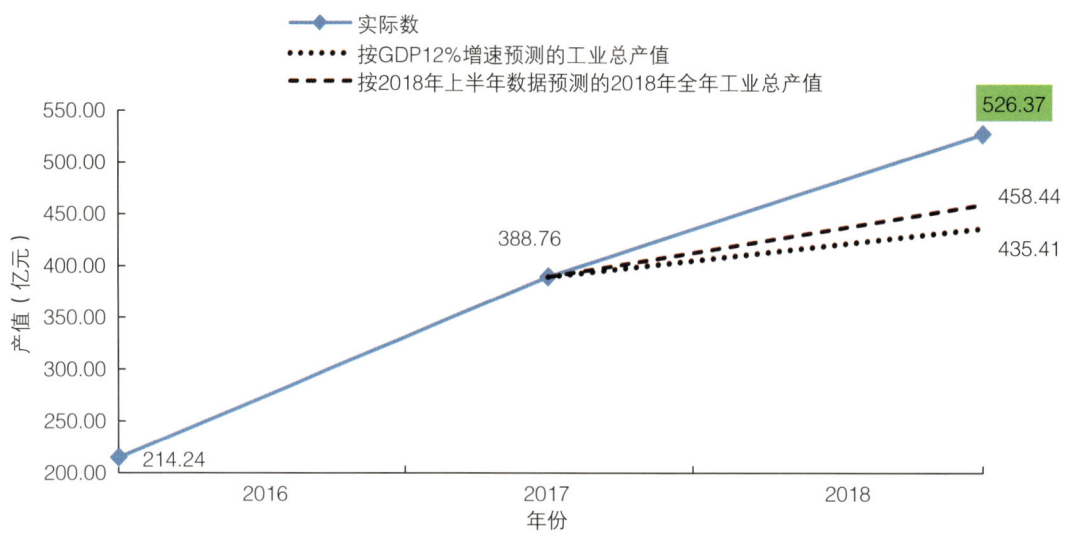

图 5-6　安顺市高新技术工业总产值完成情况评价

提示：

从安顺市近 3 年的主导产业发展情况来看，高新技术产业的主导产业有大幅提升，整体发展较快，但是从产业的长远发展来看，可持续能力较弱，建议制定高新技术产业可持续发展的相关对策建议，持续保持快速增长（图 5-7）。

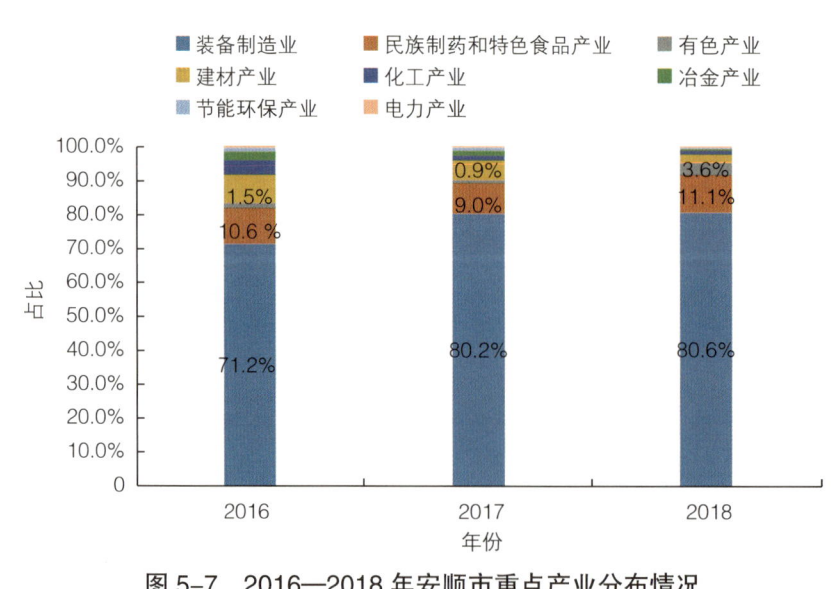

图 5-7　2016—2018 年安顺市重点产业分布情况

从创新要素的情况来看，国家高新区的成功申建对于区域的高新技术产业有较大的刺激，带动了全市高新技术产业飞跃式发展，但是创新载体、高新技术企业、发明专利拥有量较弱，建议加强创新载体建设，布局相关性的高新技术企业，引领企业加大研发投入，提高发明专利拥有量（图5-8）。

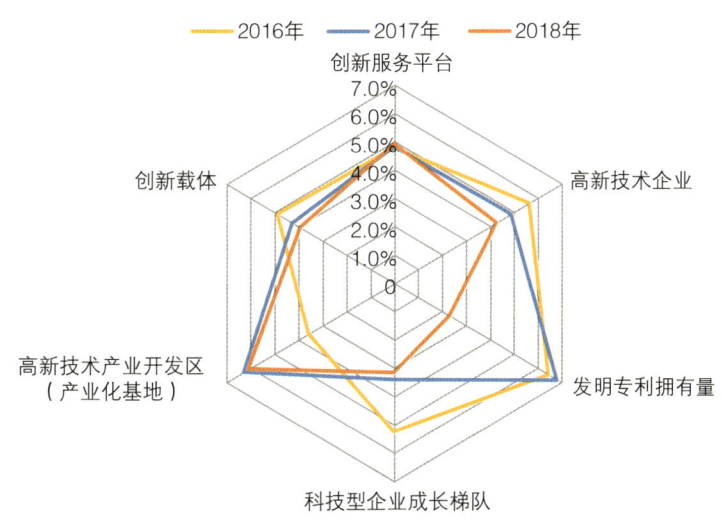

图5-8　2016—2018年安顺市主要创新要素占比分布情况

（三）遵义市

遵义市高新技术工业总产值为482.90亿元，居第3位，占全省的比重为14.3%。高新技术工业总产值主要分布的9个产业中，排前3位的是装备制造业、有色产业、建材产业，分别为298.05亿元、79.78亿元、30.29亿元；煤炭产业、电力产业、冶金产业增速排前3位，分别为280.8%、29.4%、19.1%。遵义市主要工业产业当中的装备制造业下降严重，同比下降36.0%（表5-13）。

表5-13　遵义市高新技术主要工业产业分布

行业名称	产值（亿元）	增速（%）
装备制造业	298.05	-36.0
有色产业	79.78	4.7
建材产业	30.29	10.1
冶金产业	23.08	19.1

续表

行业名称	产值（亿元）	增速（%）
化工产业	20.03	3.8
民族制药和特色食品产业	13.62	−15.0
煤炭产业	13.42	280.8
电力产业	2.48	29.4
节能环保产业	2.14	−27.3

遵义市所辖14个县（市、区）中，播州区、红花岗区、汇川区高新技术工业总产值排前三，分别为175.81亿元、137.74亿元、72.23亿元；习水县、赤水市、播州区增速排前3位，分别为131.0%、101.3%、32.6%。除习水县、赤水市、播州区、仁怀市以外，其余县（市、区）产值均同比下降（表5-14）。

表5-14　遵义市所辖县（市、区）高新技术工业总产值区域分布

县（市、区）名称	产值（亿元）	增速（%）
播州区	175.81	32.6
红花岗区	137.74	−48.8
汇川区	72.23	−15.0
赤水市	22.34	101.3
习水县	19.92	131.0
绥阳县	15.10	−9.1
桐梓县	10.41	−72.5
道真县	6.89	−11.9
务川县	2.14	−27.3
湄潭县	1.57	−20.1
仁怀市	0.67	—
余庆县	0.58	−17.6
凤冈县	0.29	−75.8
正安县	0.23	−73.6

2018年,遵义市创新服务平台93个,占全省的比重为16.4%;创新载体14家,占全省的比重为13.7%;高新技术企业156家,占全省的比重为13.3%;科技型企业成长梯队232家,占全省的比重为20.9%(表5-15)。

表5-15 遵义市创新要素情况

指标名称	2016年	2017年	2018年
创新服务平台(个)	85	89	93
企业技术中心(个)	44	45	47
工程技术研究中心(个)	8	11	12
重点实验室(个)	8	8	8
工程研究中心(工程实验室)(个)	9	9	9*
院士工作站(个)	16	16	17
创新载体(家)	15	15	14
众创空间(家)	6	6	5
孵化器(家)	8	8	8
大学科技园(家)	1	1	1
高新技术产业入统企业(家)	166	209	284
高新技术企业(家)	93	121	156
科技型企业成长梯队(家)	170	220	232
领军企业(家)	5	6	6
小巨人企业(家)	23	24	24
小巨人成长企业(家)	82	87	89
科技型种子企业(家)	58	100	110
大学生创业企业(家)	2	3	3
国家级高新技术产业开发区(个)	0	0	0
省级高新技术产业开发区(个)	1	2	2
国家高新技术产业化基地(个)	2	2	2
省级高新技术产业化基地(个)	3	4	3
发明专利申请量(件)	2184	3227	3436
发明专利授权量(件)	333	349	456

续表

指标名称	2016 年	2017 年	2018 年
发明专利拥有量（件）	955	1194	1578
规模以上企业（家）	1008	1008	1061
有 R&D 活动的企业（家）	76	155	155*
全社会 R&D 经费（亿元）	8.80	11.24	11.24*
规模以上工业企业 R&D 经费（亿元）	7.87	8.49	8.49*
全社会 R&D 人员（人）	5377	6894	6894*
规模以上工业企业 R&D 人员（人）	3778	5048	5048*

根据 2018 年高新技术工业总产值预期完成情况来看，遵义市高新技术工业总产值为 482.90 亿元，低于预期 586.26 亿～ 647.96 亿元的区间下限，未达到预期（图 5-9）。

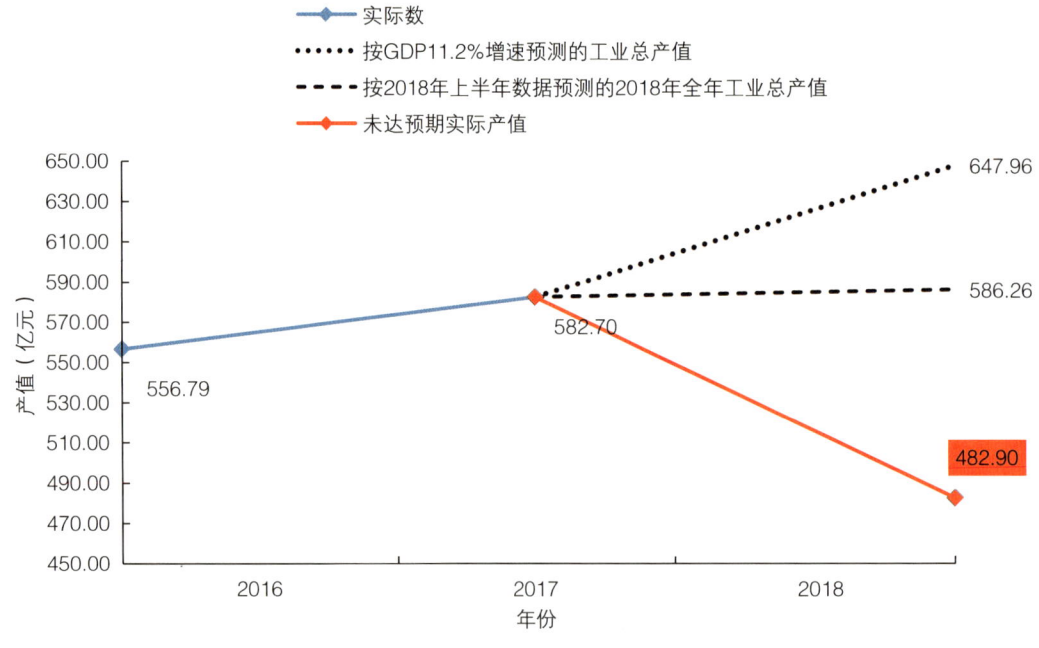

图 5-9　遵义市高新技术工业总产值完成情况评价

> **提示：**
> 从遵义市近 3 年的主导产业发展情况来看，2018 年装备制造业下降比较严重，影响了整体高新技术产业的发展，而有色产业有较大幅的提升，建议针对高新技术产业当中的装备制造业进行有效的调度，深入分析装备制造业产值下降的原因，提出振兴装备制

造业发展的对策与措施（图 5-10）。

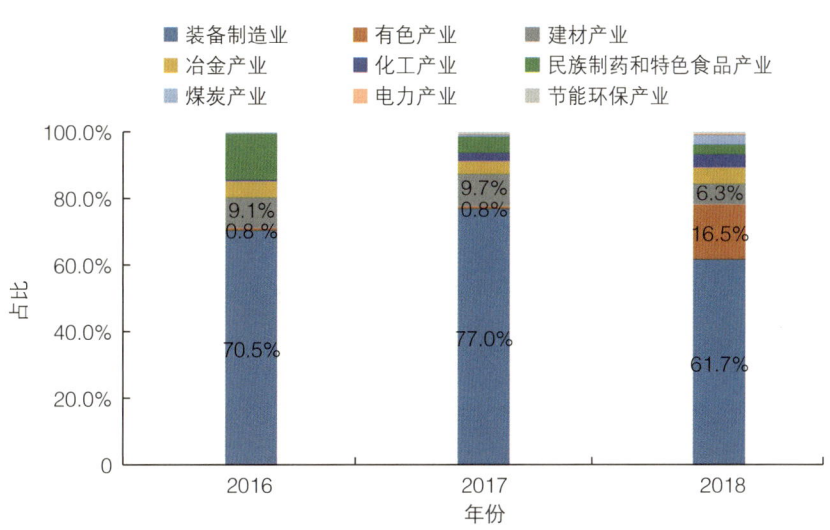

图 5-10　2016—2018 年遵义市重点产业分布情况

从创新要素的情况来看，高新技术企业和高新技术产业开发区的指标变化相对缓慢，建议加快推进国家高新区申建工作，提高高新技术产业的集聚程度（图 5-11）。

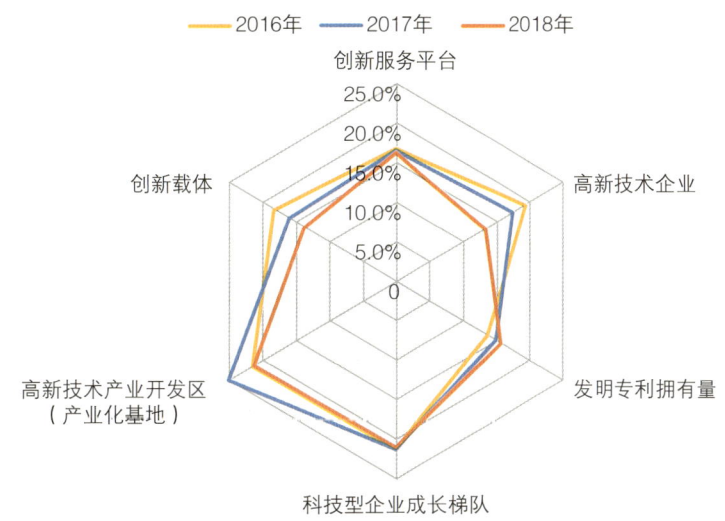

图 5-11　2016—2018 年遵义市主要创新要素占比分布情况

（四）黔南州

黔南州高新技术工业总产值为 371.91 亿元，居第 4 位，占全省的比重为 11.0%。高新技术工业总产值排前 3 位的产业是化工产业、装备制造业、民族制药和特色食品产业，分别为 139.71 亿元、92.73 亿元、87.73 亿元；有色产业、建材产业、装备制造业（民族制药和特色食品产业并列第三）增速排前 3 位，分别为 82.1%、56.7%、30.5%（表 5-16）。

表 5-16 黔南州高新技术主要工业产业分布

行业名称	产值（亿元）	增速（%）
化工产业	139.71	26.3
装备制造业	92.73	30.5
民族制药和特色食品产业	87.73	30.5
建材产业	24.38	56.7
电力产业	10.36	-3.7
冶金产业	8.65	8.9
有色产业	6.22	82.1
煤炭产业	1.30	-60.09
节能环保产业	0.83	-38.66

黔南州所辖 12 个县（市）中，高新技术工业总产值排名前 3 位的是龙里县、福泉市、瓮安县，分别为 94.15 亿元、91.41 亿元、51.71 亿元；三都县、福泉市、独山县增速排名前 3 位，分别为 175.7%、59.1%、51.3%。除都匀市荔波县和瓮安县以外，其余县（市）均实现同比增长（表 5-17）。

表 5-17 黔南州所辖县（市）高新技术工业总产值区域分布

县（市）名称	产值（亿元）	增速（%）
龙里县	94.15	23.4
福泉市	91.41	59.1
瓮安县	51.71	-4.1
惠水县	42.86	28.0
独山县	32.00	51.3
贵定县	17.46	14.0
都匀市	13.33	-7.3
长顺县	12.88	34.3

续表

县（市）名称	产值（亿元）	增速（%）
罗甸县	11.85	40.7
三都县	5.09	175.7
平塘县	3.10	47.2
荔波县	0.48	—

黔南州创新服务平台18个，占全省的比重为3.2%；创新载体10家，占全省的比重为9.8%；高新技术企业64家，占全省的比重为5.5%；科技型企业成长梯队88家，占全省的比重为7.9%（表5-18）。

表5-18　黔南州创新要素情况

指标名称	2016年	2017年	2018年
创新服务平台（个）	15	21	18
企业技术中心（个）	8	10	10
工程技术研究中心（个）	2	4	2
重点实验室（个）	0	1	0
工程研究中心（工程实验室）（个）	4	4	4*
院士工作站（个）	1	2	2
创新载体（家）	5	8	10
众创空间（家）	3	4	5
孵化器（家）	2	4	5
大学科技园（家）	0	0	0
高新技术产业入统企业（家）	126	153	228
高新技术企业（家）	20	40	64
科技型企业成长梯队（家）	64	82	88
领军企业（家）	1	1	1
小巨人企业（家）	7	9	11
小巨人成长企业（家）	37	42	44
科技型种子企业（家）	16	27	29
大学生创业企业（家）	3	3	3

续表

指标名称	2016 年	2017 年	2018 年
国家级高新技术产业开发区（个）	0	0	0
省级高新技术产业开发区（个）	0	0	0
国家高新技术产业化基地（个）	1	1	1
省级高新技术产业化基地（个）	2	2	2
发明专利申请量（件）	1652	1661	734
发明专利授权量（件）	88	93	55
发明专利拥有量（件）	260	365	642
规模以上企业（家）	768	768	859
有 R&D 活动的企业（家）	46	65	65*
全社会 R&D 经费（亿元）	3.66	5.13	5.13*
规模以上工业企业 R&D 经费（亿元）	3.42	4.5	4.5*
全社会 R&D 人员（人）	1878	2659	2659*
规模以上工业企业 R&D 人员（人）	1218	1970	1970*

根据 2018 年高新技术工业总产值预期完成情况来看，黔南州高新技术工业总产值为 371.91 亿元，处于预期 359.22 亿～388.38 亿元的区间内，达到预期，进展顺利（图 5-12）。

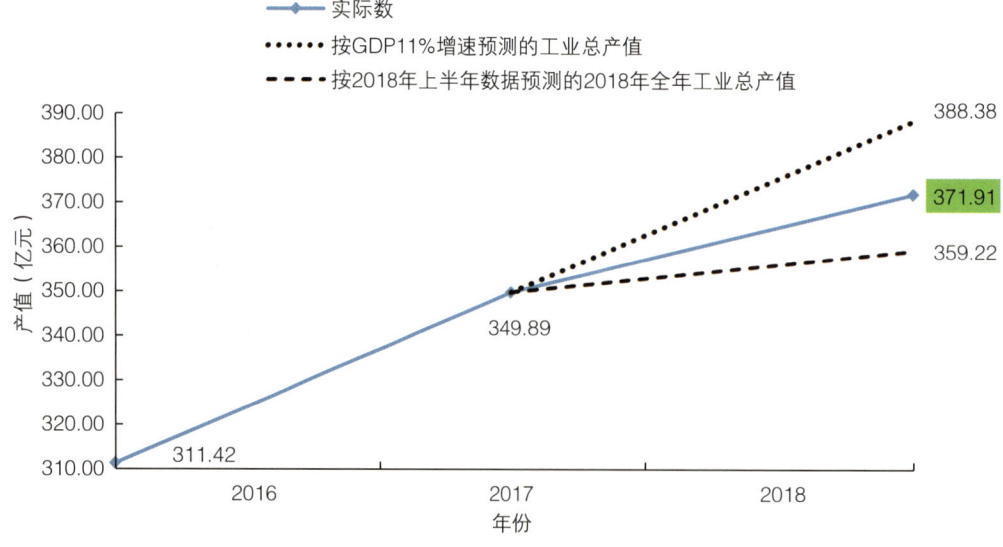

图 5-12　黔南州高新技术工业总产值完成情况评价

第五章 2018年贵州省高新技术产业发展报告

提示：

从黔南州近3年的主导产业发展情况来看，高新技术的主导产业相对比较分散，没有形成较为突出的产业集聚，高新技术产业发展保持相对平衡的发展态势，建议选择1～2个主导产业作为发展重点，不断延长上下游产业链，实现产业集聚发展，壮大高新技术产业总量（图5-13）。

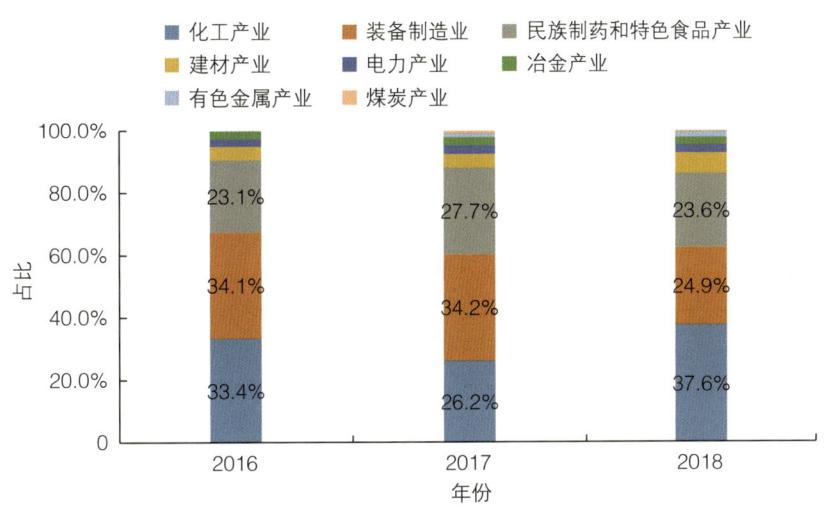

图5-13 2016—2018年黔南州重点产业分布情况

从创新要素的情况来看，各类创新要素分布相对比较均匀，整体上没有较大的差异，但是创新服务平台相对比较弱，要加快省级高新区申建工作，在确定主导产业的基础上，布局一批省级、国家级创新服务平台，服务于全州高新技术产业发展（图5-14）。

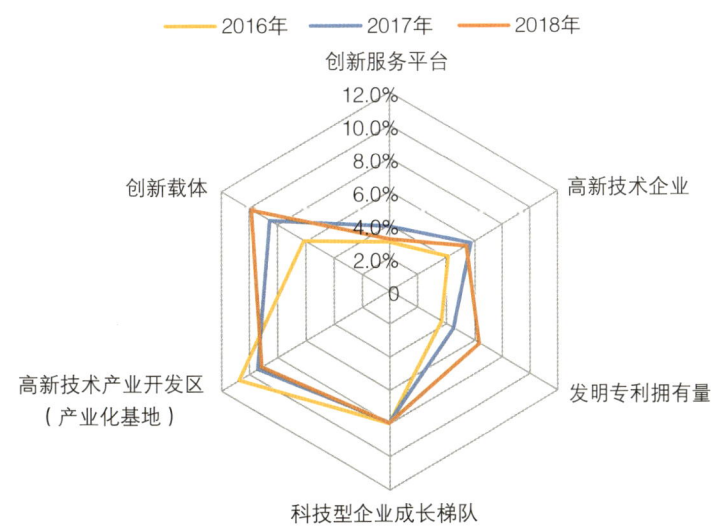

图5-14 2016—2018年黔南州主要创新要素占比分布情况

（五）毕节市

毕节市高新技术工业总产值为359.55亿元，居第5位，占全省的比重为10.7%。高新技术工业总产值排名前3位的产业是装备制造业、电力产业、煤炭产业，分别为168.02亿元、68.66亿元、66.28亿元；建材产业、煤炭产业、民族制药和特色食品产业增速排前3位，分别为149.9%、142.4%、60.9%（表5-19）。

表5-19　毕节市高新技术主要工业产业分布

行业名称	产值（亿元）	增速（%）
装备制造业	168.02	17.4
电力产业	68.66	24.5
煤炭产业	66.28	142.4
化工产业	18.68	46.9
建材产业	18.40	149.9
节能环保产业	12.93	0.1
民族制药和特色食品产业	5.91	60.9
冶金产业	0.67	19.3

毕节市所辖8个县（区）中，七星关区、黔西县、织金县高新技术工业总产值排名前3位，分别为137.62亿元、70.11亿元、45.83亿元；黔西县、织金县、威宁县增速排名前3位，分别为114.6%、72.1%、58.7%。其他各县（区）均呈现正增长发展态势（表5-20）。

表5-20　毕节市所辖县（区）高新技术工业总产值区域分布

县（区）名称	产值（亿元）	增速（%）
七星关区	137.62	13.6
黔西县	70.11	114.6
织金县	45.83	72.1
纳雍县	37.84	35.2
大方县	30.39	11.3
威宁县	18.63	58.7

续表

县（区）名称	产值（亿元）	增速（%）
金沙县	16.22	21.6
赫章县	2.92	38.4

毕节市创新服务平台12个，占全省的比重为2.1%；创新载体3家，占全省的比重为2.9%；高新技术企业18家，占全省的比重为1.5%；科技型企业成长梯队12家，占全省的比重为1.1%（表5-21）。

表5-21 毕节市创新要素情况

指标名称	2016年	2017年	2018年
创新服务平台（个）	8	9	12
企业技术中心（个）	6	6	6
工程技术研究中心（个）	1	2	3
重点实验室（个）	0	0	0
工程研究中心（工程实验室）（个）	1	1	1*
院士工作站（个）	0	0	2
创新载体（家）	3	3	3
众创空间（家）	2	2	2
孵化器（家）	1	1	1
大学科技园（家）	0	0	0
高新技术产业入统企业（家）	58	74	163
高新技术企业（家）	7	10	18
科技型企业成长梯队（家）	9	10	12
领军企业（家）	0	0	0
小巨人企业（家）	1	1	1
小巨人成长企业（家）	2	3	4
科技型种子企业（家）	3	3	4
大学生创业企业（家）	3	3	3
国家级高新技术产业开发区（个）	0	0	0

续表

指标名称	2016 年	2017 年	2018 年
省级高新技术产业开发区（个）	0	0	0
国家高新技术产业化基地（个）	1	1	1
省级高新技术产业化基地（个）	0	0	0
发明专利申请量（件）	124	229	457
发明专利授权量（件）	26	31	27
发明专利拥有量（件）	141	173	181
规模以上企业（家）	401	512	546
有 R&D 活动的企业（家）	23	65	65*
全社会 R&D 经费（亿元）	2.02	4.48	4.48*
规模以上工业企业 R&D 经费（亿元）	1.34	3.44	3.44*
全社会 R&D 人员（人）	1105	2268	2268*
规模以上工业企业 R&D 人员（人）	519	1635	1635*

根据 2018 年高新技术工业总产值预期完成情况来看，毕节市高新技术工业总产值为 359.55 亿元，高于预期 222.82 亿～359.55 亿元的区间上限（图 5-15）。

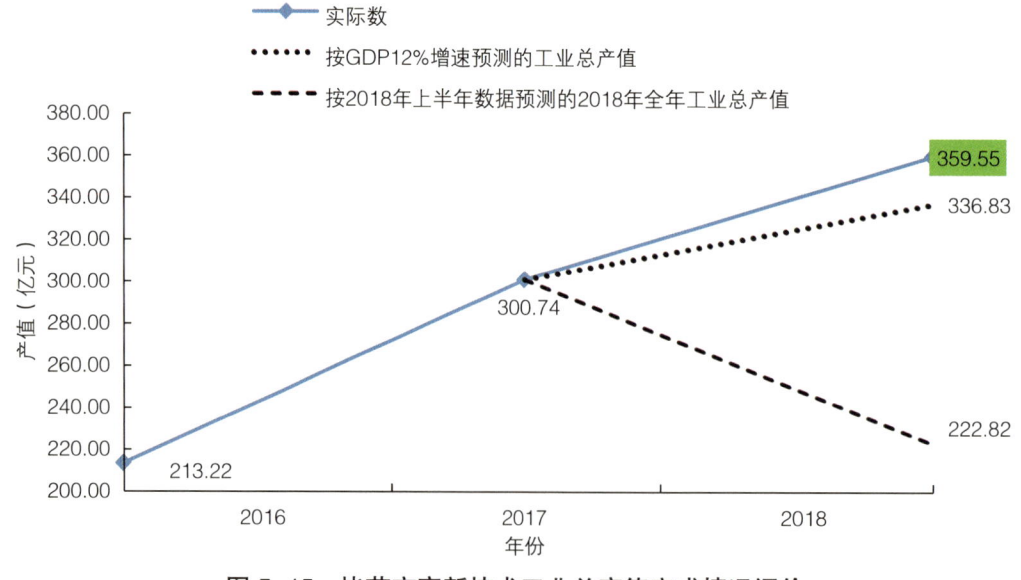

图 5-15　毕节市高新技术工业总产值完成情况评价

第五章 2018年贵州省高新技术产业发展报告

提示：

从毕节市近3年的主导产业发展情况来看，各主导产业发展相对均衡，但是装备制造业的发展相对较慢，建议围绕毕节市的装备制造业提出重点发展的对策与措施，壮大全市的装备制造业，同时突出区域特色（图5-16）。

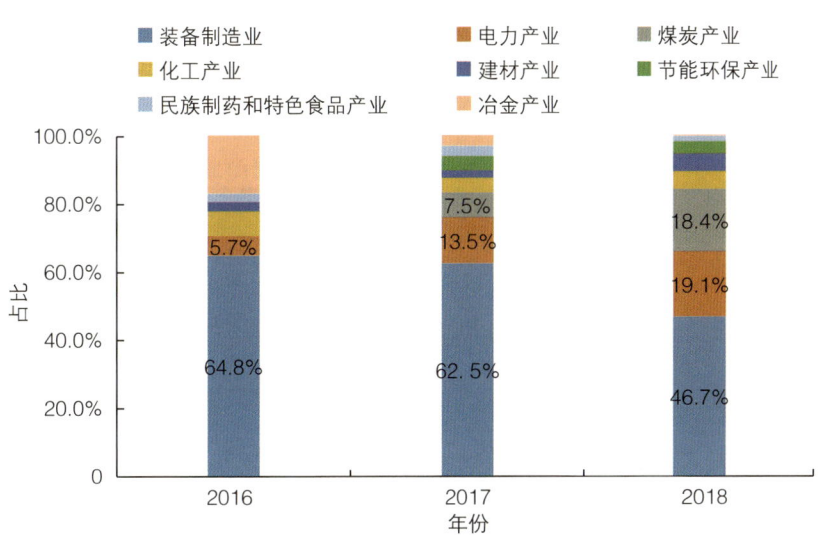

图5-16　2016—2018年毕节市重点产业分布情况

从创新要素的情况来看，科技型企业成长梯队、高新技术企业与创新服务平台相对比较弱，建议加快高新区申建工作，加强科技型企业培育，重点推进装备制造业领域的创新平台建设（图5-17）。

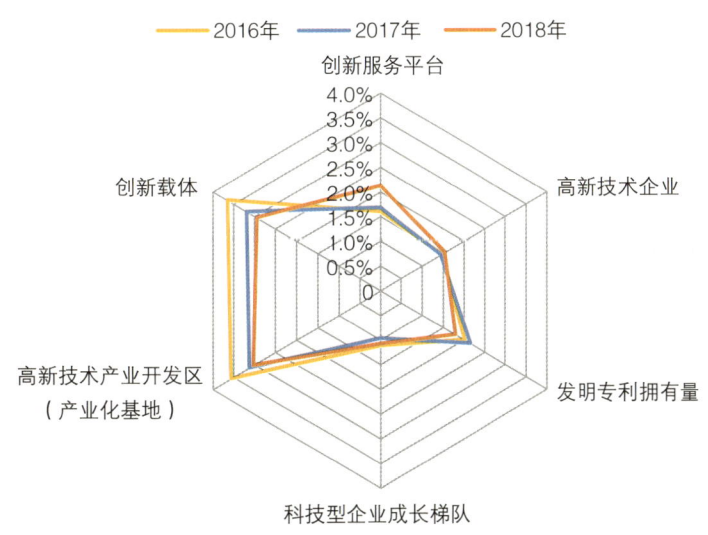

图5-17　2016—2018年毕节市主要创新要素占比分布情况

（六）六盘水市

六盘水市高新技术工业总产值为220.55亿元，居第6位，占全省的比重为6.5%。高新技术工业总产值排前3位的产业是装备制造产业、煤炭产业、电力产业，分别为72.88亿元、69.43亿元、29.24亿元；增速排名前3位的产业是有色产业、化工产业、建材产业，分别为130.2%、67.6%、31.3%。装备制造业作为六盘水市主要工业产业的重点产业，同比下降16.4%（表5-22）。

表5-22 六盘水市高新技术主要工业产业分布

行业名称	产值（亿元）	增速（%）
装备制造业	72.88	-16.4
煤炭产业	69.43	13.5
电力产业	29.24	-5.7
冶金产业	15.07	26.5
建材产业	14.54	31.3
化工产业	8.31	67.6
节能环保产业	6.29	-34.0
民族制药和特色食品产业	3.12	18.6
有色产业	1.66	130.2

六盘水市所辖4个县（市、特区、区）中，盘州市、钟山区、水城县高新技术工业总产值排名前3位，分别为75.44亿元、72.82亿元、48.74亿元；盘州市、钟山区高新技术工业总产值同比上升，水城县、六枝特区同比下降（表5-23）。

表5-23 六盘水市所辖县（市、特区、区）高新技术工业总产值区域分布

县（市、特区、区）名称	产值（亿元）	增速（%）
盘州市	75.44	10.5
钟山区	72.82	12.7
水城县	48.74	-25.5
六枝特区	1.41	-19.4

第五章 2018年贵州省高新技术产业发展报告

六盘水市创新服务平台4个，占全省的比重为0.7%；创新载体1家，占全省的比重为1.0%；高新技术企业30家，占全省的比重为2.6%；科技型企业成长梯队11家，占全省的比重为1.0%（表5-24）。

表5-24 六盘水市创新要素情况

指标名称	2016年	2017年	2018年
创新服务平台（个）	4	4	4
企业技术中心（个）	2	2	2
工程技术研究中心（个）	2	2	2
重点实验室（个）	0	0	0
工程研究中心（工程实验室）（个）	0	0	0*
院士工作站（个）	0	0	0
创新载体（家）	0	0	1
众创空间（家）	0	0	1
孵化器（家）	0	0	0
大学科技园（家）	0	0	0
高新技术产业入统企业（家）	67	80	106
高新技术企业（家）	7	13	30
科技型企业成长梯队（家）	4	11	11
领军企业（家）	0	0	0
小巨人企业（家）	0	3	3
小巨人成长企业（家）	2	3	3
科技型种子企业（家）	0	2	2
大学生创业企业（家）	2	3	3
国家级高新技术产业开发区（个）	0	0	0
省级高新技术产业开发区（个）	0	0	1
国家高新技术产业化基地（个）	0	0	0
省级高新技术产业化基地（个）	0	0	0
发明专利申请量（件）	186	276	282
发明专利授权量（件）	47	48	52

续表

指标名称	2016 年	2017 年	2018 年
发明专利拥有量（件）	117	172	333
规模以上企业（家）	436	436	452
有 R&D 活动的企业（家）	33	33	33*
全社会 R&D 经费（亿元）	6.96	4.39	4.39*
规模以上工业企业 R&D 经费（亿元）	6.69	3.44	3.44*
全社会 R&D 人员（人）	4885	2735	2735*
规模以上工业企业 R&D 人员（人）	4595	1635	1635*

根据 2018 年高新技术工业总产值预期完成情况来看，六盘水市高新技术工业总产值为 220.55 亿元，处于预期 194.66 亿～271.05 亿元的区间内，达到预期（图 5-18）。

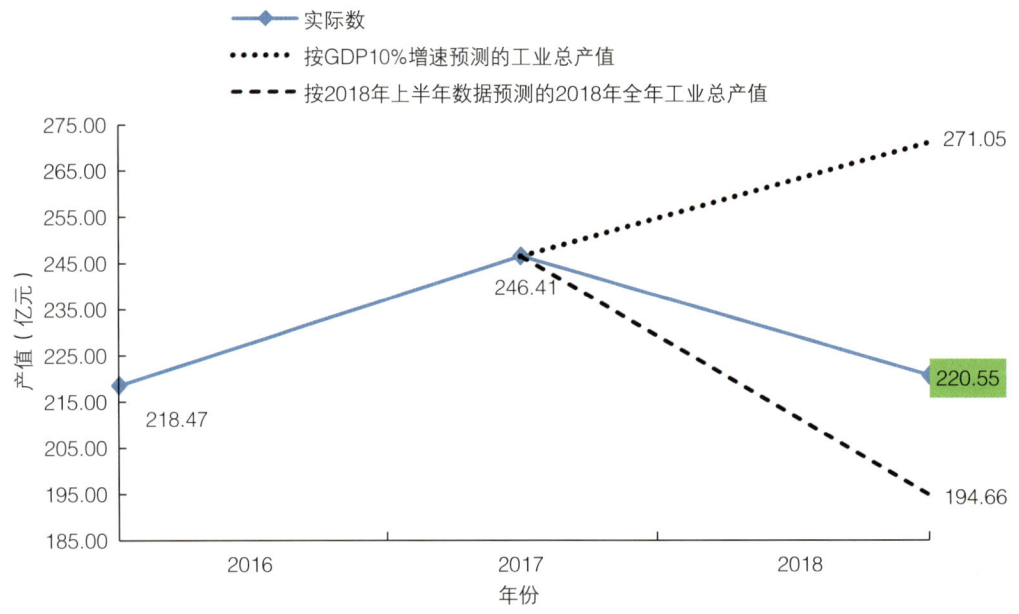

图 5-18　六盘水市高新技术工业总产值完成情况评价

> **提示：**
> 从六盘水市近 3 年的主导产业发展情况来看，装备制造业和煤炭产业的发展相对较好，但是产业规模有所下降，建议加强对现有主导产业的调度和分析，不断壮大产业规模，实现产业的整体跃升（图 5-19）。

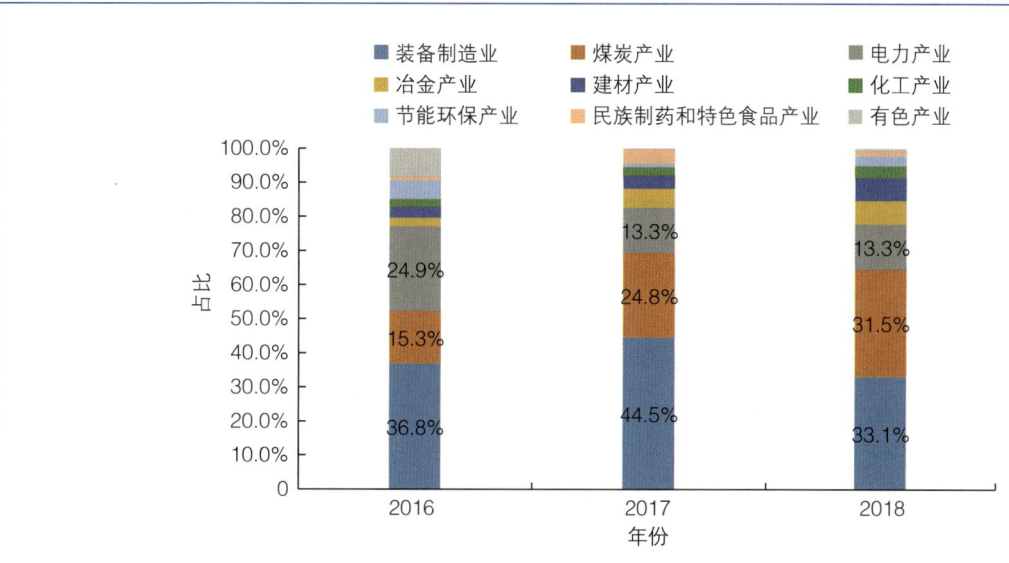

图 5-19　2016—2018 年六盘水市重点产业分布情况

从创新要素的情况来看，创新要素对于区域的主导产业支撑能力较强，但是创新载体和创新服务平台数量较少，建议加大创新载体建设，积极申建各类创新服务平台（图5-20）。

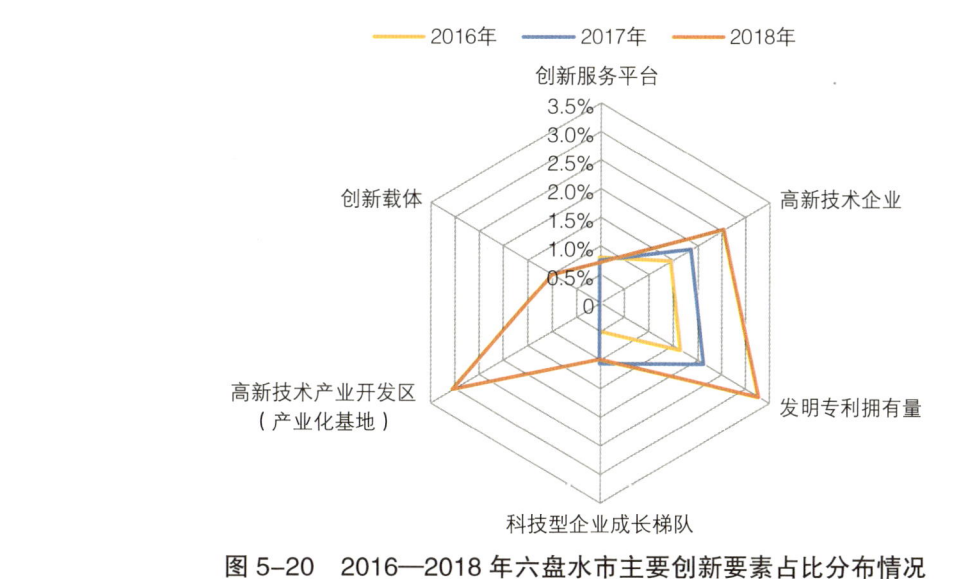

图 5-20　2016—2018 年六盘水市主要创新要素占比分布情况

（七）黔西南州

黔西南州高新技术工业总产值为 149.67 亿元，居第 7 位，占全省的比重为 4.4%。高新技术工业总产值排前 3 位的产业是有色产业、民族制药和特色食品产业、装备制造业，分别为56.42亿元、25.79亿元、23.97亿元；装备制造业、冶金产业、节能环保产业增速排前3位，分别为411.8%、212.8%、165.7%。各主要工业产业均呈现高速发展态势（表5-25）。

表5-25 黔西南州高新技术主要工业产业分布

行业名称	产值（亿元）	增速（%）
有色产业	56.42	50.0
民族制药和特色食品产业	25.79	17.3
装备制造业	23.97	411.8
电力产业	11.88	47.6
建材产业	11.20	32.4
冶金产业	10.13	212.8
化工产业	8.82	17.9
节能环保产业	1.44	165.7

黔西南州所辖8个县（市）中，兴义市、贞丰县、安龙县的高新技术工业总产值排名前3位，分别为60.65亿元、49.48亿元、22.94亿元；安龙县、普安县、兴义市增速排名前3位，分别为262.7%、174.1%、63.7%。晴隆县、册亨县、兴仁县的高新技术工业总产值同比下降（表5-26）。

表5-26 黔西南州所辖县（市）高新技术工业总产值区域分布

县（市）名称	产值（亿元）	增速（%）
兴义市	60.65	63.7
贞丰县	49.48	53.9
安龙县	22.94	262.7
兴仁县	7.34	−11.7
普安县	3.74	174.1
册亨县	2.52	−21.5
望谟县	2.48	15.8
晴隆县	0.50	−35.3

黔西南州创新服务平台 13 个，占全省的比重为 2.3%；创新载体 6 家，占全省的比重为 5.9%；高新技术企业 17 家，占全省的比重为 1.4%；科技型企业成长梯队 15 家，占全省的比重为 1.4%（表 5-27）。

表 5-27　黔西南州创新要素情况

指标名称	2016 年	2017 年	2018 年
创新服务平台（个）	11	13	13
企业技术中心（个）	5	6	6
工程技术研究中心（个）	3	3	3
重点实验室（个）	0	0	0
工程研究中心（工程实验室）（个）	0	0	0*
院士工作站（个）	3	4	4
创新载体（家）	3	6	6
众创空间（家）	2	4	4
孵化器（家）	1	1	1
大学科技园（家）	0	1	1
高新技术产业入统企业（家）	40	47	90
高新技术企业（家）	9	10	17
科技型企业成长梯队（家）	10	12	15
领军企业（家）	0	0	0
小巨人企业（家）	4	4	5
小巨人成长企业（家）	2	3	3
科技型种子企业（家）	4	5	6
大学生创业企业（家）	0	0	1
国家级高新技术产业开发区（个）	0	0	0
省级高新技术产业开发区（个）	0	0	1
国家高新技术产业化基地（个）	0	1	1
省级高新技术产业化基地（个）	1	1	1
发明专利申请量（件）	360	833	920

续表

指标名称	2016 年	2017 年	2018 年
发明专利授权量（件）	32	32	44
发明专利拥有量（件）	116	210	256
规模以上企业（家）	392	392	450
有 R&D 活动的企业（家）	106	157	157*
全社会 R&D 经费（亿元）	3.80	7.34	7.34*
规模以上工业企业 R&D 经费（亿元）	3.47	6.9	6.9*
全社会 R&D 人员（人）	3775	6203	6203*
规模以上工业企业 R&D 人员（人）	3454	5850	5850*

根据 2018 年高新技术工业总产值预期完成情况来看，黔西南州高新技术工业总产值为 149.67 亿元，高于预期 101.76 亿～102.38 亿元的区间上限，远超预期（图 5-21）。

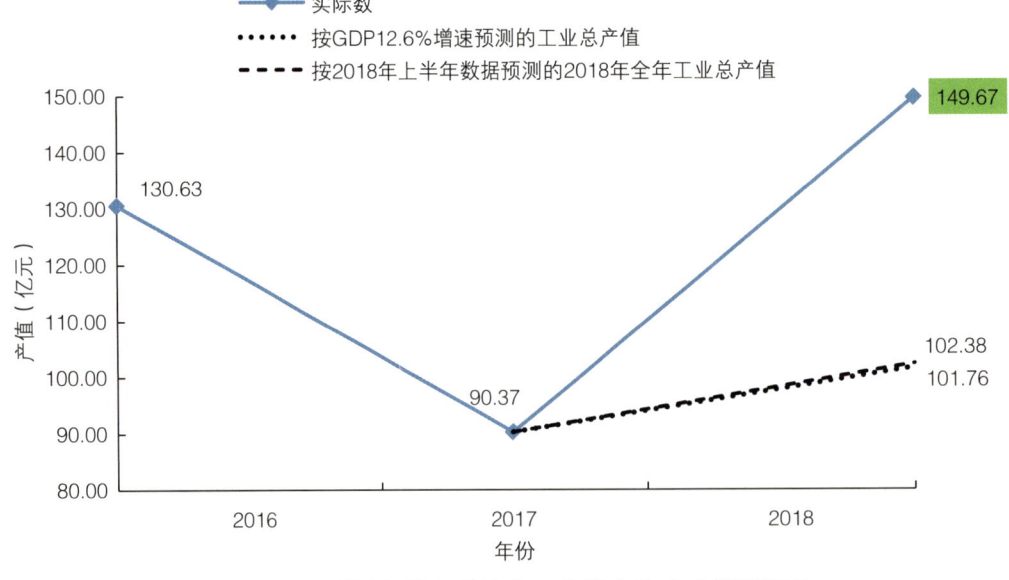

图 5-21　黔西南州高新技术工业总产值完成情况评价

提示：

　　从黔西南州近 3 年的主导产业发展情况来看，有色产业受国家政策及外部环境的影响较大，建议继续扩大有色产业，有针对性地提出解决的对策与措施（图 5-22）。

图 5-22　2016—2018 年黔西南州重点产业分布情况

从创新要素的情况来看,创新服务平台、高新技术企业及发明专利拥有量整体上比较弱,建议积极培育创新服务平台,在主导产业领域更多地引进和培育高新技术企业,引导企业投入资金,提高发明专利拥有量(图 5-23)。

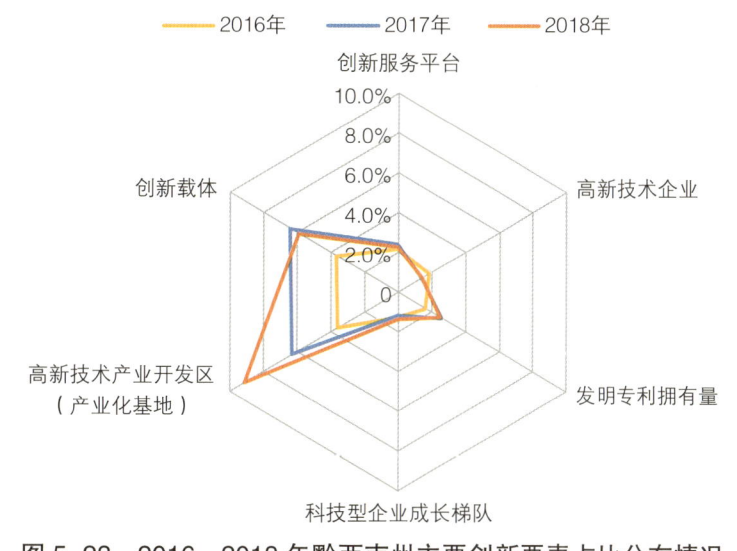

图 5-23　2016—2018 年黔西南州主要创新要素占比分布情况

(八)铜仁市

铜仁市高新技术工业总产值为 124.38 亿元,居第 8 位,占全省的比重为 3.7%。高新技术工业产值排前 3 位的产业是装备制造业、化工产业、建材产业,分别为 91.73 亿元、

12.62亿元、9.63亿元；装备制造业、民族制药和特色食品产业为正增长，分别为89.8%、28.1%；其他产业均呈下降态势（表5-28）。

表5-28 铜仁市高新技术主要工业产业分布

行业名称	产值（亿元）	增速（%）
装备制造业	91.73	89.8
化工产业	12.62	−7.9
建材产业	9.63	−9.2
民族制药和特色食品产业	8.74	28.1
电力产业	0.52	−4.5
冶金产业	0.45	−63.3
有色产业	0.41	−71.1
节能环保产业	0.30	−2.7

铜仁市所辖10个县（区）中，高新技术工业总产值排名前3位的是玉屏县、碧江区、松桃县，分别为50.20亿元、31.41亿元、13.17亿元；碧江区、松桃县、玉屏县增速排名前3位，分别为276.7%、104.8%及31.8%。石阡县、沿河县、印江县的高新技术工业总产值同比下降（表5-29）。

表5-29 铜仁市所辖县（区）高新技术工业总产值区域分布

县（区）名称	产值（亿元）	增速（%）
玉屏县	50.20	31.8
碧江区	31.41	276.7
松桃县	13.17	104.8
思南县	9.67	17.8
万山区	6.33	3.5
德江县	5.63	0.8
印江县	4.53	−5.9
江口县	1.95	11.1
石阡县	0.84	−65.6
沿河县	0.66	−43.9

铜仁市创新服务平台18个,占全省的比重为3.2%;创新载体9家,占全省的比重为8.8%;高新技术企业22家,占全省的比重为1.9%;科技型企业成长梯队44家,占全省的比重为4.0%(表5-30)。

表5-30 铜仁市创新要素情况

指标名称	2016年	2017年	2018年
创新服务平台(个)	11	17	18
企业技术中心(个)	2	4	5
工程技术研究中心(个)	4	6	6
重点实验室(个)	0	0	0
工程研究中心(工程实验室)(个)	4	4	4*
院士工作站(个)	1	3	3
创新载体(家)	6	8	9
众创空间(家)	2	4	5
孵化器(家)	3	3	3
大学科技园(家)	1	1	1
高新技术产业入统企业(家)	62	72	99
高新技术企业(家)	12	14	22
科技型企业成长梯队(家)	35	44	44
领军企业(家)	1	2	2
小巨人企业(家)	6	7	7
小巨人成长企业(家)	21	21	21
科技型种子企业(家)	6	12	12
大学生创业企业(家)	1	2	2
国家级高新技术产业开发区(个)	0	0	0
省级高新技术产业开发区(个)	1	1	1
国家高新技术产业化基地(个)	1	1	1
省级高新技术产业化基地(个)	2	2	2
发明专利申请量(件)	731	813	879

续表

指标名称	2016 年	2017 年	2018 年
发明专利授权量（件）	86	84	100
发明专利拥有量（件）	161	246	313
规模以上企业（家）	565	565	550
有 R&D 活动的企业（家）	69	92	92*
全社会 R&D 经费（亿元）	2.63	4.66	4.66*
规模以上工业企业 R&D 经费（亿元）	2.43	3.58	3.58*
全社会 R&D 人员（人）	1601	2406	2406*
规模以上工业企业 R&D 人员（人）	826	1439	1439*

根据 2018 年高新技术工业总产值预期完成情况来看，铜仁市高新技术工业总产值为 124.38 亿元，高于预期 113.93 亿～114.86 亿元的区间上限，远超预期（图 5-24）。

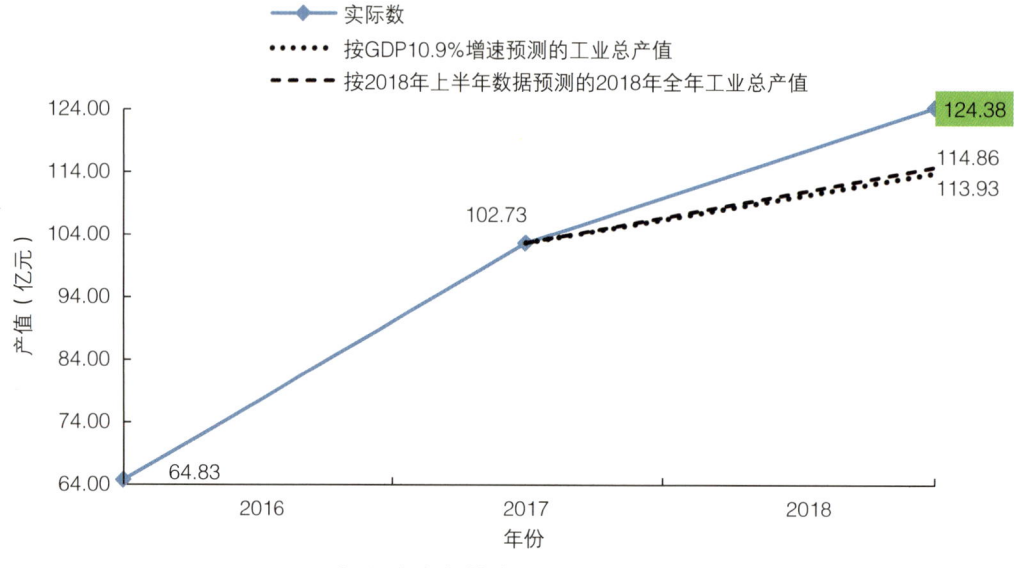

图 5-24　铜仁市高新技术工业总产值完成情况评价

> **提示：**
>
> 从铜仁市近 3 年的主导产业发展情况来看，主导产业发展规模不断扩大，整体发展态势较好，建议围绕新材料等主导产业强链延链，重点解决主导产业发展技术瓶颈，防范外部未知风险对产业的影响（图 5-25）。

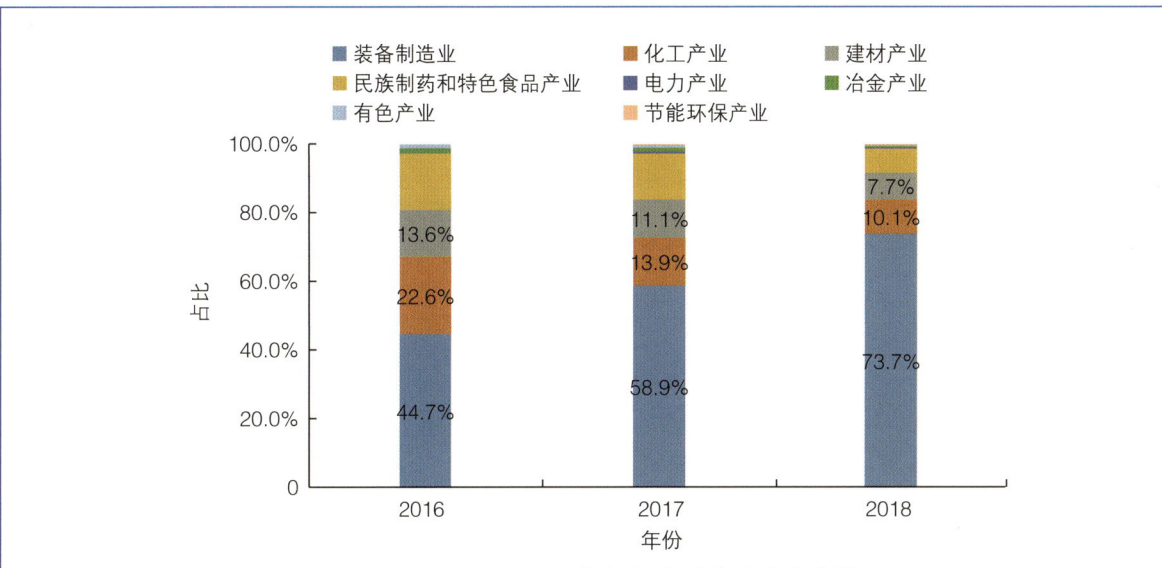

图 5-25　2016—2018 年铜仁市重点产业分布情况

从创新要素的情况来看,创新服务平台、高新技术企业及发明专利拥有量整体上较弱,建议积极培育创新服务平台,在主导产业领域更多地引进和培育高新技术企业,引导企业投入资金,提高发明专利拥有量(图 5-26)。

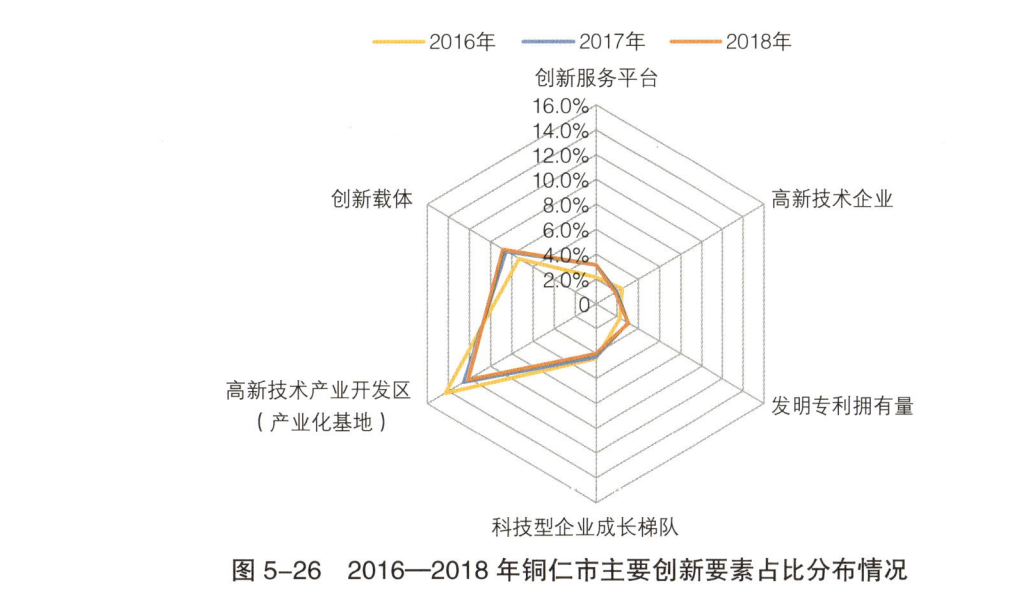

图 5-26　2016—2018 年铜仁市主要创新要素占比分布情况

(九)黔东南州

黔东南州高新技术工业总产值为 54.23 亿元,居第 9 位,占全省的比重为 1.6%。高新技术工业总产值排前 3 位的产业是装备制造业、电力产业、有色产业,分别为 15.66 亿元、14.25亿元、12.08亿元；有色产业、节能环保产业、冶金产业增速排前3位，分别为488.9%、111.3%、94.3%。化工产业、建材产业、电力产业、装备制造业同比下降（表5-31）。

表5-31 黔东南州高新技术主要工业产业分布

行业名称	产值（亿元）	增速（%）
装备制造业	15.66	-0.2
电力产业	14.25	-15.1
有色产业	12.08	488.9
民族制药和特色食品产业	4.15	32.6
节能环保产业	2.56	111.3
建材产业	2.33	-38.6
化工产业	1.61	-46.2
冶金产业	1.58	94.3

黔东南州所辖16个县(市)中，高新技术工业总产值排前3位的是凯里市、镇远县、台江县，分别为16.76亿元、11.70亿元、10.51亿元。黎平县、剑河县、镇远县增速排名前3位，分别为262.2%、69.6%和36.8%。雷山县无高新技术工业总产值（表5-32）。

表5-32 黔东南州所辖县（市）高新技术工业总产值区域分布

县（市）名称	产值（亿元）	增速（%）
凯里市	16.76	25.6
镇远县	11.70	36.8
台江县	10.51	30.5
岑巩县	4.54	-41.6
黎平县	3.02	262.2
丹寨县	2.73	-20.7
剑河县	1.57	69.6
黄平县	0.99	-33.1
三穗县	0.80	-20.1
施秉县	0.42	-47.8
天柱县	0.33	-90.7
麻江县	0.33	-25.6

续表

县（市）名称	产值（亿元）	增速（%）
榕江县	0.26	-81.6
锦屏县	0.24	-79.5
从江县	0.04	-60.3
雷山县	0.0	—

黔东南州创新服务平台12个，占全省的比重为2.1%；创新载体7家，占全省的比重为6.9%；高新技术企业29家，占全省的比重为2.5%；科技型企业成长梯队124家，占全省的比重为11.2%（表5-33）。

表5-33 黔东南州创新要素情况

指标名称	2016年	2017年	2018年
创新服务平台（个）	10	12	12
企业技术中心（个）	6	7	7
工程技术研究中心（个）	2	3	3
重点实验室（个）	0	0	0
工程研究中心（工程实验室）（个）	1	1	1*
院士工作站（个）	1	1	1
创新载体（家）	6	6	7
众创空间（家）	3	3	3
孵化器（家）	1	1	2
大学科技园（家）	2	2	2
高新技术产业入统企业（家）	63	83	75
高新技术企业（家）	15	21	29
科技型企业成长梯队（家）	82	114	124
领军企业（家）	1	1	1
小巨人企业（家）	8	8	8
小巨人成长企业（家）	24	28	27
科技型种子企业（家）	30	52	59
大学生创业企业（家）	19	25	29
国家级高新技术产业开发区（个）	0	0	0

续表

指标名称	2016 年	2017 年	2018 年
省级高新技术产业开发区（个）	0	0	0
国家高新技术产业化基地（个）	1	2	2
省级高新技术产业化基地（个）	2	2	2
发明专利申请量（件）	1014	1053	822
发明专利授权量（件）	47	66	78
发明专利拥有量（件）	176	244	411
规模以上企业（家）	414	414	283
有 R&D 活动的企业（家）	149	93	93*
全社会 R&D 经费（亿元）	5.24	3.22	3.22*
规模以上工业企业 R&D 经费（亿元）	4.35	2.69	2.69*
全社会 R&D 人员（人）	2414	1559	1559*
规模以上工业企业 R&D 人员（人）	1743	988	988*

根据 2018 年高新技术工业总产值预期完成情况来看，黔东南州高新技术工业总产值为 54.23 亿元，处于预期 31.34 亿～54.08 亿元的区间内，达到预期（图 5-27）。

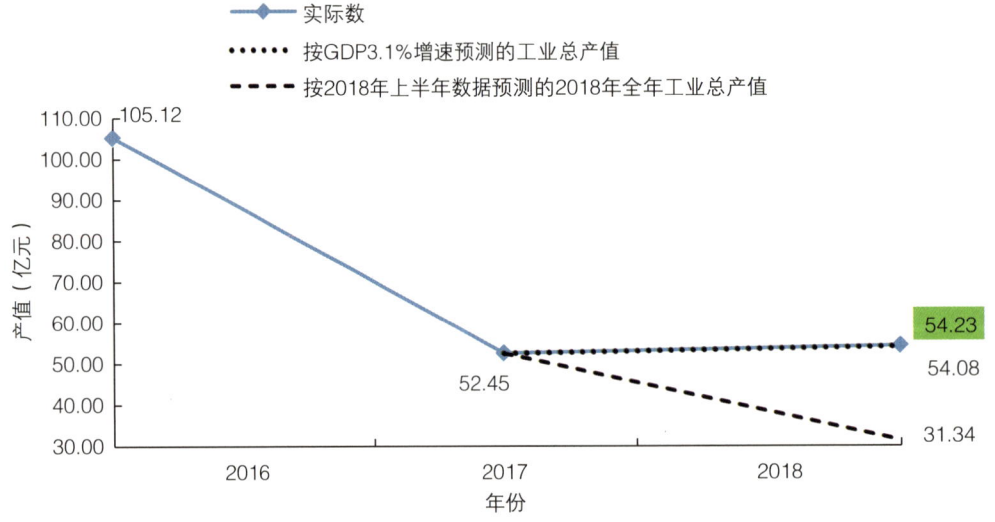

图 5-27　黔东南州高新技术工业总产值完成情况评价

第五章 2018年贵州省高新技术产业发展报告

提示：

从黔东南州近3年的主导产业发展情况来看，产业基础较弱，无明显的高新技术产业的主导产业，建议做好高新技术产业的规划和布局，积极培育2～3个主导产业，针对主导产业提出有针对性的扶持政策（图5-28）。

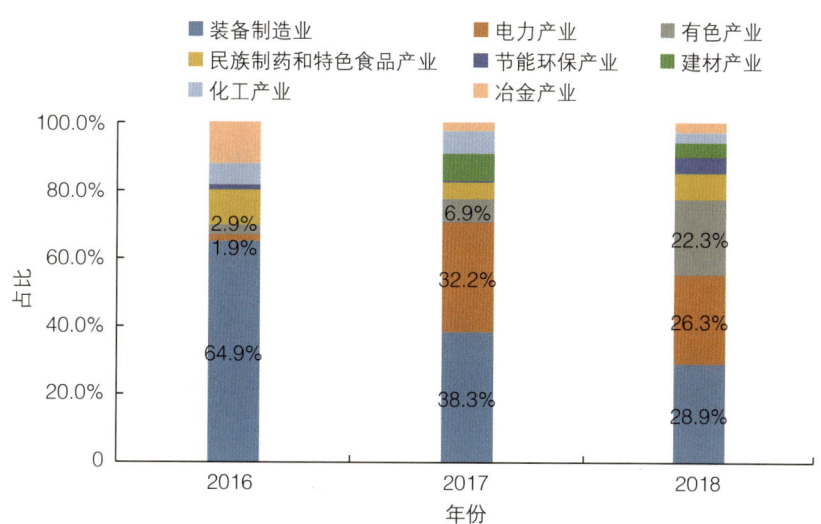

图 5-28 2016—2018 年黔东南州重点产业分布情况

从创新要素的情况来看，尽管区域的创新要素相对较多，但与区域高新技术产业的关联度不高，支撑作用不明显，建议围绕主导产业和重点产业进行创新要素的布局，从而提高高新技术产业的发展质量（图5-29）。

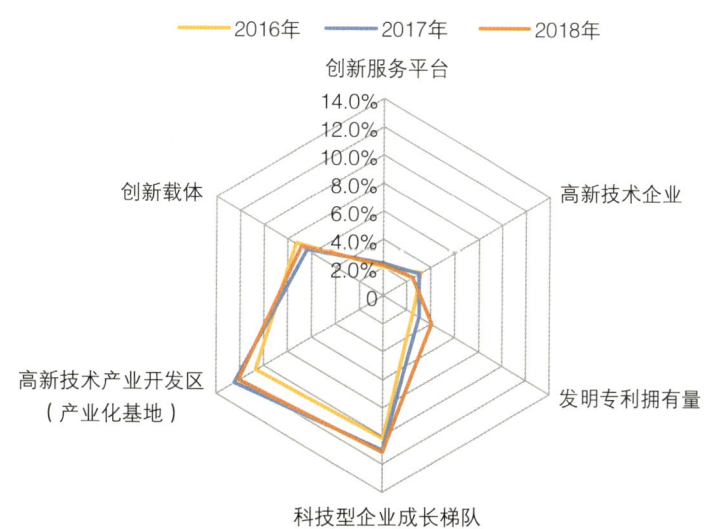

图 5-29 2016—2018 年黔东南州主要创新要素占比分布情况

三、高新技术企业及科技型企业总体发展情况

（一）高新技术企业

截至 2018 年年底，全省高新技术企业为 1173 家，实现工业总产值为 1525.37 亿元，同比增长 8.4%；营业收入为 2220.58 亿元，同比增长 36.0%；净利润为 104.71 亿元，同比增长 21.9%；实际上缴税费总额为 93.49 亿元；从业人员期末人数为 20 万人。从高层次人才来看，全省高新技术企业博士学历、硕士学历人员分别为 420 人、5476 人，分别同比增长 34.6%、20.6%。从研发机构来看，全省高新技术企业的研发平台为 548 个，同比增长 65.6%。从科技创新投入来看，R&D 经费支出、技术改造经费分别为 61.2 亿元、17.85 亿元，分别同比增长 36.4%、下降 26.5%，参加 R&D 项目人员为 32 166 人次。从科技创新产出来看，发明专利申请数、新产品产值、新产销售收入分别为 151.2 件/万人、871 亿元、755 亿元。

（二）科技型企业成长梯队

截至 2018 年年底，全省科技型企业成长梯队总数为 1108 家，其中大学生创业企业 192 家、科技型种子企业 478 家、科技型小巨人成长企业 287 家、科技型小巨人企业 118 家、创新型领军企业 33 家，其占比分别为 17.3%、43.1%、25.9%、10.6%、3.0%；实现工业总产值 676.79 亿元、销售收入 772 亿元、净利润 54 亿元、上缴利润总额 55 亿元。从创新投入来看，全省科技型企业成长梯队创新投入为 52.89 亿元，其中研发经费 34.64 亿元，占 65.5%。从研发人员来看，企业研发人员 17 627 人，占总从业人员的比重为 20.7%，博士学历、硕士学历人员分别为 262 人、2692 人，拥有高级职称人员 3555 人。从创新产出来看，拥有发明专利 3192 件、实用新型 7932 件、外观设计 1236 件、有效注册商标 2791 件、植物新品种 34 件、软件著作权 3051 项、集成电路布图设计 12 项、专有技术 668 件。

四、2018 年高新区和国家级经济技术开发区发展情况

2018 年，全省共有 2 家国家高新区、5 家省级高新区、2 个国家级经济技术开发区。

（一）国家高新区

1. 贵阳国家高新区

根据调查数据显示，2018 年贵阳国家高新区财政总收入 40.15 亿元、规模以上工业总产值 124.92 亿元、规模以上工业增加值 31.47 亿元；引资项目 118 个、规模以上工业企业 63 家、高新技术企业 168 家；省级以上创新服务平台 121 个，其中企业技术中心 39 个、工程技术

研究中心 23 个、重点实验室 3 个；省级以上创新载体 15 家，其中众创空间 8 家、孵化器 8 家、大学科技园 1 家（表 5-34）。

表 5-34　2018 年贵阳国家高新区发展情况

指标名称	2017 年	2018 年
财政总收入（亿元）	33.05	40.15
规模以上工业总产值（亿元）	115.67	124.92
规模以上工业增加值（亿元）	29.90	31.47
引资项目（个）	129	118
协议引资（亿元）	587.36	352.58
实际到位资金（亿元）	143.00	178.17
固定资产投资（亿元）	90.56	122.76
规模以上工业企业（家）	50	63
高新技术企业（家）	131	168
省级以上创新服务平台（个）	109	121
企业技术中心（个）	36	39
工程技术研究中心（个）	21	23
研究机构（个）	31	36
重点实验室（个）	3	3
工程研究中心（工程实验室）（个）	6	7
院士工作站（个）	12	15
省级以上创新载体（家）	15	15
众创空间（家）	8	8
孵化器（家）	6	6
大学科技园（家）	1	1
孵化面积（平方米）	480 000	503 700
孵化企业（家）	347	298

数据来源：2018 年高新区和国家经济技术开发区专项调查，下同。

2. 安顺国家高新区

根据调查数据显示，2018 年安顺国家高新区财政总收入 17.87 亿元、规模以上工业总产值 235.83 亿元、规模以上工业增加值 82.18 亿元、固定资产投资 81.29 亿元；引资项目 42 个、规模以上工业企业 129 家、高新技术企业 43 家；省级以上创新服务平台 24 个，其中企业技术中心 9 个、工程技术研究中心 9 个；省级以上创新载体 7 家，其中众创空间 4 家、孵化器 2 家、大学科技园 1 家（表 5-35）。

表 5-35 2018 年安顺国家高新区发展情况

指标名称	2017 年	2018 年
财政总收入（亿元）	12.54	17.87
规模以上工业总产值（亿元）	198.96	235.83
规模以上工业增加值（亿元）	52.36	82.18
引资项目（个）	29	42
协议引资（亿元）	16.81	35.94
实际到位资金（亿元）	49.03	49.07
固定资产投资（亿元）	155.04	81.29
规模以上工业企业（家）	108	129
高新技术企业（家）	26	43
省级以上创新服务平台（个）	24	24
企业技术中心（个）	9	9
工程技术研究中心（个）	9	9
研究机构（个）	2	2
重点实验室（个）	1	1
工程研究中心（工程实验室）（个）	1	1
院士工作站（个）	1	1
省级以上创新载体（家）	7	7
众创空间（家）	4	4
孵化器（家）	2	2
大学科技园（家）	1	1
孵化面积（平方米）	172 000	801 500
孵化企业（家）	12	12

第五章 2018年贵州省高新技术产业发展报告

（二）省级高新区

1. 遵义省级高新区

根据调查数据显示，2018年遵义省级高新区财政总收入21.32亿元、规模以上工业总产值160.1亿元、规模以上工业增加值31.35亿元、固定资产投资151.21亿元；引资项目27个、规模以上工业企业62家、高新技术企业38家；省级以上创新服务平台11个，其中企业技术中心6个、工程技术研究中心3个、院士工作站2个；省级以上创新载体2家，其中众创空间1家、孵化器1家（表5-36）。

表5-36 2018年遵义省级高新区发展情况

指标名称	2017年	2018年
财政总收入（亿元）	18.14	21.32
规模以上工业总产值（亿元）	139.22	160.10
规模以上工业增加值（亿元）	28.60	31.35
引资项目（个）	24	27
协议引资（亿元）	23.20	44.44
实际到位资金（亿元）	270.23	325.80
固定资产投资（亿元）	140.61	151.21
规模以上工业企业（家）	64	62
高新技术企业（家）	27	38
省级以上创新服务平台（个）	10	11
企业技术中心（个）	5	6
工程技术研究中心（个）	3	3
研究机构（个）	0	0
重点实验室（个）	0	0
工程研究中心（工程实验室）（个）	0	0
院士工作站（个）	2	2
省级以上创新载体（家）	1	2
众创空间（家）	0	1
孵化器（家）	1	1
大学科技园（家）	0	0
孵化面积（平方米）	6800	10 800
孵化企业（家）	20	49

2. 铜仁省级高新区

根据调查数据显示，2018年铜仁省级高新区财政总收入0.99亿元、规模以上工业总产值60.05亿元、规模以上工业增加值12.01亿元、固定资产投资57.59亿元；引资项目41个、规模以上工业企业37家、高新技术企业3家；省级以上创新服务平台3个，其中企业技术中心1个、工程技术研究中心1个、工程研究中心（工程实验室）1个；省级以上创新载体3家，其中众创空间2家、孵化器1家（表5-37）。

表5-37　2018年铜仁省级高新区发展情况

指标名称	2017年	2018年
财政总收入（亿元）	1.74	0.99
规模以上工业总产值（亿元）	32.66	60.05
规模以上工业增加值（亿元）	6.50	12.01
引资项目（个）	32	41
协议引资（亿元）	170.04	176.65
实际到位资金（亿元）	133.46	174.57
固定资产投资（亿元）	34.47	57.59
规模以上工业企业（家）	29	37
高新技术企业（家）	2	3
省级以上创新服务平台（个）	3	3
企业技术中心（个）	1	1
工程技术研究中心（个）	1	1
研究机构（个）	0	0
重点实验室（个）	0	0
工程研究中心（工程实验室）（个）	1	1
院士工作站（个）	0	0
省级以上创新载体（家）	3	3
众创空间（家）	2	2
孵化器（家）	1	1
大学科技园（家）	0	0
孵化面积（平方米）	421 733	338 366
孵化企业（家）	57	62

3. 娄山关省级高新区

根据调查数据显示，2018年娄山关省级高新区财政总收入15.01亿元、规模以上工业总产值8.2亿元、规模以上工业增加值1.8亿元、固定资产投资12.76亿元；引资项目8个、规模以上工业企业15家、高新技术企业5家；省级以上创新服务平台1个；省级以上孵化器1家（表5-38）。

表5-38 2018年娄山关省级高新区发展情况

指标名称	2017年	2018年
财政总收入（亿元）	13.39	15.01
规模以上工业总产值（亿元）	12.4	8.2
规模以上工业增加值（亿元）	4.3	1.8
引资项目（个）	8	8
协议引资（亿元）	47.63	77.90
实际到位资金（亿元）	38.82	42.27
固定资产投资（亿元）	8.06	12.76
规模以上工业企业（家）	14	15
高新技术企业（家）	5	5
省级以上创新服务平台（个）	1	1
企业技术中心（个）	1	1
工程技术研究中心（个）	0	0
研究机构（个）	0	0
重点实验室（个）	0	0
工程研究中心（工程实验室）（个）	0	0
院士工作站（个）	0	0
省级以上创新载体（家）	1	1
众创空间（家）	0	0
孵化器（家）	1	1
大学科技园（家）	0	0
孵化面积（平方米）	300 000	300 000
孵化企业（家）	34	42

4. 六盘水省级高新区

根据调查数据显示，2018年六盘水省级高新区财政总收入6.18亿元、规模以上工业总产值93.43亿元、规模以上工业增加值25.37亿元、固定资产投资102.58亿元；引资项目18个、规模以上工业企业34家、高新技术企业23家；省级以上创新服务平台11个，其中企业技术中心1个、工程技术研究中心2个、研究机构1个、重点实验室2个、工程研究中心（工程实验室）1个、院士工作站4个；省级以上创新载体4家，其中众创空间2家、孵化器1家、大学科技园1家（表5-39）。

表5-39　2018年六盘水省级高新区发展情况

指标名称	2017年	2018年
财政总收入（亿元）	5.84	6.18
规模以上工业总产值（亿元）	94.32	93.43
规模以上工业增加值（亿元）	23.91	25.37
引资项目（个）	36	18
协议引资（亿元）	76.40	45.34
实际到位资金（亿元）	72.88	46.01
固定资产投资（亿元）	82.24	102.58
规模以上工业企业（家）	37	34
高新技术企业（家）	10	23
省级以上创新服务平台（个）	8	11
企业技术中心（个）	1	1
工程技术研究中心（个）	1	2
研究机构（个）	1	1
重点实验室（个）	1	2
工程研究中心（工程实验室）（个）	1	1
院士工作站（个）	3	4
省级以上创新载体（家）	1	4
众创空间（家）	1	2
孵化器（家）	0	1
大学科技园（家）	0	1
孵化面积（平方米）	20 000	43 000
孵化企业（家）	14	63

5. 黔西南省级高新区

根据调查数据显示，2018年黔西南省级高新区财政总收入15.31亿元、规模以上工业总产值97.1亿元、规模以上工业增加值23.85亿元、固定资产投资170.15亿元；引资项目94个、规模以上工业企业75家、高新技术企业7家；省级以上创新服务平台6个，其中企业技术中心2个、工程技术研究中心3个、院士工作站1个；省级以上创新载体1家（表5-40）。

表5-40　2018年黔西南省级高新区发展情况

指标名称	2017年	2018年
财政总收入（亿元）	14.39	15.31
规模以上工业总产值（亿元）	83.69	97.10
规模以上工业增加值（亿元）	23.50	23.85
引资项目（个）	71	94
协议引资（亿元）	124.90	139.63
实际到位资金（亿元）	145.08	132.68
固定资产投资（亿元）	128.40	170.15
规模以上工业企业（家）	68	75
高新技术企业（家）	6	7
省级以上创新服务平台（个）	6	6
企业技术中心（个）	2	2
工程技术研究中心（个）	3	3
研究机构（个）	0	0
重点实验室（个）	0	0
工程研究中心（工程实验室）（个）	0	0
院士工作站（个）	1	1
省级以上创新载体（家）	1	1
众创空间（家）	0	0
孵化器（家）	1	1
大学科技园（家）	0	0
孵化面积（平方米）	0	100 000
孵化企业（家）	0	25

（三）国家级经济技术开发区

1. 贵阳国家经济技术开发区

根据调查数据显示，2018年贵阳国家经济技术开发区财政总收入37.19亿元、规模以上工业总产值476.49亿元、规模以上工业增加值210.44亿元、固定资产投资192.7亿元；引资项目61个、规模以上工业企业91家、高新技术企业74家；省级以上创新服务平台64个，其中企业技术中心24个、工程技术研究中心22个、重点实验室4个；省级以上创新载体4家，其中众创空间2家、孵化器2家（表5-41）。

表5-41　2018年贵阳国家经济技术开发区发展情况

指标名称	2017年	2018年
财政总收入（亿元）	41.55	37.19
规模以上工业总产值（亿元）	560.77	476.49
规模以上工业增加值（亿元）	223.80	210.44
引资项目（个）	75	61
协议引资（亿元）	—	—
实际到位资金（亿元）	137.50	179.61
固定资产投资（亿元）	175.7	192.7
规模以上工业企业（家）	81	91
高新技术企业（家）	54	74
省级以上创新服务平台（个）	60	64
企业技术中心（个）	24	24
工程技术研究中心（个）	20	22
研究机构（个）	4	4
重点实验室（个）	4	4
工程研究中心（工程实验室）（个）	4	5
院士工作站（个）	4	5
省级以上创新载体（家）	4	4
众创空间（家）	2	2
孵化器（家）	2	2
大学科技园（家）	0	0

续表

指标名称	2017 年	2018 年
孵化面积（平方米）	25 000	25 000
孵化企业数（家）	138	182

2. 遵义国家经济技术开发区

根据调查数据显示，2018 年遵义国家经济技术开发区财政总收入 68.00 亿元、规模以上工业总产值 275.77 亿元、规模以上工业增加值 112.91 亿元、固定资产投资 202.73 亿元；引资项目 84 个、规模以上工业企业 83 家、高新技术企业 55 家；省级以上创新服务平台 59 个，其中企业技术中心 25 个、工程技术研究中心 5 个、重点实验室 11 个；省级以上创新载体 7 家，其中众创空间 3 家、孵化器 4 家、大学科技园 1 家（表 5-42）。

表 5-42　2018 年遵义国家经济技术开发区发展情况

指标名称	2017 年	2018 年
财政总收入（亿元）	63.49	68.00
规模以上工业总产值（亿元）	337.19	275.77
规模以上工业增加值（亿元）	117.40	112.91
引资项目（个）	65	84
协议引资（亿元）	158.65	198.88
实际到位资金（亿元）	171.27	167.88
固定资产投资（亿元）	224.98	202.73
规模以上工业企业（家）	82	83
高新技术企业（家）	50	55
省级以上创新服务平台（个）	57	59
企业技术中心（个）	25	25
工程技术研究中心（个）	5	5
研究机构（个）	5	5
重点实验室（个）	10	11
工程研究中心（工程实验室）（个）	2	5
院士工作站（个）	10	11
省级以上创新载体（家）	7	7

续表

指标名称	2017 年	2018 年
众创空间（家）	2	3
孵化器（家）	4	4
大学科技园（家）	1	1
孵化面积（平方米）	525 600	525 600
孵化企业（家）	116	116

五、高新技术产业发展成效、面临的困难及问题、工作建议

（一）发展成效

1. 高新技术产业提质增效，保持良好发展态势

从全省高新技术产业的整体发展情况来看，2018年全省高新技术产业产值为4305.09亿元，同比增长23.0%，连续5年保持了20%以上的增长态势，医药制造业、汽车制造业、电气机械和器材制造业等重点产业保持了较快的增长。从《中国区域科技创新评价报告2019》结果来看，一级指标高新技术产业化水平位居全国第22位，二级指标高新技术产业化水平位居全国第16位，三级指标高技术产品出口额占商品出口额比重、高技术产业主营业务收入占工业主营业务收入比重分别位居全国第14位、第16位。在经济发展不确定不稳定因素不断增多、区域经济发展下行压力持续增大的大背景下，高新技术产业呈现出产业结构不断优化、产值增长依然较快的良好发展态势。

2. 高新区建设步伐加快，产业集聚程度不断加强

国家高新区整体实现稳步提升，根据科技部火炬中心的国家高新区评价结果显示，贵阳国家高新区综合排名较上年同期上升1位，排名第40位，其中"知识创造和技术创新能力""产业升级和结构优化能力"两个一级指标分列全国第36位、第37位；安顺国家高新区特色产业和区内创新要素不断集聚；遵义高新区升级为国家高新区有新进展，待国务院批复。省级高新区进一步扩容，新增六盘水、黔西南两家省级高新区，省级以上高新区截至2018年已经覆盖全省6个市（州），一批重大载体在高新区落户，科技型企业队伍不断壮大，高新区成为高新技术产业集聚区。

3. 科技型企业队伍不断壮大，企业投入效率逐步提高

通过项目引导、后补助支持、强化企业培训和"千企面对面"服务等举措加强科技型企业培育，截至 2018 年年底，全省高新技术企业总数突破千家，达 1173 家，同比增长 69.0%，提前两年超额完成《中共贵州省委贵州省人民政府关于以大数据为引领实施区域科技创新战略的决定》黔党发〔2016〕17 号文的目标。科技型成长梯队企业、国家科技型中小企业评价入库企业数量均有增加，分别为 1108 家、590 家。制定了《关于明确高新技术企业后补助相关事项的通知》（黔科通〔2018〕97 号），明确 2018—2022 年，对 3 年期满申请"重新认定"的高新技术企业，研发费用经统计或税务部门认定为相关规定后，视同"新认定"企业给予补助，进一步推动了高新技术企业健康发展。企业、高等学校、政府属研究机构三大 R&D 活动主体中，企业经费所占比重为 76.8%，较上年同期提高 1.2 个百分点，对全省经费增长的贡献率达 81.4%，企业主体地位更加突出。

4. 创新平台载体不断夯实，创新能力进一步增强

利用研发平台引领科技创新，全省国家重点实验室、国家工程技术研究中心均为 5 家，省级以上创新服务平台较上年同期增加 31 个，创新平台的发展基础进一步巩固。省部共建公共大数据国家重点实验室已列入科技部优先支持序列，省部共建药用植物功效与利用国家重点实验室持续推进建设；新培育建设 2 家产业技术创新战略联盟；新增 7 家院士工作站，累计建设院士工作站 80 家，柔性引进 104 名"两院"院士。从 2019 年国家科技创新评价结果来看，一级指标科技活动产出位居全国第 26 位，较上年同期上升 2 位；二级指标技术成果市场化位居全国第 22 位，较上年同期跃升 6 位；三级指标万人输出技术成交额位居全国第 21 位，较上年同期跃升 7 位。全省 R&D 投入强度为 0.82%，比上年提高 0.11 个百分点，排名从全国第 27 位跃升至第 24 位，创历史新高。

（二）面临的困难及问题

1. 部分重点行业下行压力较大

由于国际环境的变化不断加快，当前面临的外部生存环境不断激化，随着中美贸易摩擦不断升级，整体发展环境面临的不确定性因素增加。贵州省部分重点行业面临的挑战增多，结构性问题不断显现，尤其是高端装备制造产业面临的下行压力最为突出，遵义市、六盘水市较上年同期分别下降 36.0%、16.4%，其中从遵义市高新技术主要工业产业中的小类行业来看，行业产量下滑程度在 10 亿元以上的有通信终端设备制造、电视机制造、铝压延加工、氮肥制造（清洁生产）、集成电路制造，分别下降了 87.75 亿元、20.05 亿元、17.35 亿元、12.28 亿元、10.10 亿元。

2. 企业面临发展要素的制约

通过"企业面对面"的方式了解企业发展中面临的瓶颈，从调查结果来看，截至 2018 年，高新技术产业的重点企业面临的问题较为复杂，但共性问题较为突出。一方面，企业融资困

难，尤其是初创期和成长期的科技型企业，对资金需求量持续加大，融资困难突显，主要体现在研发资金投入不足及生产销售周转资金困难；另一方面，科技型企业发展的核心在于创新型技术人才，目前，企业在新产品开发当中技术研发人员不足，同时人才流失严重，对于高端创新型人才的吸引力不足，科研人员无序频繁流动。同时，企业的产学研成效不突出，产学研环境氛围不浓，其与外界科研机构交往频率较低，与科研院所和高校开展合作不紧密，科技产出较少，尤其是专利产出较少。

3. 创新载体平台发展仍有差距

虽然贵州省各类国家级和省级平台有了较大突破，国家级重点实验室、国家自主示范区均保持较快的增长态势，但与全国的整体发展水平相比存在较大的差距。从全国分布的169家国家高新区来看，贵州仅有贵阳国家高新区和安顺国家高新区2家，占全国的比重仅为1.2%，占西南地区（21家）的比重为9.5%；全国正在运行的国家重点实验室有501个，贵州省的国家级重点实验室有5个，占全国的比重仅为1.0%；从全国分布的19个国家自创区来看，西南地区有四川和重庆共2个国家自主示范区，贵州目前没有国家自创区的布局安排，难以集聚各类高端创新资源和要素。

（三）工作建议

1. 加强传统产业转型升级

虽然全球经济下行压力持续加大，但同时新技术新产业新业态新模式等新动能不断壮大，市场活力持续迸发，贵州省要以此为契机，以"千企改造"增加动能，强化产业政策引导，对所有企业实施以高端化、绿色化、集约化为重点的技术改造，促进工业全面转型升级；以"千企引进"增添活力，重点围绕区域发展主导产业，延链补链强链，引进一批竞争力强、辐射带动力大的优强企业和转型升级后的产业。

2. 培育壮大科技型企业

进一步制定完善企业创新配套政策体系，加大企业研发费用加计扣除、创新券等创新政策落实力度，推动企业建立研发机构和开展创新活动，引导其加大研发投入水平。创新科技金融服务，为中小科技企业，尤其是轻资产、未盈利企业开拓融资渠道，支持创新型企业上市。结合"百千万人才引进计划""高层次创新型人才遴选培养计划"，引进和培养一批具有先进管理经验、拥有自主知识产权、掌握核心技术的关键人才。鼓励和引导企业建立健全人才激励保障机制，以职位晋升、股份奖励、股份期权、分享技术成果收益等方式对研发人员给予激励，不断优化人才队伍结构。同时，通过省市县三级联动工作模式，充分挖掘、培育一批成长性好、科技创新能力强、市场潜力大的科技型企业，支持全省各市（州）培育高新技术企业和科技型企业。

3. 加强重点创新平台载体建设

推动高新区高质量发展，创建遵义国家高新区，力争实现省级高新区市州全覆盖。申建国家自主创新示范区、科技成果转移转化示范区、国家农高区。争创省部共建公共大数据国家重点实验室，推进人体肠道微生物组临床医学研究基地建设，立项建设贵州科学数据中心，建设众创空间、企业孵化器、星创天地等创新创业服务平台。加快推动贵州科学城转化科技成果、孵化科技型企业。对现有省级重点实验室、工程技术研究中心等创新平台进行考核评估，通过撤、并、转等方式进行优化整合，避免低水平、交叉和重复建设。推动国有科研仪器设备以政府所有合作运营（GOCO），减少闲置浪费和用机时间少等现象。

第六章
2019 年贵州省高新技术产业发展报告

2019 年，贵州省高新技术产业围绕全省经济社会发展的重大需求，以大数据为引领实施区域科技创新战略，坚持走一条有别于东部、不同于西部其他省份的差异化创新道路，高新技术产业成为全省产业转型升级、高质量发展的重要支撑动力，保持了持续向好的发展态势。

一、2019 年全省高新技术产业发展情况

（一）总体情况

2019 年，全省高新技术产业产值为 4639.80 亿元，同比增长 11.5%。其中，高新技术工业总产值为 3744.03 亿元，同比增长 7.5%；高新技术产业工业增加值为 886.22 亿元，同比增长 8.0%；高新技术工业主营业务收入为 5004.25 亿元，同比增长 12.1%；高新技术工业利润总额为 153.53 亿元，同比增长 7.6%，如表 6-1 所示。

表 6-1 2019 年贵州省高新技术产业主要指标情况

主要指标	产值（亿元）	增速（%）
产业产值	4639.80	11.5
#工业总产值	3744.03	7.5
工业增加值	886.22	8.0
工业主营业务收入	5004.25	12.1
工业利润总额	153.53	7.6

数据来源：贵州省统计局、贵州省科技发展战略研究院，下同。
注：增速用现价计算，下同。

第六章
2019年贵州省高新技术产业发展报告

根据国民经济行业分类，2019年全省高新技术产业工业总产值排名前十的行业中，排名第一的是计算机、通信和其他电子设备制造业，产值为686.10亿元，占全部高新技术工业总产值的比重为18.3%；排名第二的是医药制造业，产值为434.91亿元，占全部高新技术工业总产值的比重为11.6%；排名第三的是电力、热力生产和供应业，产值为350.94亿元，占全部高新技术工业总产值的比重为9.4%。在增速方面，发展较快的行业包括：电力、热力生产和供应业，增速排名第一，为40.0%；非金属矿物制品业排名第二，为19.9%；电气机械和器材制造业位居第三，为16.9%；以上均高于全省高新技术产业工业总产值增速；而医药制造业、化学原料和化学制品制造业、铁路、船舶、航空航天和其他运输设备制造业、橡胶和塑料制品业均低于全省高新技术产业工业总产值增速，发展相对较慢；计算机、通信和其他电子设备制造业增速仅为1.1%，汽车制造业出现负增长，发展相对滞后（表6-2、图6-1）。

表6-2 2019年高新技术产业工业总产值排名前十的行业分布

行业名称	工业总产值（亿元）	增速（%）
计算机、通信和其他电子设备制造业	686.10	1.1
医药制造业	434.91	5.5
电力、热力生产和供应业	350.94	40.0
电气机械和器材制造业	333.69	16.9
化学原料和化学制品制造业	319.12	2.3
有色金属冶炼和压延加工业	279.53	14.1
铁路、船舶、航空航天和其他运输设备制造业	224.66	1.9
橡胶和塑料制品业	178.25	3.2
非金属矿物制品业	176.96	19.9
汽车制造业	162.71	-22.8

数据来源：贵州省统计局、贵州省科技发展战略研究院，下同。

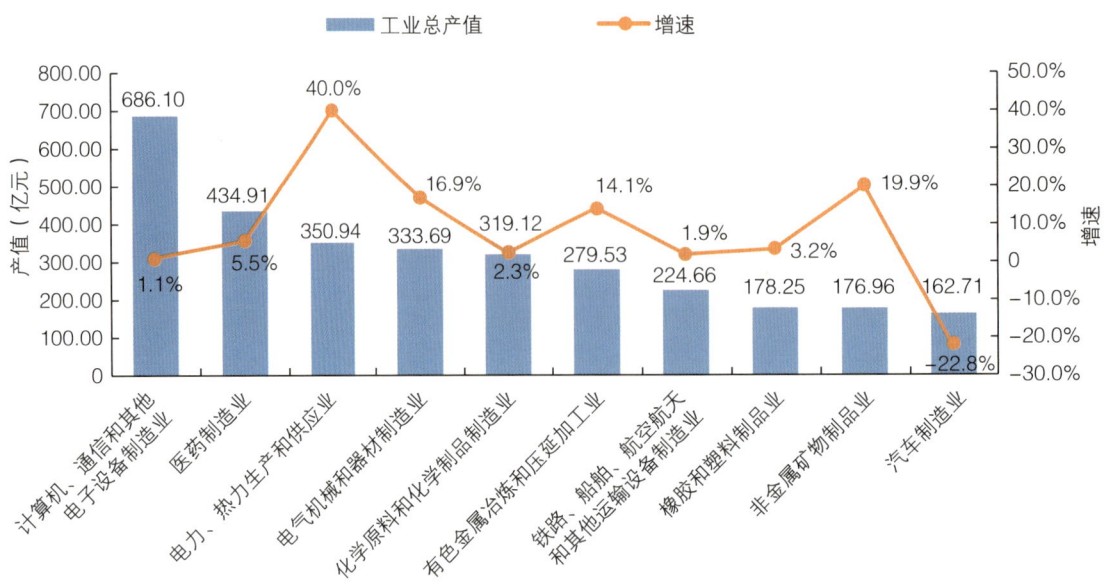

图 6-1 2019 年高新技术产业工业总产值排名前十的行业分布

2019年全省高新技术产业工业增加值排名前 10 位的行业中，医药制造业排名第一，增加值为 156.02 亿元，占全部工业增加值的比重为 17.6%；排名第二的是电力、热力生产和供应业，增加值为 123.08 亿元，占全部工业增加值的比重为 13.9%；排名第三的是计算机、通信和其他电子设备制造业，增加值为 74.53 亿元，占全部工业增加值的比重为 8.4%（图 6-2）。增速方面，电力、热力生产和供应业增速排名第一，为 42.3%，排名第二的是非金属矿物制品业，为 24.4%，两个产业的增速都远远高于全省高新技术产业工业增加值增速（8.0%），发展良好；电气机械和器材制造业、计算机、通信和其他电子设备制造业、有色金属冶炼和压延加工业，分别为 13.8%、11.3%、11.3%，也高于全省高新技术产业工业增加值增速，发展较快；而化学原料和化学制品制造业、医药制造业、煤炭开采和洗选业，均低于全省高新技术产业工业增加值增速，发展较为缓慢；铁路、船舶、航空航天和其他运输设备制造业、汽车制造业呈现负增长，发展相对滞后（表 6-3）。

表 6-3 2019 年高新技术产业工业增加值排名前十的行业分布

行业名称	工业增加值（亿元）	增速（%）
医药制造业	156.02	2.9
电力、热力生产和供应业	123.08	42.3
计算机、通信和其他电子设备制造业	74.53	11.3
煤炭开采和洗选业	73.34	0.0

第六章 2019年贵州省高新技术产业发展报告

续表

行业名称	工业增加值（亿元）	增速（%）
有色金属冶炼和压延加工业	63.30	11.3
化学原料和化学制品制造业	60.69	3.4
铁路、船舶、航空航天和其他运输设备制造业	53.93	-2.2
电气机械和器材制造业	51.84	13.8
非金属矿物制品业	48.06	24.4
汽车制造业	39.19	-28.6

数据来源：贵州省统计局、贵州省科技发展战略研究院，下同。

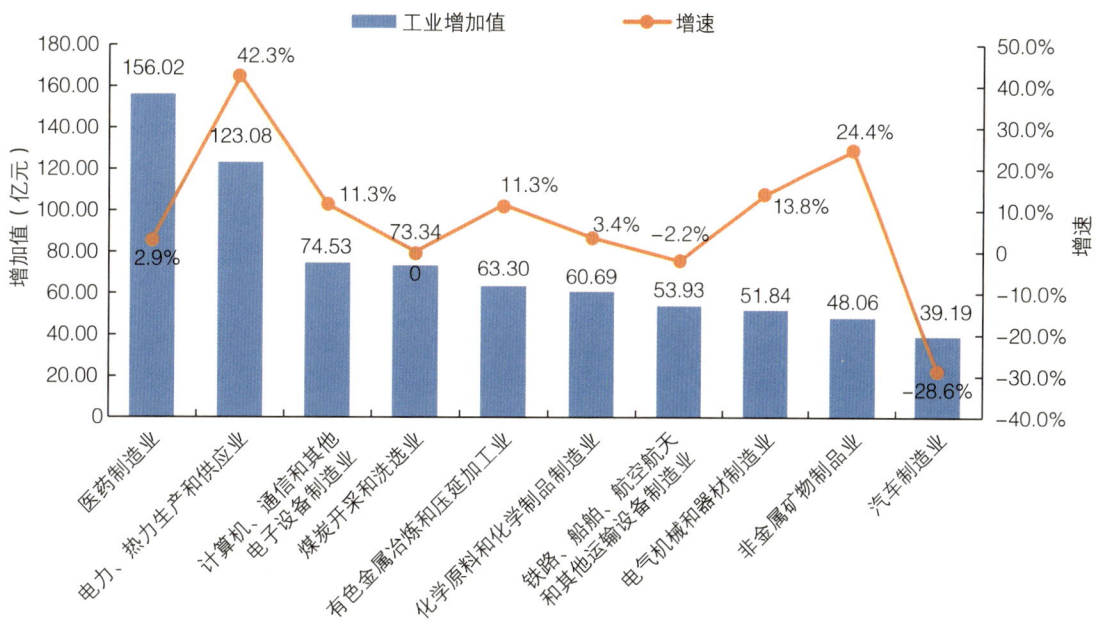

图6-2 2019年高新技术产业工业增加值排名前十的行业分布

（二）主要产业发展情况

2019年，全省高新技术主要工业产业除煤炭产业外，其余产业继续保持平稳增长，产值排名前3位的产业为装备制造业、化工产业、民族制药和特色食品产业，分别为1673.32亿元、525.77亿元、440.74亿元；增速排名前3位的产业是电力产业、建材产业、有色产业，分别为40.0%、20.3%、15.9%（表6-4、图6-3）。

表 6-4 2019 年贵州省高新技术主要工业产业分布

行业名称	产值（亿元）	同比增长（%）	占比（%）
装备制造业（高端装备制造、电子信息设备制造等）	1673.32	2.1	44.7
化工产业（精细化工、生物农业用品制造等）	525.77	2.7	14.0
民族制药和特色食品产业（生物药品制造、生物食品制造等）	440.74	6.3	11.8
电力产业（新能源、资源综合利用等）	350.95	40.0	9.4
有色产业（高端合金制造等）	300.17	15.9	8.0
建材产业（新型功能材料、先进结构材料等）	179.96	20.3	4.8
煤炭产业（资源循环利用等）	150.26	−0.1	4.0
冶金产业（高端金属冶炼等）	74.93	10.1	2.0
节能环保产业（高效节能、先进环保等）	47.93	15.1	1.3

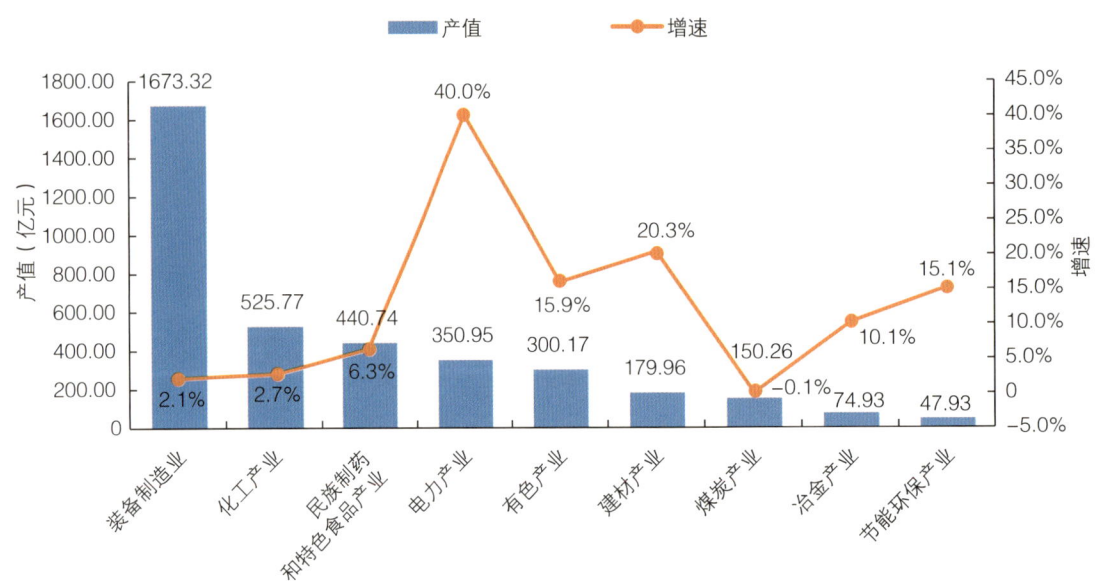

图 6-3 2019 年贵州省高新技术主要工业产业分布

1. 装备制造业

装备制造业包含通信终端设备制造、锂离子电池制造、飞机制造等产业。该产业产值为 1673.32 亿元，同比增长 2.1%，占全省高新技术工业总产值的 44.7%。其中，电子元器件与机电组件设备制造、烘炉、熔炉及电炉制造（功能节能产品、智能产品）、新能源整车制造分别同比增长 22.7 倍、10.1 倍、8.1 倍，拉升幅度较大；汽车整车制造、电工机械专用设备制造、计算机零部件制造分别同比下降98.9%、94.9%、93.3%。

2. 化工产业

化工产业包含磷肥制造（精细磷化工、磷矿资源及副产物综合利用、清洁生产）、轮胎制造、塑料板、管、型材制造等产业。该产业产值为525.77亿元，同比增长2.7%，占全省高新技术工业总产值的14.0%。其中，塑料包装箱及容器制造、林产化学产品制造（活性炭等）、涂料制造（功能涂料）分别同比增长19.0倍、3.0倍、1.1倍；化学试剂和助剂制造（催化材料）、炸药及火工产品制造、初级形态塑料及合成树脂制造分别同比下降49.1%、28.7%、27.7%。

3. 民族制药和特色食品产业

民族制药和特色食品产业包含中成药生产、生物药品制造、中药饮片加工等产业。该产业产值为440.74亿元，同比增长6.3%，占全省高新技术工业总产值的11.8%。其中，生物药品制造、精制茶加工（茶的精深加工）、卫生材料及医药用品制造分别同比增长1453.8%、100.0%、36.0%；兽用药品制造、化学药品制剂制造、中药饮片加工分别同比下降41.5%、26.5%和10.7%。

4. 电力产业

电力产业包含火力发电、风力发电、水力发电等产业。该产业产值为350.95亿元，同比增长40.0%，占全省高新技术工业总产值的9.4%。其中，火力发电产值为245.79亿元，同比增长39.5%；风力发电产值为50.02亿元，同比增长37.0%；太阳能发电产值为17.59亿元，同比增长14.6%；生物质能发电同比下降8.7%。

5. 有色产业

有色产业包含铝压延加工、金冶炼、铝冶炼（精铝）等产业。该产业产值为300.17亿元，同比增长15.9%，占全省高新技术工业总产值的8.0%。其中，铅锌矿采选（再开发利用）、其他常用有色金属冶炼（高纯钛）、有色金属铸造分别同比增长100.0%、100.0%、50.2%；有色金属合金制造（高端铝合金）、铅锌冶炼（高纯）、其他稀有金属冶炼分别同比下降93.6%、81.0%、38.7%。

6. 建材产业

建材产业包含轻质建筑材料制造、水泥制造、石灰和石膏制造等产业。该产业产值为179.96亿元，同比增长20.3%，占全省高新技术工业总产值的4.8%。其中，建筑陶瓷制品制造、特种玻璃制造、黏土砖瓦及建筑砌块制造（内墙抹灰砂浆、外墙抹灰砂浆、装修装饰抹灰砂浆、瓷砖抹灰砂浆）分别同比增长168.0倍、67.6倍、5.0倍；玻璃包装容器制造、隔热和隔音材料制造、石灰和石膏制造分别同比下降45.1%、41.1%、10.5%。

7. 煤炭产业

煤炭产业包含烟煤和无烟煤尾矿再开发利用及综合利用、煤矿瓦斯抽采与利用等产业。

该产业产值为 150.26 亿元，同比下降 0.1%，占全省高新技术工业总产值的 4.0%。其中，烟煤和无烟煤开采洗选（再开发、综合利用）、其他煤炭采选（煤矿瓦斯抽采与利用）产值分别为 146.61 亿元、3.65 亿元，分别同比增长 0.6%、同比下降 23.2%。

8. 冶金产业

冶金产业包含金属丝绳及其制品制造、黑色金属铸造、铸件及粉末冶金制品制造等产业。该产业产值为 74.93 亿元，同比增长 10.1%，占全省高新技术工业总产值的 2.0%。其中，锻件及粉末冶金制品制造、技术玻璃制品制造、黑色金属铸造分别同比增长 81.8%、35.0%、25.2%；金属门窗制造（高技术合金产品）、金属结构制造（有较高技术的产品）分别同比下降 68.5%、10.6%。

9. 节能环保产业

节能环保产业包含天然气开采（油母页岩、煤层气综合利用）、污水处理及其再利用等产业。该产业产值为 47.93 亿元，同比上升 15.1%，占全省高新技术工业总产值的 1.3%。其中，金属废料和碎屑加工处理、包装装潢及其他印刷、污水处理及其再生利用分别同比增长 119.1%、61.1%、31.5%；新材料、新能源与节能、资源与环境，非金属废料和碎屑加工处理分别同比下降 83.3%、23.8%。

（三）创新要素情况

创新要素是指和创新相关的资源和能力的组合，通俗地说，就是支撑创新的人、财、物及将人财物组合的机制，本报告所指的创新要素主要包括创新服务平台、创新载体、创新主体、人才、知识产权、研发投入等内容。

2019 年，全省各类创新服务平台 520 个，创新载体 113 家，高新技术企业 1644 家，科技型企业成长梯队 1741 家，高新技术产业入统企业 2505 家，发明专利申请量 10 770 件，发明专利授权量 1900 件，发明专利拥有量 11 218 件（表 6-5）。

表 6-5 全省创新要素情况

指标名称	2017 年	2018 年	2019 年
创新服务平台（个）	464	495	520
企业技术中心（个）	204	219	223
工程技术研究中心（个）	129	133	144
重点实验室（个）	58	63	67
院士工作站（个）	73	80	86

续表

指标名称	2017年	2018年	2019年
创新载体（家）	94	102	113
众创空间（家）	53	56	63
孵化器（家）	31	35	39
大学科技园（家）	10	11	11
高新技术产业入统企业（家）	1125	1614	2505
高新技术企业（家）	694	1173	1644
科技型企业成长梯队（家）	1000	1088	1741
领军企业（家）	27	27	27
小巨人企业（家）	112	118	446
小巨人成长企业（家）	280	286	298
科技型种子企业（家）	422	465	778
大学生创业企业（家）	159	192	192
国家级高新技术产业开发区（个）	2	2	2
省级高新技术产业开发区（个）	3	5	8
国家高新技术产业化基地（个）	15	15	16
省级高新技术产业化基地（个）	11	11	11
发明专利申请量（件）	13 884	14 348	10 770
发明专利授权量（件）	1875	2081	1900
发明专利拥有量（件）	8024	10 099	11 218
规模以上企业（家）	5146	5310	6443
有R&D活动的企业（家）	946	948	948*
全社会R&D经费（亿元）	95.88	115.69	115.69*
规模以上工业企业R&D经费（亿元）	64.85	76.23	76.23*
全社会R&D人员（人）	52 746	61 601	61 601*
规模以上工业企业R&D人员（人）	32 616	37 686	37 686*

数据来源：贵州省科学技术厅、贵州省统计局、贵州省发展和改革委员会、贵州省工业和信息化厅，下同。

注：带＊表示上年的数据。

二、2019年高新技术产业工业总产值区域发展情况

2019年，全省高新技术产业工业总产值主要分布在贵阳市、安顺市、遵义市，分别为1207.65亿元、529.84亿元、524.61亿元，三者总和占全省高新技术产业工业总产值的比重为60.3%；铜仁市、黔东南州、黔南州的增速排前3位，分别为32.1%、22.5%、20.3%；毕节市、六盘水市低于全省增速（7.5%），发展相对较慢；安顺市高新技术产业工业总产值同比负增长，发展相对滞后（表6-6、图6-4）。

表6-6　2019年贵州省高新技术产业工业总产值区域分布

市（州）	产值（亿元）	同比增长（%）	占比（%）
贵阳市	1207.65	9.5	32.18
安顺市	529.84	−0.9	14.12
遵义市	524.61	10.5	13.98
黔南州	463.96	20.3	12.36
毕节市	329.27	0.7	8.77
六盘水市	288.26	3.9	7.68
黔西南州	180.38	18.9	4.81
铜仁市	173.01	32.1	4.61
黔东南州	55.53	22.5	1.48

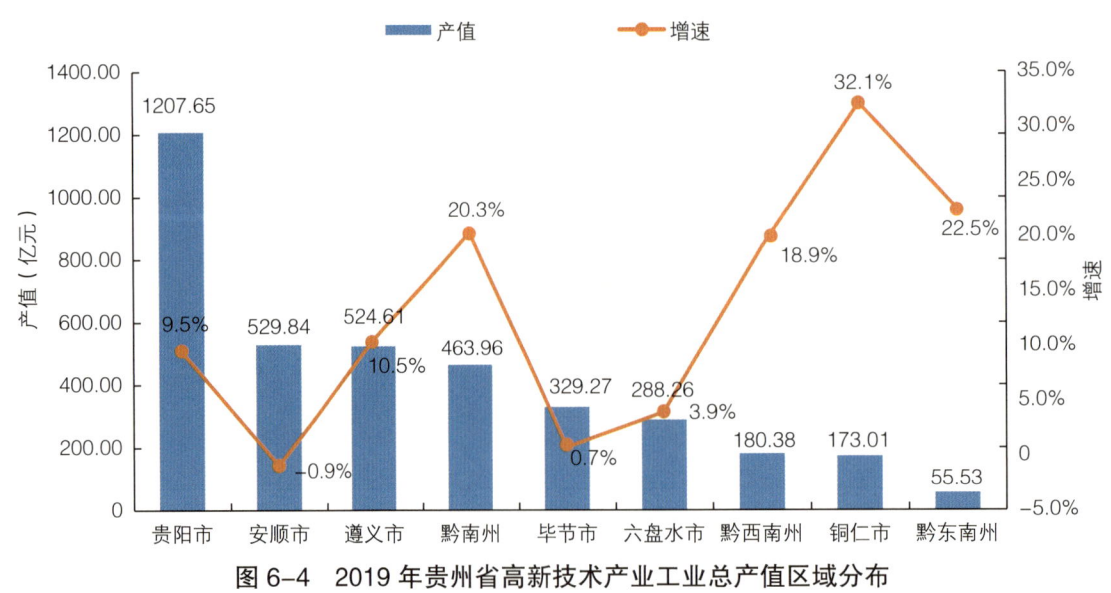

图6-4　2019年贵州省高新技术产业工业总产值区域分布

第六章
2019年贵州省高新技术产业发展报告

根据2019年高新技术产业预期完成情况来看，全省高新技术产业产值4639.80亿元处于预期4459.98亿～4662.41亿元的区间内，达到预期，进展顺利（图6-5、图6-6）。

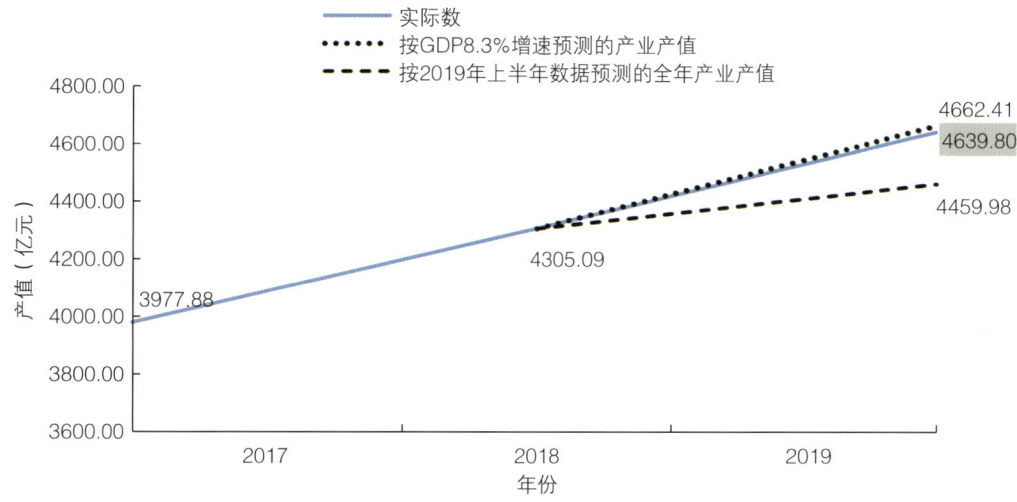

图6-5 贵州省高新技术产业产值完成情况评价

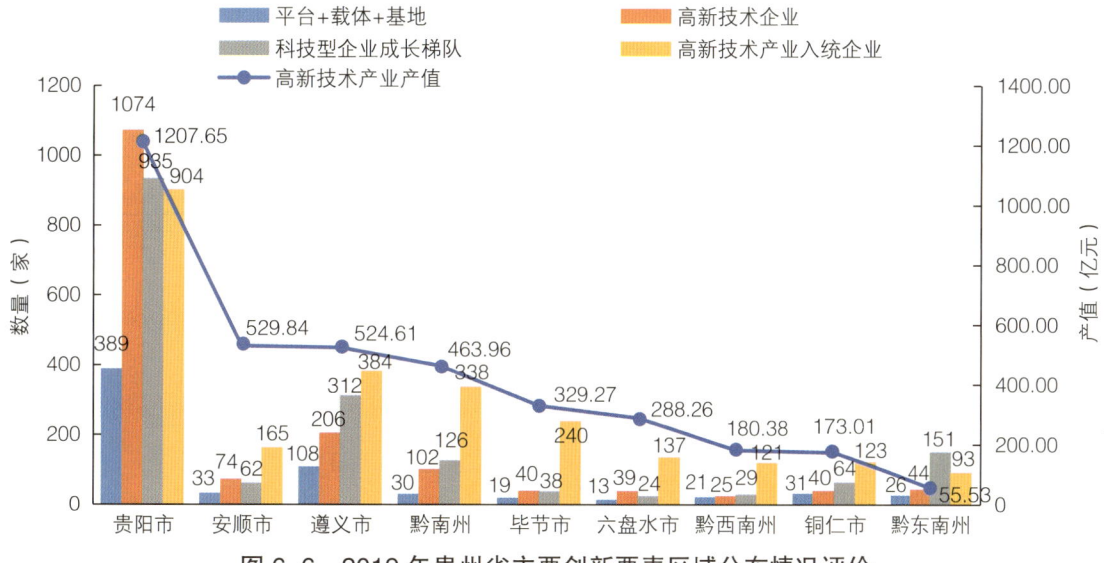

图6-6 2019年贵州省主要创新要素区域分布情况评价

（一）贵阳市

贵阳市高新技术工业总产值为1207.65亿元，居全省第1位，占全省的比重为32.2%。高新技术工业总产值排前3位的产业是装备制造业、化工产业、民族制药和特色食品产业，分别为569.82亿元、273.33亿元、230.59亿元；电力产业、装备制造业、节能环保产业增速排前3位，分别为42.3%、20.7%、10.1%。化工产业和有色产业出现负增长（表6-7、图6-7）。

表 6-7 贵阳市高新技术主要工业产业分布

行业名称	产值（亿元）	增速（%）
装备制造业	569.82	20.7
化工产业	273.33	-6.2
民族制药和特色食品产业	230.59	5.5
有色产业	43.01	-3.5
电力产业	39.00	42.3
建材产业	28.30	4.2
节能环保产业	13.54	10.1
冶金产业	10.06	3.4

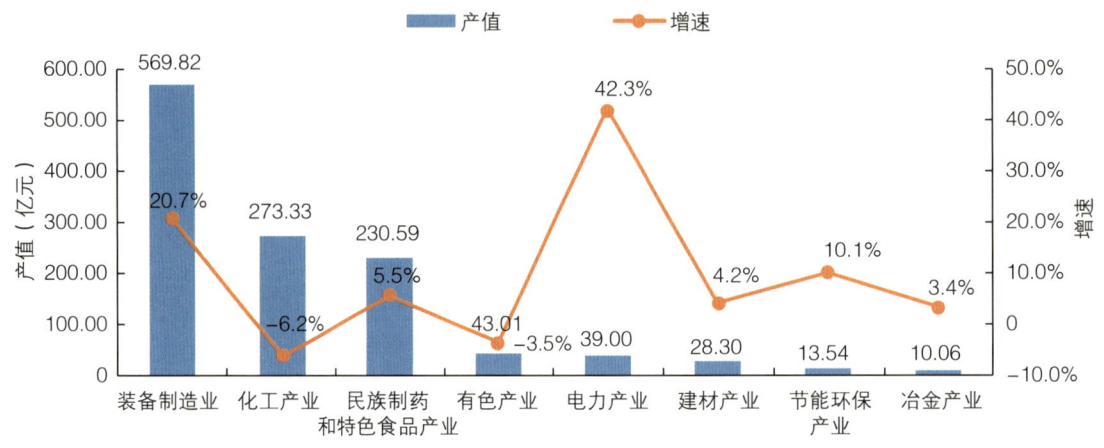

图 6-7 贵阳市高新技术主要工业产业分布

贵阳市所辖 10 个县（市、区）中，高新技术工业总产值排前 3 位的是花溪区、白云区、乌当区，分别为 309.83 亿元、218.91 亿元、156.68 亿元；观山湖区、南明区、白云区增速排前 3 位，分别为 82.7%、35.0%、15.1%。除息烽县、开阳县同比下降外，其余县（市、区）均实现同比增长（表 6-8、图 6-8）。

表 6-8 贵阳市所辖县（市、区）高新技术工业总产值区域分布

县（市、区）名称	产值（亿元）	增速（%）
花溪区	309.83	11.2
白云区	218.91	15.1
乌当区	156.68	5.1

续表

县（市、区）名称	产值（亿元）	增速（%）
修文县	139.91	11.9
开阳县	114.09	−11.7
观山湖区	86.26	82.7
南明区	53.42	35.0
清镇市	49.60	3.3
息烽县	44.23	−19.4
云岩区	31.35	1.4

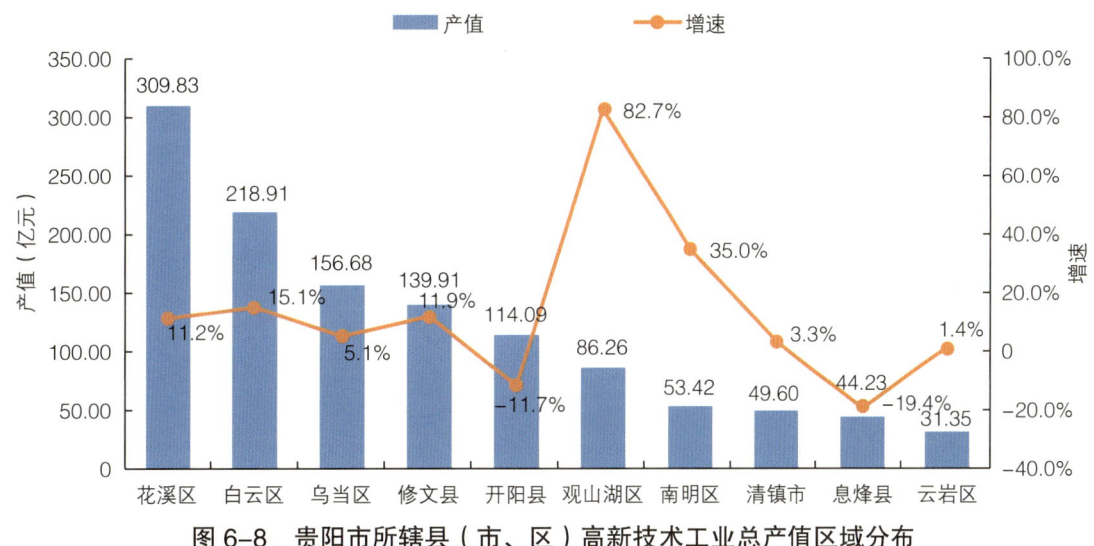

图 6-8　贵阳市所辖县（市、区）高新技术工业总产值区域分布

贵阳市是全省创新要素的主要聚集地，创新服务平台 330 个，占全省的比重为 63.5%；创新载体 51 家，占全省的比重为 45.1%；高新技术企业 1074 家，占全省的比重为 65.3%；科技型企业成长梯队 935 家，占全省的比重为 53.7%（表 6-9）。

表 6-9　贵阳市创新要素情况

指标名称	2017 年	2018 年	2019 年
创新服务平台（个）	295	319	330
企业技术中心（个）	116	127	125
工程技术研究中心（个）	88	92	100

续表

指标名称	2017 年	2018 年	2019 年
重点实验室（个）	49	55	56
院士工作站（个）	42	45	49
创新载体（家）	44	48	51
众创空间（家）	28	29	30
孵化器（家）	11	13	15
大学科技园（家）	5	6	6
高新技术产业入统企业（家）	314	442	904
高新技术企业（家）	431	787	1074
科技型企业成长梯队（家）	475	530	935
领军企业（家）	16	16	16
小巨人企业（家）	53	56	242
小巨人成长企业（家）	79	81	84
科技型种子企业（家）	207	229	445
大学生创业企业（家）	120	148	148
国家级高新技术产业开发区（个）	1	1	1
省级高新技术产业开发区（个）	0	0	0
国家高新技术产业化基地（个）	6	6	6
省级高新技术产业化基地（个）	1	1	1
发明专利申请量（件）	4747	5749	6514
发明专利授权量（件）	1072	1160	972
发明专利拥有量（件）	5256	6151	6779
规模以上企业（家）	697	740	1333
有 R&D 活动的企业（家）	193	200	200*
全社会 R&D 经费（亿元）	47.55	57.98	57.98*
规模以上工业企业 R&D 经费（亿元）	27.74	26.17	26.17*
全社会 R&D 人员（人）	23 556	28 784	28 784*
规模以上工业企业 R&D 人员（人）	11 237	11 167	11 167*

第六章 2019年贵州省高新技术产业发展报告

根据2019年高新技术工业总产值预期完成情况来看，贵阳市高新技术工业总产值为1207.65亿元，高于预期1157.64亿~1166.48亿元的区间上限（图6-9）。

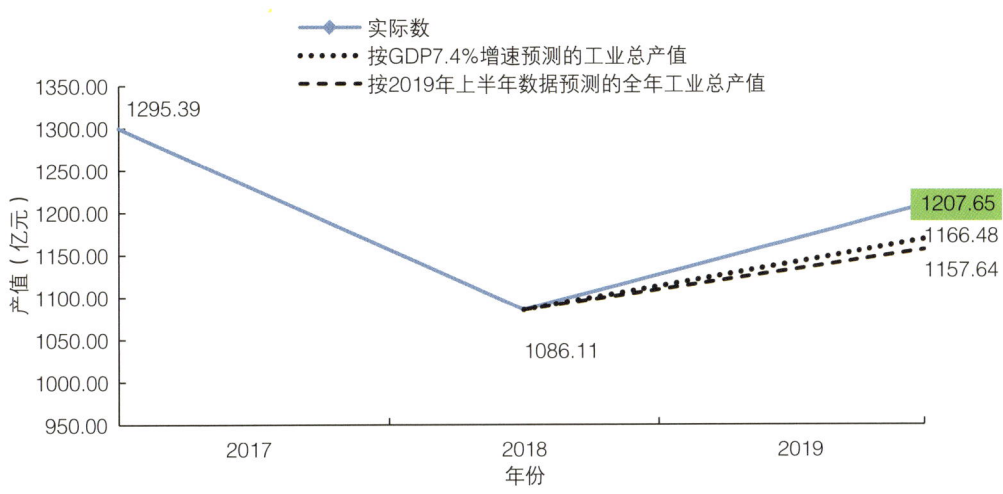

图6-9 贵阳市高新技术工业总产值完成情况评价

提示：

从贵阳市近三年的主导产业发展情况来看，装备制造业、化工产业、民族制药产业和特色食品产业稳居前三，装备制造业的平稳快速发展有效地提高了整个区域的高新技术产业发展，但是民族特色产业受外部环境的冲击有所下降，建议针对该产业出台相关的政策措施（图6-10）。

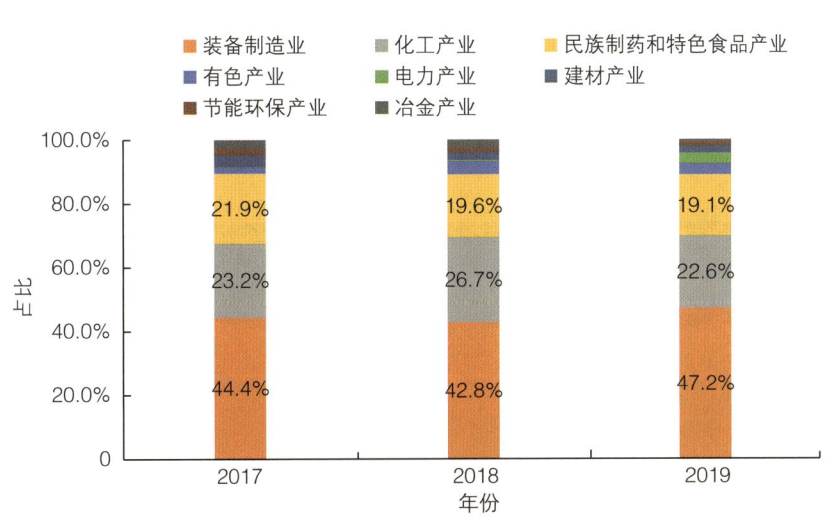

图6-10 2017—2019年贵阳市重点产业分布情况

从创新要素占比情况来看，贵阳市的各类创新要素居全省首位，但对高新技术产业发展的带动能力不明显，未能发挥传统装备制造业的优势，建议利用大数据产业的优势推动装备制造业转型升级，从而带动整体发展（图6-11）。

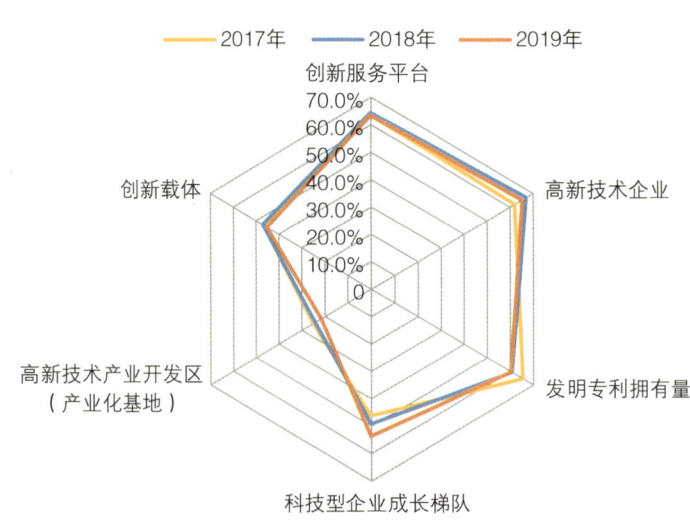

图6-11　2017—2019年贵阳市主要创新要素占比分布情况

（二）安顺市

安顺市高新技术工业总产值为529.84亿元，居全省第2位，占全省的比重为14.1%。高新技术工业总产值前3位的产业是装备制造业、民族制药和特色食品产业、有色产业，分别为442.56亿元、40.33亿元、25.17亿元；冶金产业、有色产业、装备制造业增速排前3位，分别为46.2%、32.3%、3.8%。其余产业均呈现负增长态势（表6-10、图6-12）。

表6-10　安顺市高新技术主要工业产业分布

行业名称	产值（亿元）	增速（%）
装备制造业	442.56	3.8
民族制药和特色食品产业	40.33	−30.9
有色产业	25.17	32.3
化工产业	10.57	−0.2
建材产业	4.50	−64.3
冶金产业	3.89	46.2

续表

行业名称	产值（亿元）	增速（%）
电力产业	2.55	-5.6
节能环保产业	0.27	-87.6

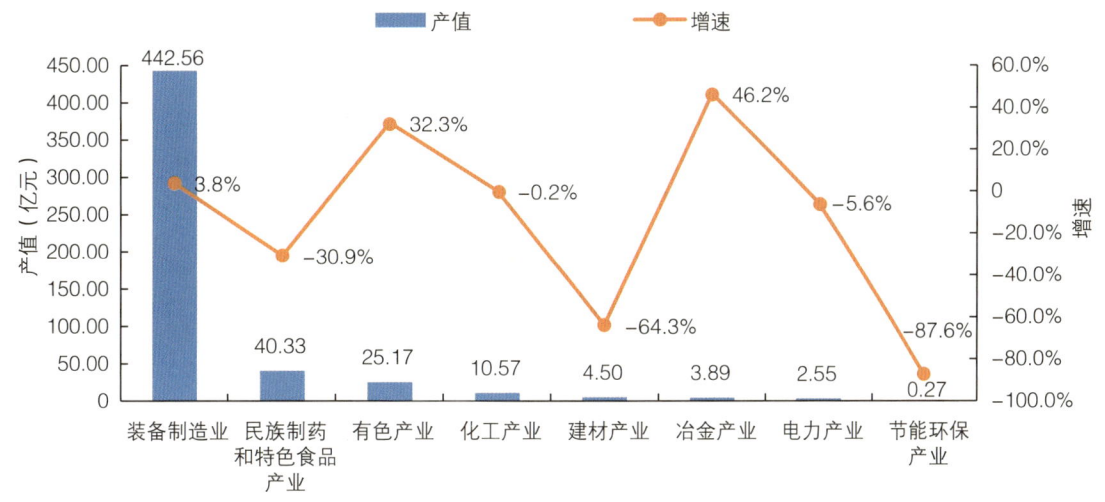

图 6-12　安顺市高新技术主要工业产业分布

安顺市所辖 6 个县（区）中，平坝区、西秀区的高新技术工业总产值超过百亿元，分别为 320.13 亿元、198.13 亿元；紫云县增速排第一，为 60.0%；普定县、镇宁县、西秀区同比下降（表 6-11、图 6-13）。

表 6-11　安顺市所辖县（区）高新技术工业总产值区域分布

县（区）名称	产值（亿元）	增速（%）
平坝区	320.13	7.5
西秀区	198.13	-8.2
普定县	5.34	-60.2
镇宁县	4.09	-27.7
关岭县	1.99	15.7
紫云县	0.16	60.0

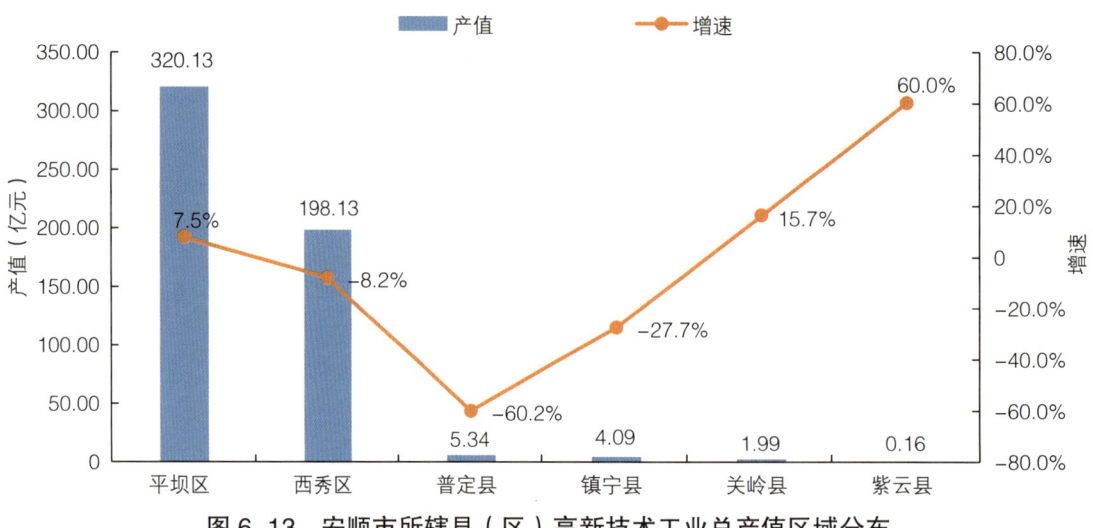

图 6-13 安顺市所辖县（区）高新技术工业总产值区域分布

安顺市创新服务平台 26 个，占全省的比重为 5.0%；创新载体 5 家，占全省的比重为 4.4%；高新技术企业 74 家，占全省的比重为 4.5%；科技型企业成长梯队 62 家，占全省的比重为 3.6%（表 6-12）。

表 6-12 安顺市创新要素情况

指标名称	2017 年	2018 年	2019 年
创新服务平台（个）	23	25	26
企业技术中心（个）	8	9	11
工程技术研究中心（个）	10	10	10
重点实验室（个）	0	0	0
院士工作站（个）	5	6	5
创新载体（家）	4	4	5
众创空间（家）	2	2	3
孵化器（家）	2	2	2
大学科技园（家）	0	0	0
高新技术产业入统企业（家）	93	135	165
高新技术企业（家）	34	50	74
科技型企业成长梯队（家）	34	34	62
领军企业（家）	3	3	3
小巨人企业（家）	3	3	24
小巨人成长企业（家）	14	14	14

续表

指标名称	2017年	2018年	2019年
科技型种子企业（家）	14	14	21
大学生创业企业（家）	0	0	0
国家级高新技术产业开发区（个）	1	1	1
省级高新技术产业开发区（个）	0	0	0
国家高新技术产业化基地（个）	1	1	1
省级高新技术产业化基地（个）	0	0	0
发明专利申请量（件）	1045	1069	386
发明专利授权量（件）	100	109	105
发明专利拥有量（件）	548	234	647
规模以上企业（家）	354	369	466
有R&D活动的企业（家）	39	34	34*
全社会R&D经费（亿元）	4.17	5.06	5.06*
规模以上工业企业R&D经费（亿元）	3.93	4.75	4.75*
全社会R&D人员（人）	2469	2255	2255*
规模以上工业企业R&D人员（人）	1985	1763	1763*

根据2019年高新技术工业总产值预期完成情况来看，安顺市高新技术工业总产值为529.84亿元，处于预期484.98亿～569.01亿元的区间内，达到预期（图6-14）。

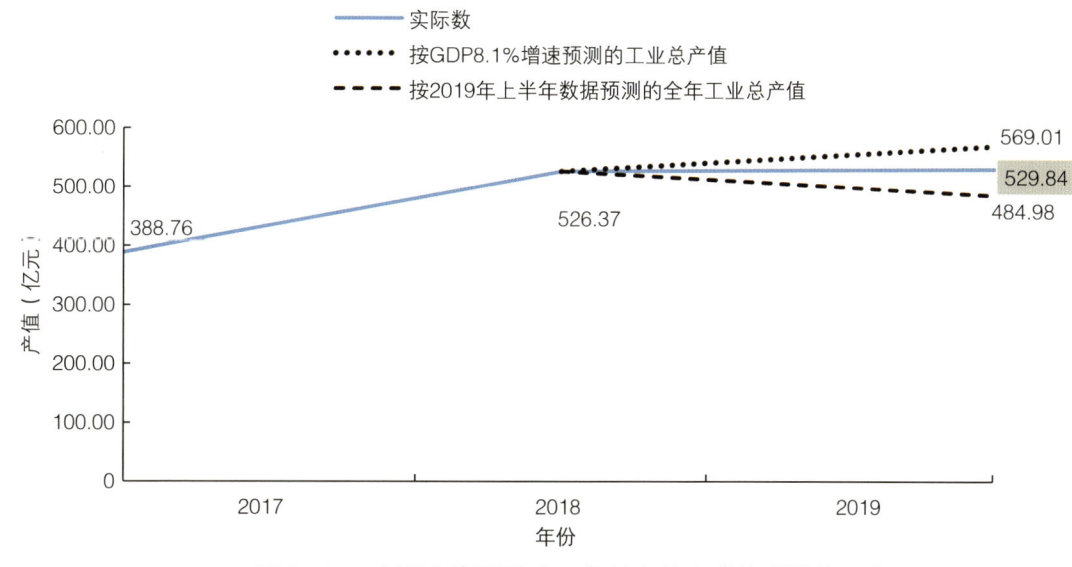

图6-14　安顺市高新技术工业总产值完成情况评价

提示：

从安顺市近3年的主导产业发展情况来看，装备制造业一直为其主导产业，整体发展形势较好，但是从产业多元化发展来看，能力有待提高，结合安顺国家高新区地域竞争力的不同，建议抓好主导产业可持续发展的同时在其他区域加强薄弱产业的发展，保持整体经济快速增长（图6-15）。

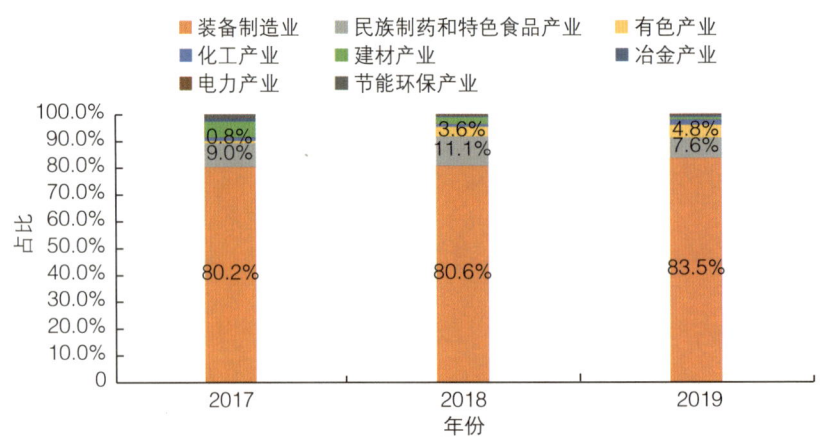

图6-15　2017—2019年安顺市重点产业分布情况

从创新要素的情况来看，国家高新区建设对于辖区内高新技术产业有较大的刺激，带动了高新技术产业发展，但是创新载体、创新服务平台、高新技术企业等方面还有待提高，建议加强创新载体及平台建设，布局相关产业高新技术企业，加大企业激励扶持政策（图6-16）。

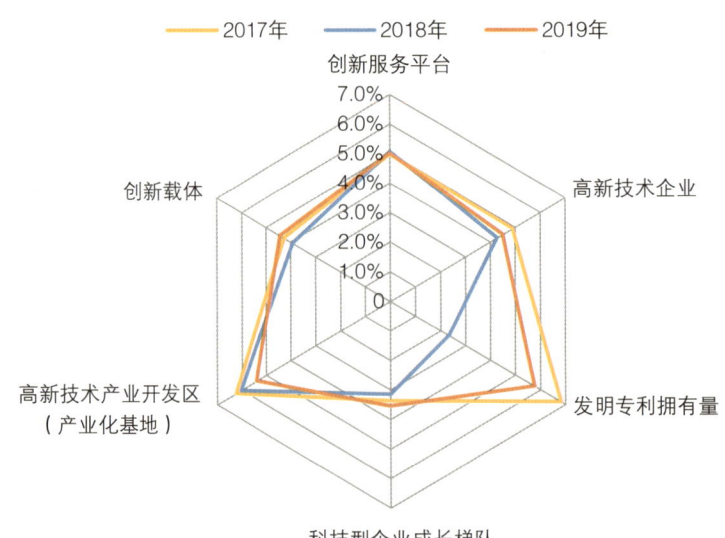

图6-16　2017—2019年安顺市主要创新要素占比分布情况

(三)遵义市

遵义市高新技术工业总产值为524.61亿元,居全省第3位,占全省的比重为14.0%。高新技术工业总产值排前3位的产业是装备制造业、有色产业、建材产业,分别为253.23亿元、131.89亿元、33.12亿元;电力产业、节能环保产业、化工产业增速排前3位,分别达131.8%、116.0%、61.7%。装备制造业、煤炭产业同比下降(表6-13、图6-17)。

表6-13 遵义市高新技术主要工业产业分布

行业名称	产值(亿元)	增速(%)
装备制造业	253.23	-1.5
有色产业	131.89	18.7
建材产业	33.12	10.7
化工产业	32.29	61.7
冶金产业	22.09	7.2
电力产业	19.10	131.8
民族制药和特色食品产业	15.78	30.2
煤炭产业	12.38	-7.7
节能环保产业	4.73	116.0

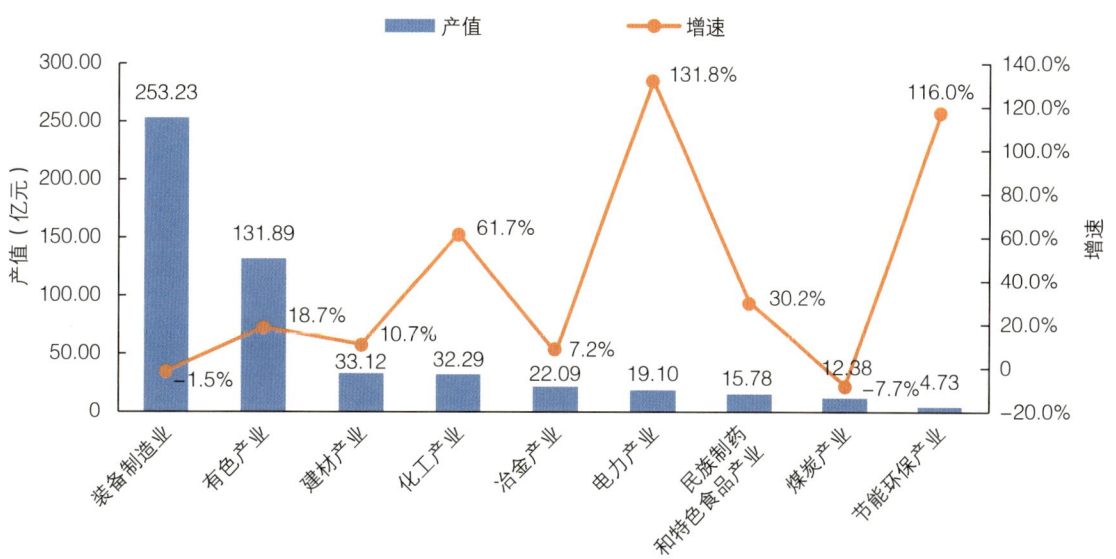

图6-17 遵义市高新技术主要工业产业分布

遵义市所辖14个县（市、区）中，高新技术工业总产值排名前3位的是播州区、红花岗区、汇川区，分别为189.26亿元、130.14亿元、104.97亿元；湄潭县、务川县、习水县增速排前3位，分别为52.9%、32.8%、15.9%（表6-14、图6-18）。

表6-14 遵义市所辖县（市、区）高新技术工业总产值区域分布

县（市、区）名称	产值（亿元）	增速（%）
播州区	189.26	7.9
红花岗区	130.14	0.1
汇川区	104.97	14.9
习水县	29.78	15.9
桐梓县	21.75	2.2
赤水市	18.51	7.4
绥阳县	12.85	0.7
道真县	5.75	−13.7
湄潭县	2.40	52.9
务川县	1.70	32.8
正安县	0.70	2.9
余庆县	0.60	3.4
仁怀市	3.01	—
凤冈县	1.37	—

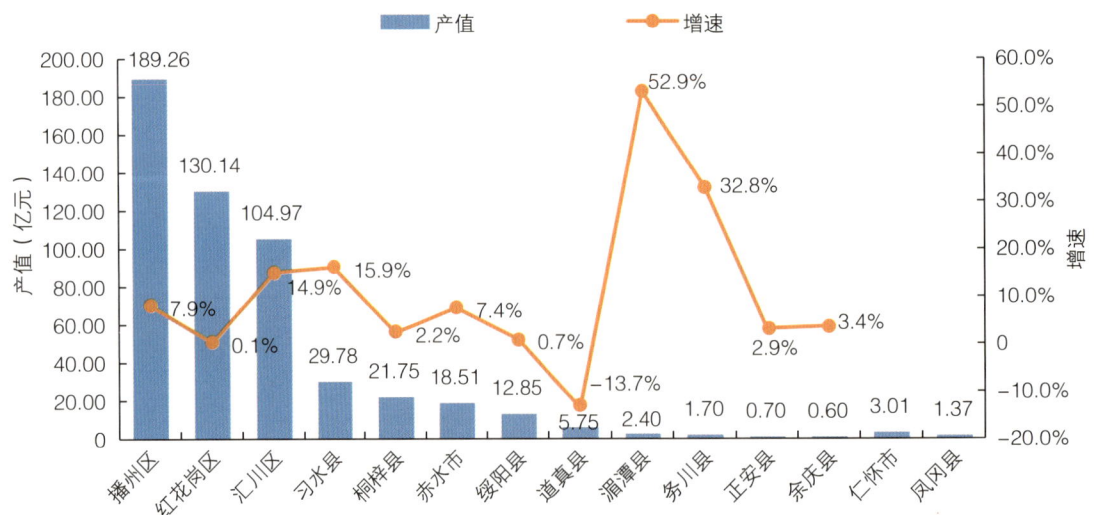

图6-18 遵义市所辖县（市、区）高新技术工业总产值区域分布

遵义市创新服务平台86个，占全省的比重为16.5%；创新载体15家，占全省的比重为13.3%；高新技术企业206家，占全省的比重为12.5%；科技型企业成长梯队312家，占全省的比重为17.9%（表6-15）。

表6-15 遵义市创新要素情况

指标名称	2017年	2018年	2019年
创新服务平台（个）	80	84	86
企业技术中心（个）	45	47	47
工程技术研究中心（个）	11	12	12
重点实验室（个）	8	8	8
院士工作站（个）	16	17	19
创新载体（家）	15	14	15
众创空间（家）	6	5	6
孵化器（家）	8	8	8
大学科技园（家）	1	1	1
高新技术产业入统企业（家）	209	284	384
高新技术企业（家）	121	156	206
科技型企业成长梯队（家）	219	231	312
领军企业（家）	5	5	5
小巨人企业（家）	24	24	71
小巨人成长企业（家）	87	89	92
科技型种子企业（家）	100	110	141
大学生创业企业（家）	3	3	3
国家级高新技术产业开发区（个）	0	0	0
省级高新技术产业开发区（个）	2	2	2
国家高新技术产业化基地（个）	2	2	2
省级高新技术产业化基地（个）	4	3	3
发明专利申请量（件）	3227	3436	1624
发明专利授权量（件）	349	456	515
发明专利拥有量（件）	1194	1578	1876

续表

指标名称	2017 年	2018 年	2019 年
规模以上企业（家）	1008	1061	1003
有 R&D 活动的企业（家）	155	149	149*
全社会 R&D 经费（亿元）	11.24	13.76	13.76*
规模以上工业企业 R&D 经费（亿元）	8.49	11.48	11.48*
全社会 R&D 人员（人）	6894	8293	8293*
规模以上工业企业 R&D 人员（人）	5048	6387	6387*

根据 2019 年高新技术工业总产值预期完成情况来看，遵义市高新技术工业总产值为 524.61 亿元，处于预期 454.46 亿～ 529.74 亿元的区间内，进展顺利（图 6-19）。

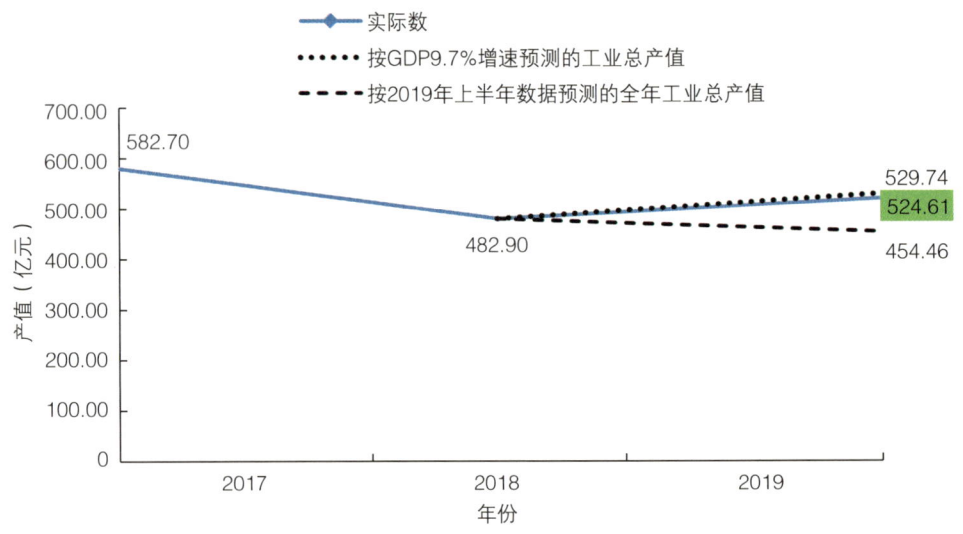

图 6-19　遵义市高新技术工业总产值完成情况评价

提示：

从遵义市近 3 年的主导产业发展情况来看，装备制造业持续下降成为影响高新技术产业发展的重要因素，同时有色产业占比快速增长，对全市高新技术产业支撑作用逐步显现；建议针对高新技术产业当中的装备制造业进行有效的调度，深入分析装备制造业产值下降的原因，提出振兴装备制造业发展的对策与措施（图 6-20）。

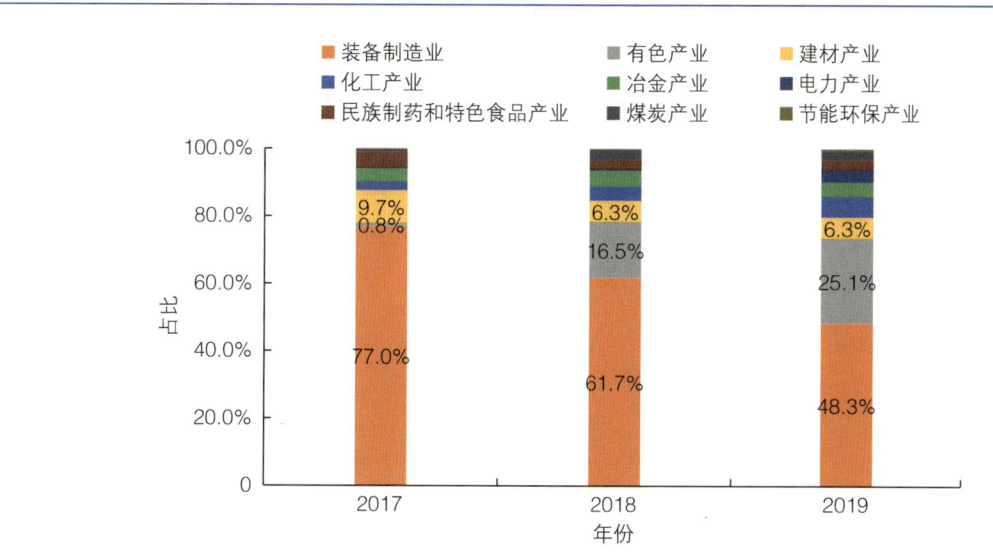

图 6-20　2017—2019 年遵义市重点产业分布情况

从创新要素的情况来看，高新技术企业和高新技术产业开发区的指标变化相对缓慢，建议加快推进国家高新区申建工作，提高高新技术产业的集聚程度（图 6-21）。

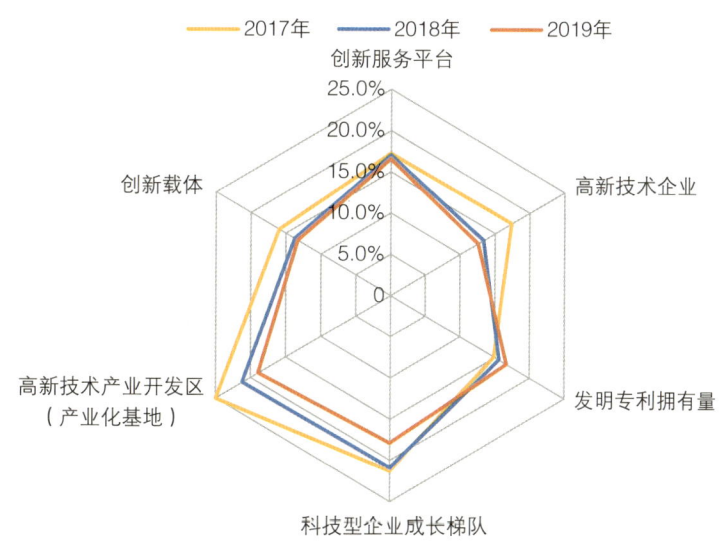

图 6-21　2017—2019 年遵义市主要创新要素占比分布情况

（四）黔南州

黔南州高新技术工业总产值为 463.96 亿元，居全省第 4 位，占全省的比重为 12.4%。高新技术工业总产值排前 3 位的产业是化工产业、民族制药和特色食品产业、装备制造业，分别为 161.30 亿元、123.41 亿元、98.40 亿元；节能环保产业、电力产业、煤炭产业增速排前 3 位，分别为 267.9%、102.3%、67.7%；其中冶金产业同比下降（表 6-16、图 6-22）。

表 6-16　黔南州高新技术主要工业产业分布

行业名称	产值（亿元）	增速（%）
化工产业	161.30	10.7
民族制药和特色食品产业	123.41	39.6
装备制造业	98.40	2.3
建材产业	34.73	32.5
电力产业	21.77	102.3
有色产业	11.03	31.2
冶金产业	7.24	-5.2
节能环保产业	3.90	267.9
煤炭产业	2.18	67.7

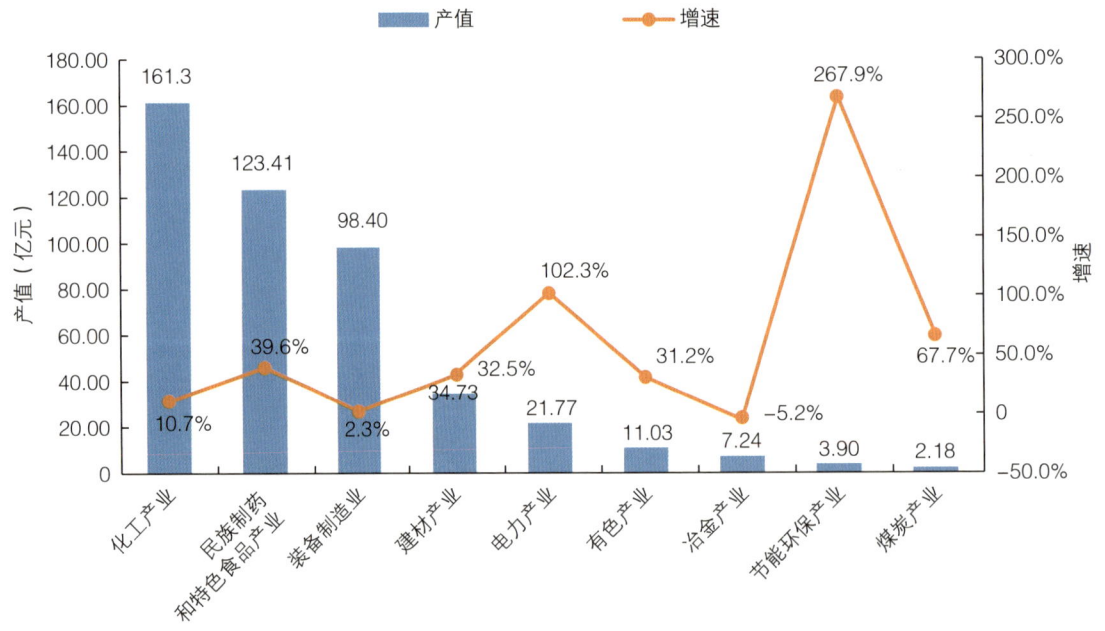

图 6-22　黔南州高新技术主要工业产业分布

黔南州所辖 12 个县（市）中，高新技术工业总产值排前 3 位的为龙里县、福泉市、瓮安县，分别为 131.13 亿元、95.11 亿元、66.94 亿元；荔波县、贵定县、龙里县的增速排前 3 位，分别为 66.7%、58.0%、43.1%。三都县、都匀市、平塘县、惠水县同比下降（表 6-17、图 6-23）。

表6-17 黔南州所辖县（市）高新技术工业总产值区域分布

县（市）名称	产值（亿元）	增速（%）
龙里县	131.13	43.1
福泉市	95.11	2.9
瓮安县	66.94	17.9
惠水县	43.32	-1.0
独山县	35.00	4.0
贵定县	27.91	58.0
长顺县	18.05	25.0
罗甸县	14.88	25.6
平塘县	13.12	-5.9
都匀市	12.64	-6.8
三都县	1.79	-64.8
荔波县	0.80	66.7

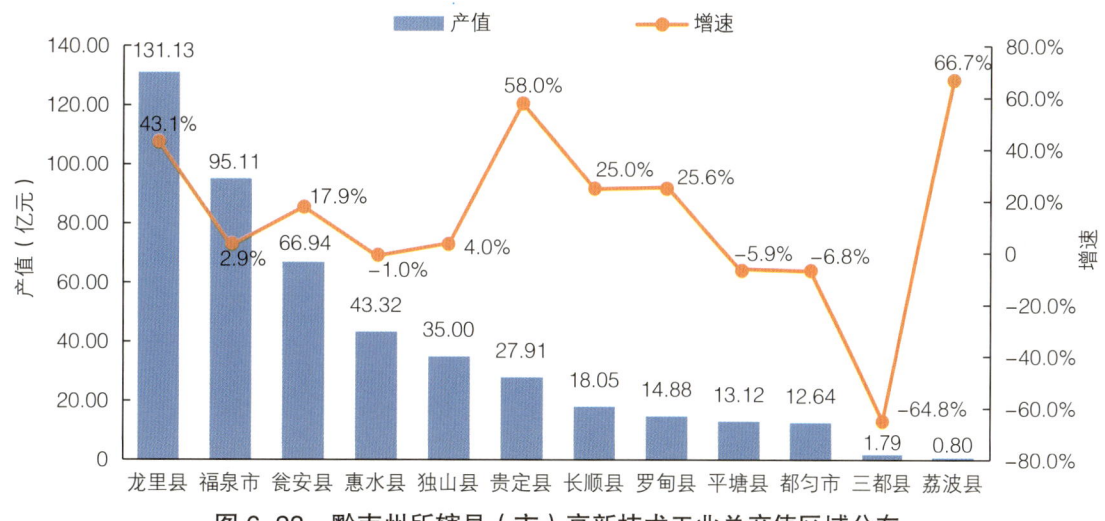

图6-23 黔南州所辖县（市）高新技术工业总产值区域分布

黔南州创新服务平台16个，占全省的比重为3.1%；创新载体10家，占全省的比重为8.8%；高新技术企业102家，占全省的比重为6.2%；科技型企业成长梯队126家，占全省的比重为7.2%（表6-18）。

表 6-18 黔南州创新要素情况

指标名称	2017 年	2018 年	2019 年
创新服务平台（个）	17	14	16
企业技术中心（个）	10	10	11
工程技术研究中心（个）	4	2	3
重点实验室（个）	1	0	0
院士工作站（个）	2	2	2
创新载体（家）	8	10	10
众创空间（家）	4	5	5
孵化器（家）	4	5	5
大学科技园（家）	0	0	0
高新技术产业入统企业（家）	153	228	338
高新技术企业（家）	40	64	102
科技型企业成长梯队（家）	82	88	126
领军企业（家）	1	1	1
小巨人企业（家）	9	11	36
小巨人成长企业（家）	42	44	44
科技型种子企业（家）	27	29	42
大学生创业企业（家）	3	3	3
国家级高新技术产业开发区（个）	0	0	0
省级高新技术产业开发区（个）	0	0	1
国家高新技术产业化基地（个）	1	1	1
省级高新技术产业化基地（个）	2	2	2
发明专利申请量（件）	1661	734	458
发明专利授权量（件）	93	55	46
发明专利拥有量（件）	365	642	443
规模以上企业（家）	768	859	1167
有 R&D 活动的企业（家）	65	136	136*
全社会 R&D 经费（亿元）	5.13	4.10	4.10*
规模以上工业企业 R&D 经费（亿元）	4.5	3.48	3.48*
全社会 R&D 人员（人）	2659	2394	2394*
规模以上工业企业 R&D 人员（人）	1970	1599	1599*

根据2019年高新技术工业总产值预期完成情况来看,黔南州高新技术工业总产值为463.96亿元,高于预期362.30亿~463.96亿元的区间上限(图6-24)。

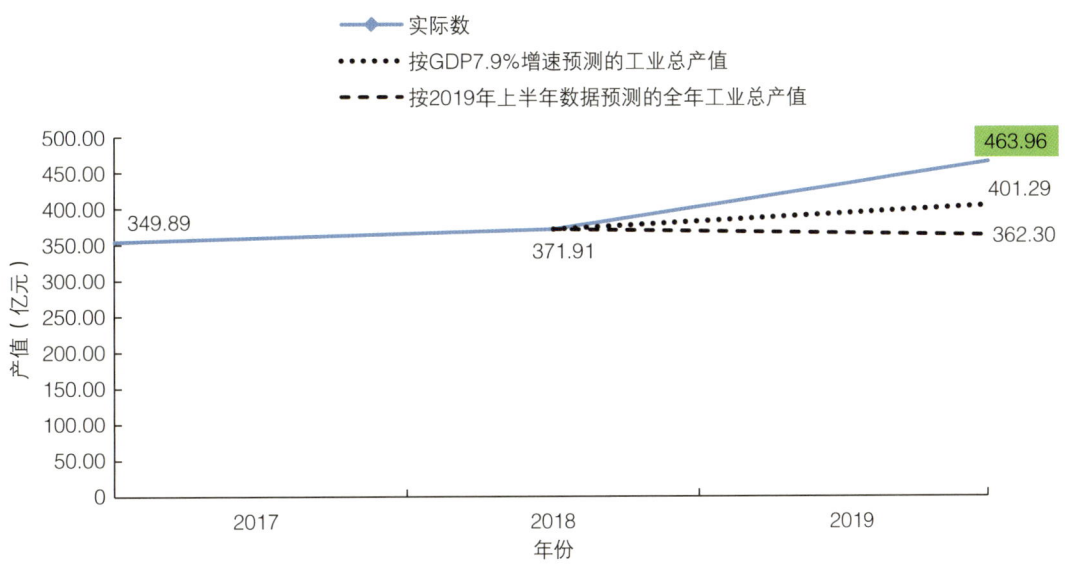

图6-24 黔南州高新技术工业总产值完成情况评价

提示:

从黔南州近3年的产业发展情况来看,化工产业、民族制药和特色食品产业、装备制造业是全州的三大支撑产业,整体高新技术产业发展保持相对平衡的发展态势,建议在现有主导产业基础上,不断延长上下游产业链,实现产业集聚发展,提高高新技术产业总量(图6-25)。

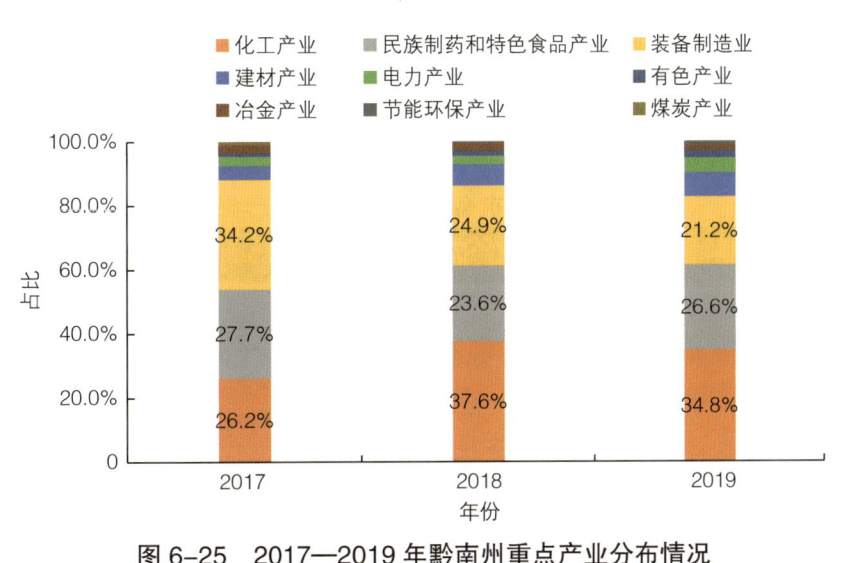

图6-25 2017—2019年黔南州重点产业分布情况

从创新要素的情况来看，各类创新要素分布相对比较均匀，整体上没有较大的差异，但是创新服务平台相对比较弱，要加快省级高新区申建工作，在确定主导产业的基础上，布局一批省级、国家级创新服务平台，服务于全州高新技术产业发展（图6-26）。

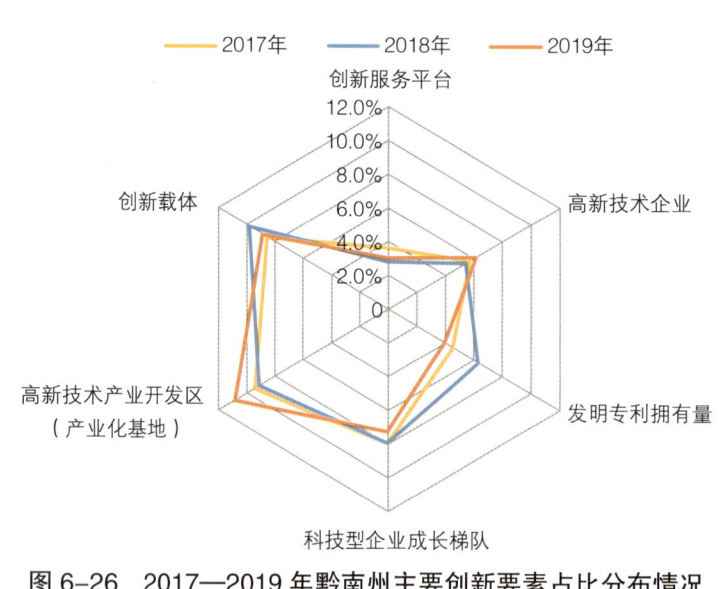

图6-26 2017—2019年黔南州主要创新要素占比分布情况

（五）毕节市

毕节市高新技术工业总产值为329.27亿元，居全省第5位，占全省的比重为8.8%。高新技术工业总产值排前3位的产业是电力产业、煤炭产业、装备制造业，分别为120.93亿元、64.01亿元、57.64亿元；建材产业、有色产业、化工产业增速排前3位，分别为116.1%、103.9%、80.5%。冶金产业、装备制造业、民族制药和特色食品产业同比下降（表6-19、图6-27）。

表6-19 毕节市高新技术主要工业产业分布

行业名称	产值（亿元）	增速（%）
电力产业	120.93	35.5
煤炭产业	64.01	16.0
装备制造业	57.64	-56.1
建材产业	40.26	116.1
化工产业	25.16	80.5

续表

行业名称	产值（亿元）	增速（%）
节能环保产业	14.22	10.0
有色产业	4.67	103.9
民族制药和特色食品产业	2.16	-12.6
冶金产业	0.22	-67.2

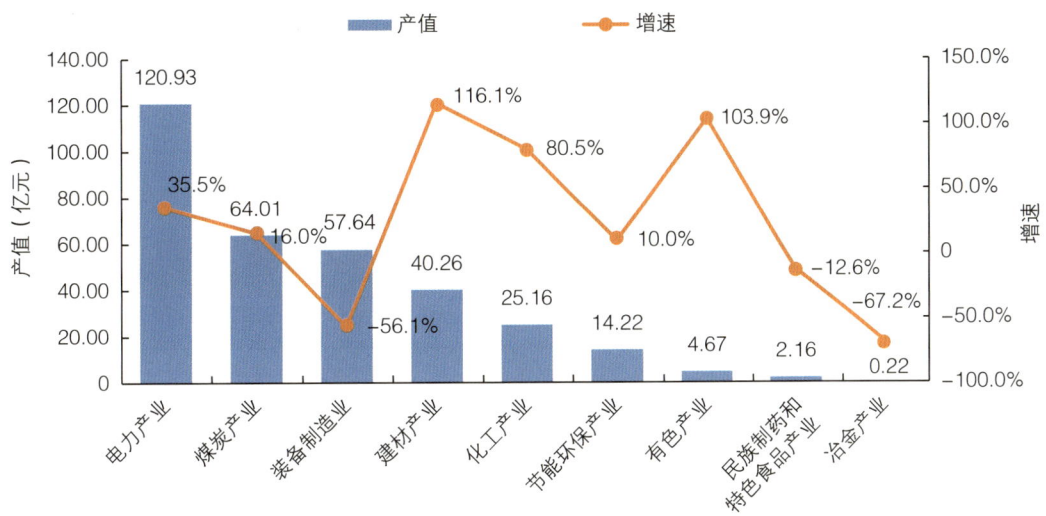

图6-27 毕节市高新技术主要工业产业分布

毕节市所辖8个县（区）中，高新技术工业总产值排名前3位的是黔西县、七星关区、纳雍县，分别为64.94亿元、60.22亿元、47.32亿元；赫章县、威宁县、纳雍县的增速排前3位，分别为141.9%、91.1%、82.2%，七星关区、大方县、织金县同比下降（表6-20、图6-28）。

表6-20 毕节市所辖县（区）高新技术工业总产值区域分布

县（区）名称	产值（亿元）	增速（%）
黔西县	64.94	7.8
七星关区	60.22	-44.3
纳雍县	47.32	82.2
织金县	43.60	-2.7
威宁县	38.49	91.1
金沙县	36.96	20.1

续表

县（区）名称	产值（亿元）	增速（%）
大方县	22.96	-24.4
赫章县	14.76	141.9

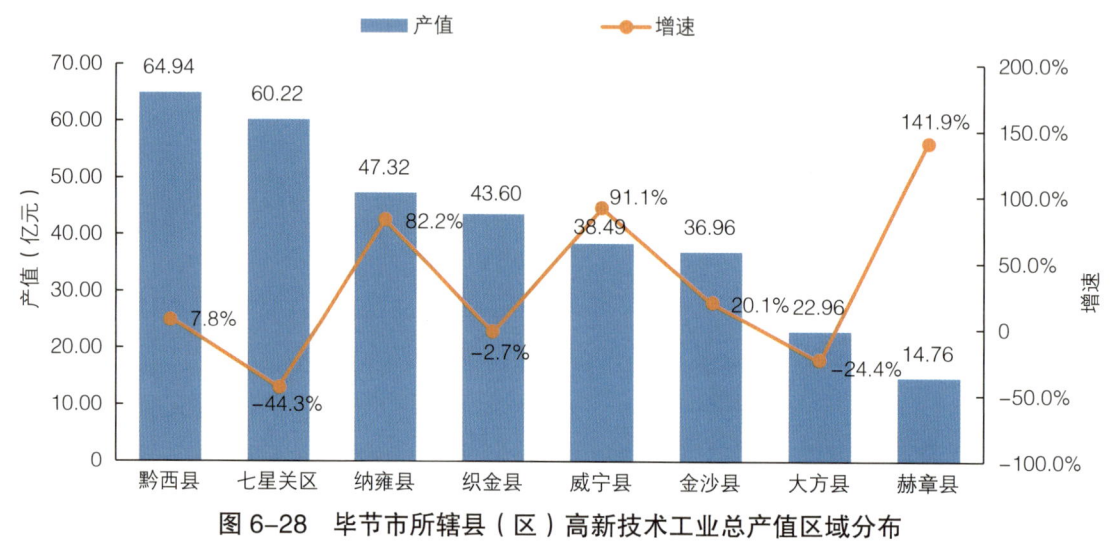

图 6-28　毕节市所辖县（区）高新技术工业总产值区域分布

毕节市创新服务平台 13 个，占全省的比重为 2.5%；创新载体 4 家，占全省的比重为 3.5%；高新技术企业 40 家，占全省的比重为 2.4%；科技型企业成长梯队 38 家，占全省的比重为 2.2%（表 6-21）。

表 6-21　毕节市创新要素情况

指标名称	2017 年	2018 年	2019 年
创新服务平台（个）	8	11	13
企业技术中心（个）	6	6	7
工程技术研究中心（个）	2	3	3
重点实验室（个）	0	0	1
院士工作站（个）	0	2	2
创新载体（家）	3	3	4
众创空间（家）	2	2	3
孵化器（家）	1	1	1
大学科技园（家）	0	0	0

续表

指标名称	2017年	2018年	2019年
高新技术产业入统企业（家）	74	163	240
高新技术企业（家）	10	18	40
科技型企业成长梯队（家）	10	12	38
领军企业（家）	0	0	0
小巨人企业（家）	1	1	16
小巨人成长企业（家）	3	4	6
科技型种子企业（家）	3	4	13
大学生创业企业（家）	3	3	3
国家级高新技术产业开发区（个）	0	0	0
省级高新技术产业开发区（个）	0	0	1
国家高新技术产业化基地（个）	1	1	1
省级高新技术产业化基地（个）	0	0	0
发明专利申请量（件）	229	457	381
发明专利授权量（件）	31	27	17
发明专利拥有量（件）	173	181	174
规模以上企业（家）	512	546	554
有R&D活动的企业（家）	65	52	52*
全社会R&D经费（亿元）	4.48	5.08	5.08*
规模以上工业企业R&D经费（亿元）	3.44	3.67	3.67*
全社会R&D人员（人）	2268	2656	2656*
规模以上工业企业R&D人员（人）	1635	1816	1816*

根据2019年高新技术工业总产值预期完成情况来看，毕节市高新技术工业总产值为329.27亿元，处于预期289.62亿～388.31亿元的区间内，达到预期（图6-29）。

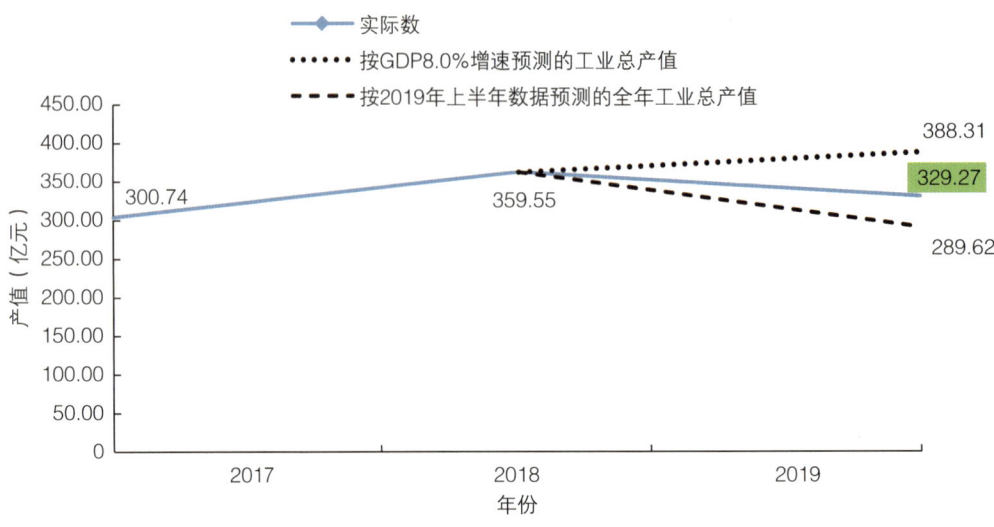

图 6-29　毕节市高新技术工业总产值完成情况评价

提示：

从毕节市近 3 年的主导产业发展情况来看，各主导产业发展相对均衡，但是装备制造业出现下滑趋势，建议围绕毕节市的装备制造业提出重点发展的对策与措施，壮大全市的装备制造业，同时突出区域特色（图 6-30）。

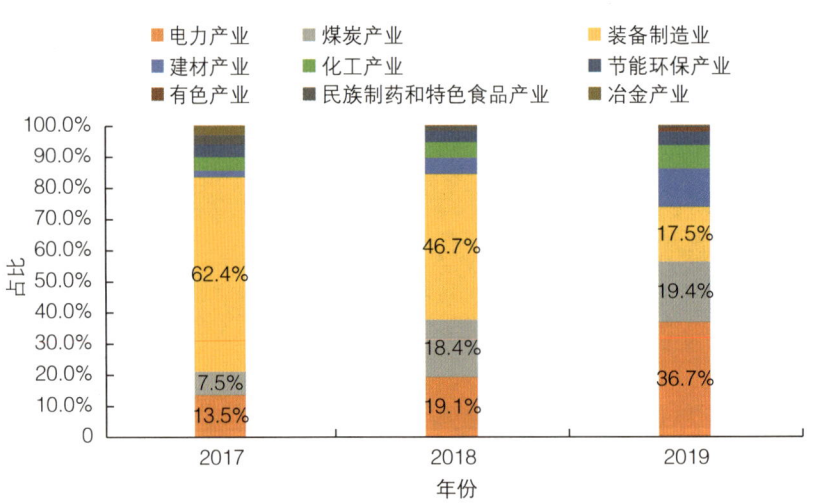

图 6-30　2017—2019 年毕节市重点产业分布情况

从创新要素的情况来看，科技型企业成长梯队、高新技术企业与创新服务平台相对比较弱，建议加快高新区申建工作，加强科技型企业培育，重点推进装备制造业领域的创新平台建设（图 6-31）。

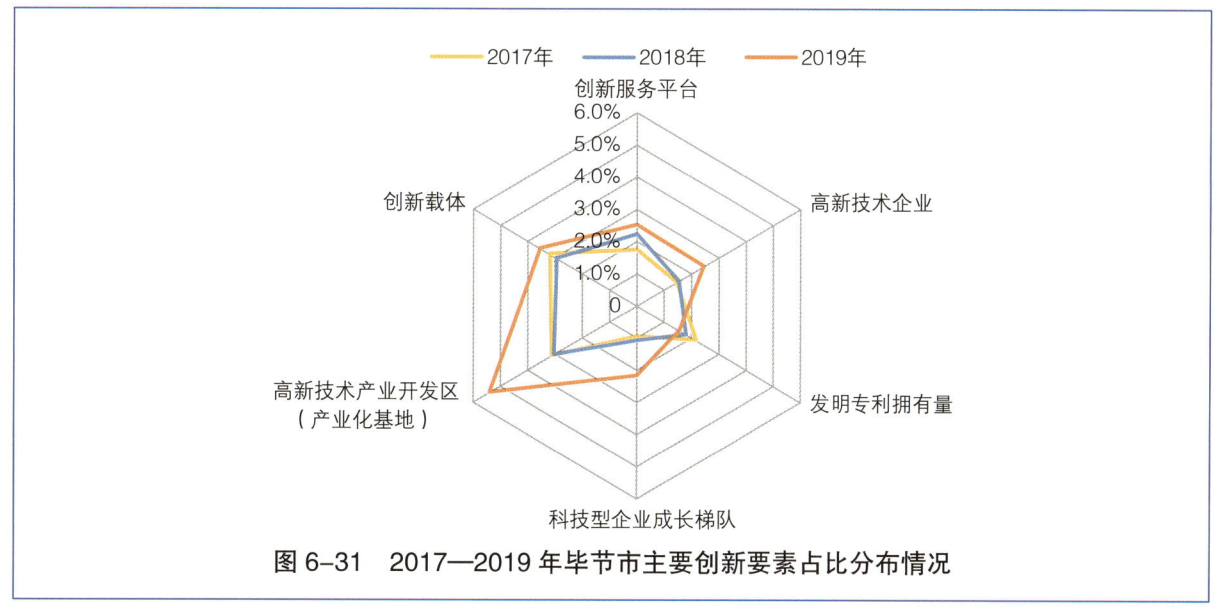

图 6-31　2017—2019 年毕节市主要创新要素占比分布情况

（六）六盘水市

六盘水市高新技术工业总产值为 288.26 亿元，居全省第 6 位，占全省的比重为 7.7%。高新技术工业总产值排前 3 位的产业是电力产业、煤炭产业、装备制造业，分别为 115.93 亿元、71.70 亿元、53.69 亿元；有色产业、电力产业、冶金产业、煤炭产业增速分别为 136.0%、39.6%、22.1%、3.3%；其他产业均呈现负增长（表 6-22、图 6-32）。

表 6-22　六盘水市高新技术主要工业产业分布

行业名称	产值（亿元）	增速（%）
电力产业	115.93	39.6
煤炭产业	71.70	3.3
装备制造业	53.69	-27.7
冶金产业	18.21	22.1
建材产业	7.97	-45.9
有色产业	7.74	136.0
化工产业	6.52	-21.6
节能环保产业	5.42	-13.0
民族制药和特色食品产业	1.08	-65.4

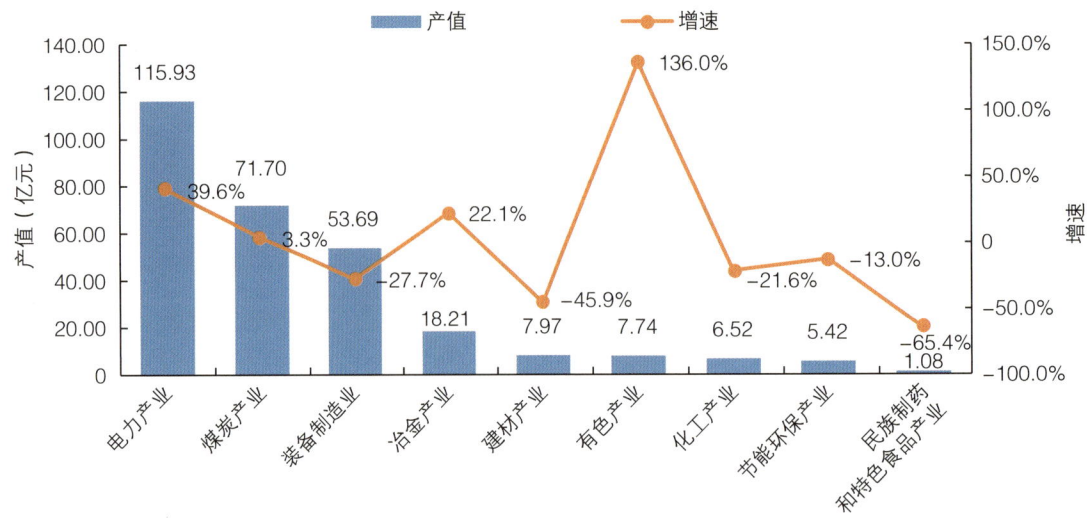

图 6-32 六盘水市高新技术主要工业产业分布

六盘水市所辖 4 个县（市、特区、区）中，盘州市的高新技术工业总产值和增速均排名第一，分别为 111.58 亿元和 47.9%；钟山区、水城县同比下降（表 6-23、图 6-33）。

表 6-23 六盘水市所辖县（市、特区、区）高新技术工业总产值区域分布

县（市、特区、区）名称	产值（亿元）	增速（%）
盘州市	111.58	47.9
钟山区	94.83	-8.0
水城县	44.27	-16.9
六枝特区	21.85	2.2

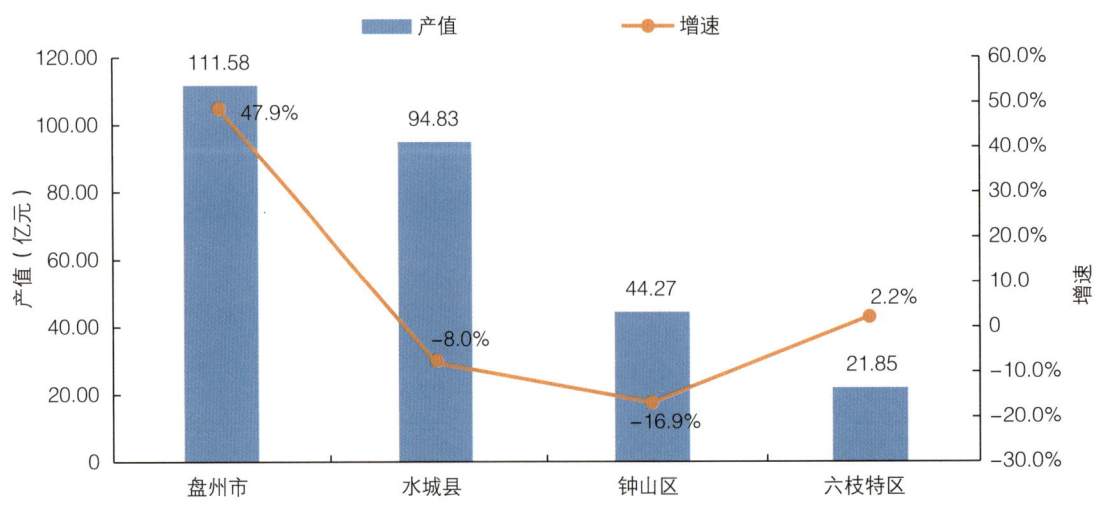

图 6-33 六盘水市所辖县（市、特区、区）高新技术工业总产值区域分布

六盘水市创新服务平台8个，占全省的比重为1.5%；创新载体3家，占全省的比重为2.7%；高新技术企业39家，占全省的比重为2.4%；科技型企业成长梯队24家，占全省的比重为1.4%（表6-24）。

表6-24 六盘水市创新要素情况

指标名称	2017年	2018年	2019年
创新服务平台（个）	4	4	8
企业技术中心（个）	2	2	4
工程技术研究中心（个）	2	2	2
重点实验室（个）	0	0	1
院士工作站（个）	0	0	1
创新载体（家）	0	1	3
众创空间（家）	0	1	2
孵化器（家）	0	0	1
大学科技园（家）	0	0	0
高新技术产业入统企业（家）	80	106	137
高新技术企业（家）	13	30	39
科技型企业成长梯队（家）	11	11	24
领军企业（家）	0	0	0
小巨人企业（家）	3	3	8
小巨人成长企业（家）	3	3	3
科技型种子企业（家）	2	2	10
大学生创业企业（家）	3	3	3
国家级高新技术产业开发区（个）	0	0	0
省级高新技术产业开发区（个）	0	1	1
国家高新技术产业化基地（个）	0	0	1
省级高新技术产业化基地（个）	0	0	0
发明专利申请量（件）	276	282	355
发明专利授权量（件）	48	52	51
发明专利拥有量（件）	172	333	263

续表

指标名称	2017 年	2018 年	2019 年
规模以上企业（家）	436	452	510
有 R&D 活动的企业（家）	33	77	77*
全社会 R&D 经费（亿元）	4.39	10.75	10.75*
规模以上工业企业 R&D 经费（亿元）	3.44	9.79	9.79*
全社会 R&D 人员（人）	2735	4641	4641*
规模以上工业企业 R&D 人员（人）	1635	4205	4205*

根据 2019 年高新技术工业总产值预期完成情况来看，六盘水市高新技术工业总产值为 288.26 亿元，高于预期 205.46 亿～237.09 亿元区间上限（图 6-34）。

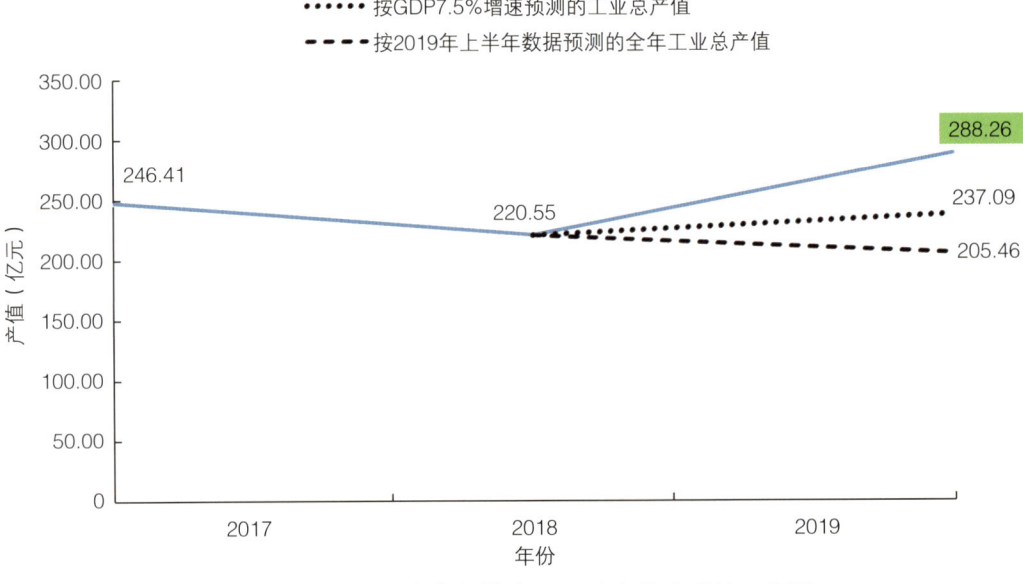

图 6-34　六盘水市高新技术工业总产值完成情况评价

> **提示：**
> 从六盘水市近 3 年的主导产业发展情况来看，电力产业发展势头良好，但装备制造业和煤炭产业规模有所下降，建议加强对现有主导产业的调度和分析，不断壮大产业规模，实现产业的整体跃升（图 6-35）。

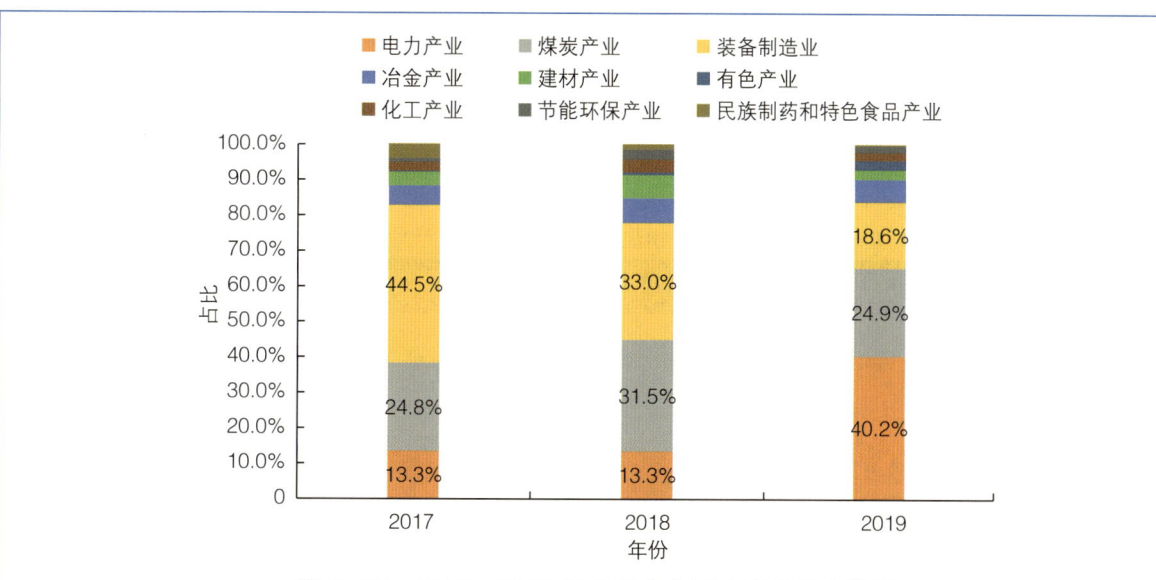

图 6-35　2017—2019 年六盘水市重点产业分布情况

从创新要素的情况来看，高新技术产业开发区对于区域的主导产业支撑能力较强，但是创新载体和创新服务平台数量较少，建议加大创新载体建设，积极申建各类创新服务平台，同时加强科技企业培育（图 6-36）。

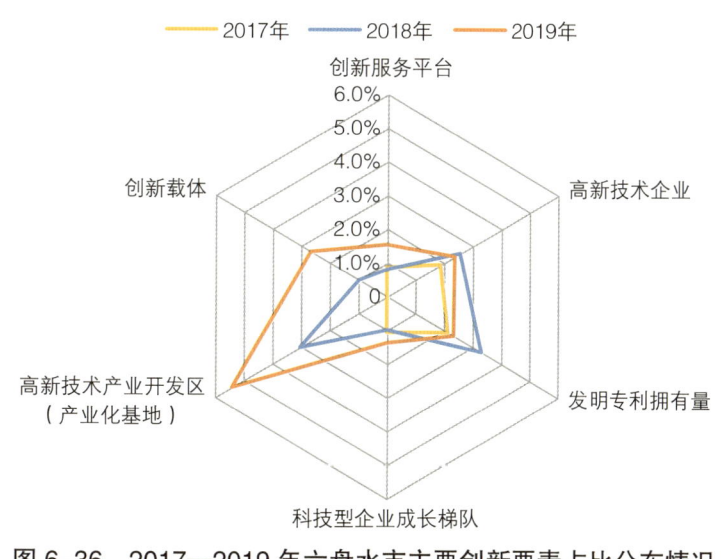

图 6-36　2017—2019 年六盘水市主要创新要素占比分布情况

（七）黔西南州

黔西南州高新技术工业总产值为 180.38 亿元，居全省第 7 位，占全省的比重为 4.8%。高新技术工业总产值排前 3 位的产业是有色产业、装备制造产业、建材产业，分别为 73.24

亿元、31.79亿元、21.00亿元；建材产业、装备制造业、有色产业增速排前3位，分别同比增长77.2%、32.2%、29.8%。节能环保产业、民族制药和特色食品产业、化工产业同比下降（表6-25、图6-37）。

表6-25 黔西南州高新技术主要工业产业分布

行业名称	产值（亿元）	增速（%）
有色产业	73.24	29.8
装备制造业	31.79	32.2
建材产业	21.00	77.2
民族制药和特色食品产业	19.00	−27.5
电力产业	15.59	22.1
冶金产业	12.34	21.8
化工产业	6.56	−25.5
节能环保产业	0.86	−40.3

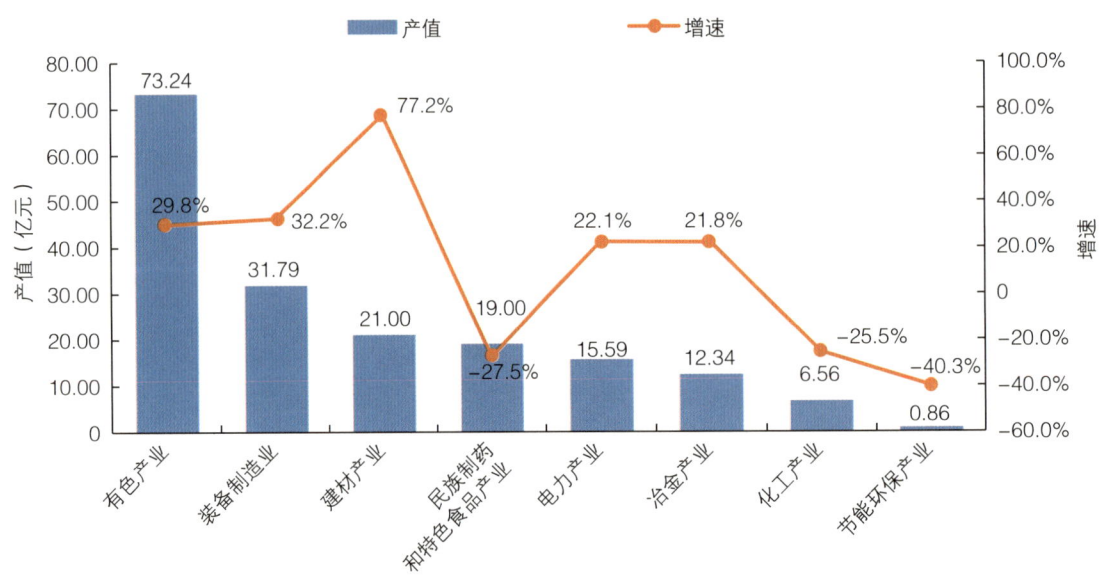

图6-37 黔西南州高新技术主要工业产业分布

黔西南州所辖8个县（市）中，高新技术工业总产值排名前三的是兴义市、贞丰县、安龙县，分别为73.81亿元、66.08亿元、22.68亿元；贞丰县、望谟县、兴义市增速排前3位，分别为33.1%、25.4%、19.3%。兴仁市、普安县、晴隆县、安龙县同比下降（表6-26、图6-38）。

表 6-26 黔西南州所辖县（市）高新技术工业总产值区域分布

县（市）名称	产值（亿元）	增速（%）
兴义市	73.81	19.3
贞丰县	66.08	33.1
安龙县	22.68	−2.1
兴仁市	6.01	−18.1
册亨县	5.00	4.0
普安县	3.25	−13.1
望谟县	3.11	25.4
晴隆县	0.44	−12.0

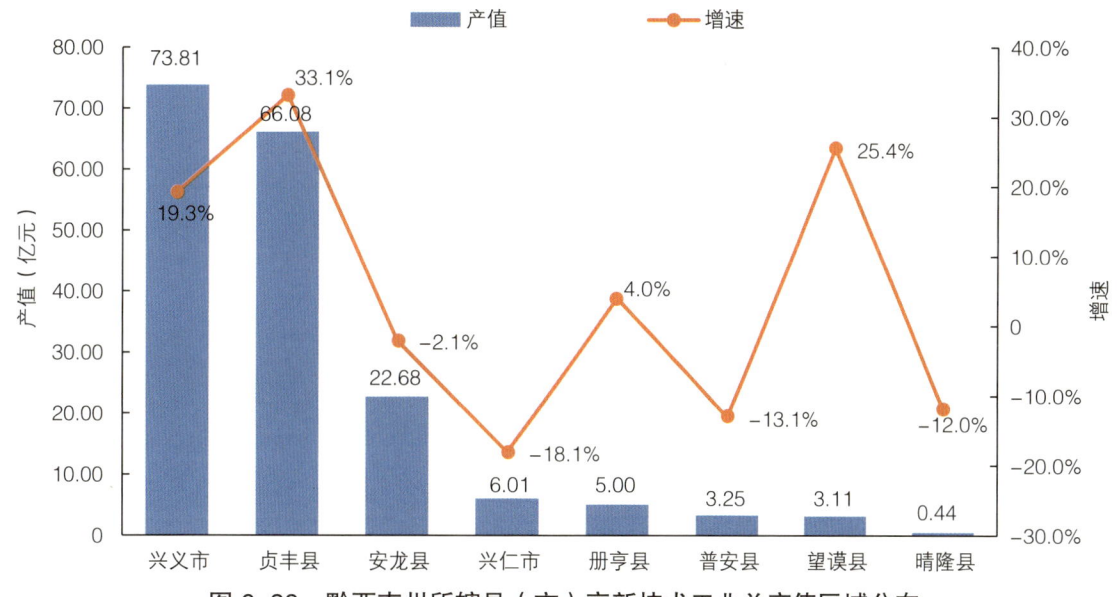

图 6-38 黔西南州所辖县（市）高新技术工业总产值区域分布

黔西南州创新服务平台 11 个，占全省的比重为 2.1%；创新载体 7 家，占全省的比重为 6.2%；高新技术企业 25 家，占全省的比重为 1.5%；科技型企业成长梯队 29 家，占全省的比重为 1.7%（表 6-27）。

表 6-27 黔西南州创新要素情况

指标名称	2017 年	2018 年	2019 年
创新服务平台（个）	13	13	11
企业技术中心（个）	6	6	4

续表

指标名称	2017 年	2018 年	2019 年
工程技术研究中心（个）	3	3	3
重点实验室（个）	0	0	0
院士工作站（个）	4	4	4
创新载体（家）	6	6	7
众创空间（家）	4	4	4
孵化器（家）	1	1	2
大学科技园（家）	1	1	1
高新技术产业入统企业（家）	47	90	121
高新技术企业（家）	10	17	25
科技型企业成长梯队（家）	12	15	29
领军企业（家）	0	0	0
小巨人企业（家）	4	5	12
小巨人成长企业（家）	3	3	4
科技型种子企业（家）	5	6	12
大学生创业企业（家）	0	1	1
国家级高新技术产业开发区（个）	0	0	0
省级高新技术产业开发区（个）	0	1	1
国家高新技术产业化基地（个）	1	1	1
省级高新技术产业化基地（个）	1	1	1
发明专利申请量（件）	833	920	387
发明专利授权量（件）	32	44	57
发明专利拥有量（件）	210	256	297
规模以上企业（家）	392	450	587
有 R&D 活动的企业（家）	157	162	162*
全社会 R&D 经费（亿元）	7.34	9.00	9.00*
规模以上工业企业 R&D 经费（亿元）	6.9	8.70	8.70*
全社会 R&D 人员（人）	6203	8760	8760*
规模以上工业企业 R&D 人员（人）	5850	8444	8444*

根据 2019 年高新技术工业总产值预期完成情况来看，黔西南州高新技术工业总产值为 180.38 亿元，高于预期 164.12 亿～180.38 亿元区间上限（图 6-39）。

第六章 2019年贵州省高新技术产业发展报告

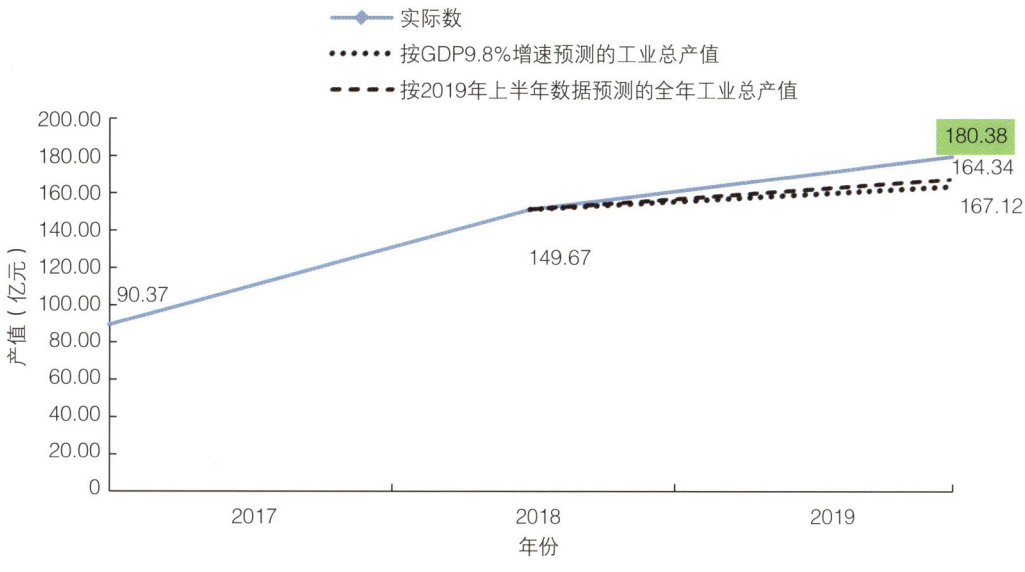

图6-39 黔西南州高新技术工业总产值完成情况评价

提示:

从黔西南州近3年的主导产业发展情况来看,有色产业受国家政策及外部环境的影响波动较大,建议继续扩大有色产业,有针对性地提出解决的对策与措施(图6-40)。

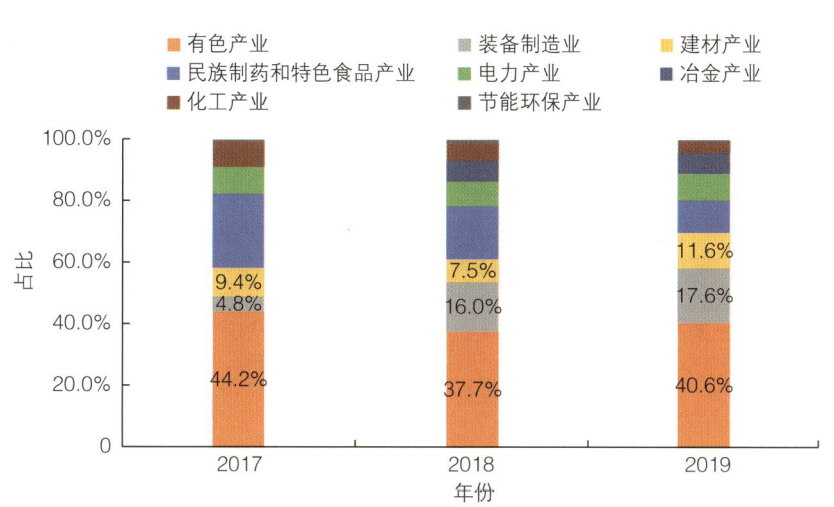

图6-40 2017—2019年黔西南州重点产业分布情况

从创新要素的情况来看,创新服务平台、高新技术企业及发明专利拥有量整体上比较弱,建议积极培育创新服务平台,在主导产业领域更多地引进和培育高新技术企业,引导企业增加研发投入,提高企业创新能力(图6-41)。

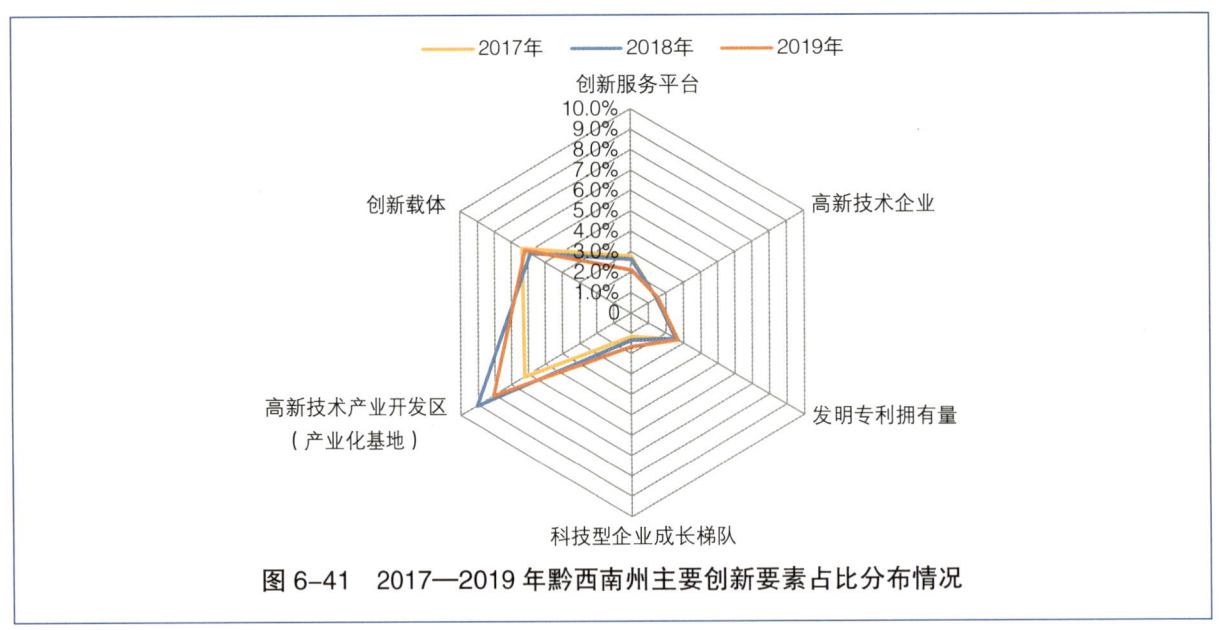

图 6-41　2017—2019 年黔西南州主要创新要素占比分布情况

（八）铜仁市

铜仁市高新技术工业总产值为 173.01 亿元，居全省第 8 位，占全省的比重为 4.6%。高新技术工业总产值排前 3 位的产业是装备制造业、化工产业、民族制药和特色食品产业，分别为 152.18 亿元、12.89 亿元、6.18 亿元；装备制造业、化工产业、电力产业增速排前 3 位，分别为 45.0%、14.7%、5.1%，冶金产业、节能环保产业、建材产业、民族制药和特色食品产业呈负增长（表 6-28、图 6-42）。

表 6-28　铜仁市高新技术主要工业产业分布

行业名称	产值（亿元）	增速（%）
装备制造业	152.18	45.0
化工产业	12.89	14.7
民族制药和特色食品产业	6.18	−12.8
建材产业	5.00	−17.8
电力产业	1.04	5.1
节能环保产业	0.31	−41.5
有色产业	0.10	0.0
冶金产业	0.01	−100.0

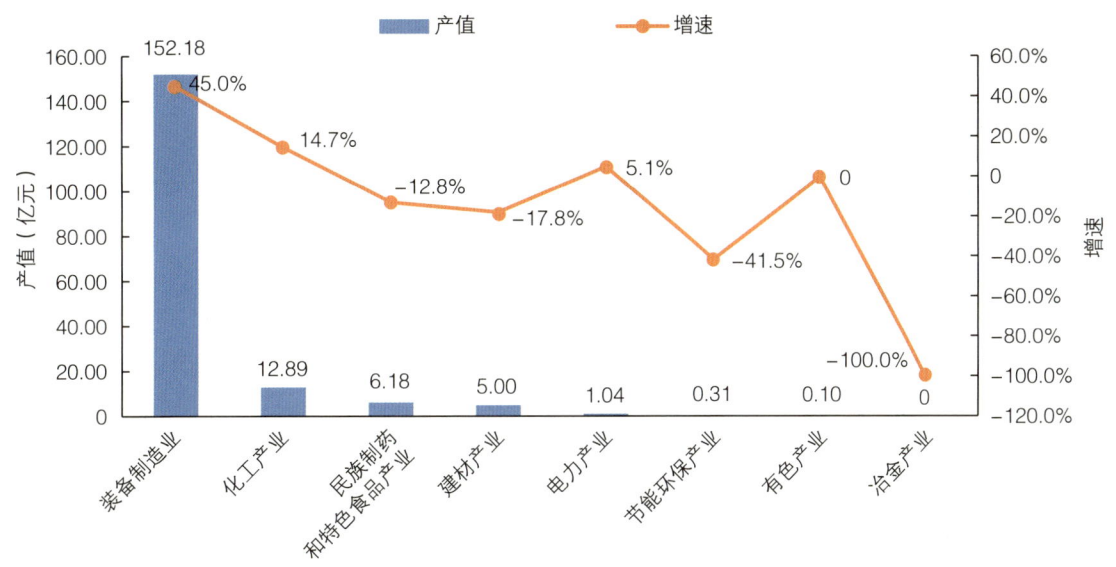

图 6-42 铜仁市高新技术主要工业产业分布

铜仁市所辖 10 个县（区）中，高新技术工业总产值排前 3 位的是玉屏县、碧江区、松桃县，分别为 111.98 亿元、30.02 亿元、9.82 亿元；石阡县、玉屏县、万山区增速排前三，分别为 194.0%、80.1%、8.3%。其余县（区）高新技术工业总产值均同比下降（表 6-29、图 6-43）。

表 6-29 铜仁市所辖县（区）高新技术工业总产值区域分布

县（区）名称	产值（亿元）	增速（%）
玉屏县	111.98	80.1
碧江区	30.02	-9.9
松桃县	9.82	-19.0
思南县	7.26	-0.7
万山区	4.56	8.3
印江县	3.34	-29.4
德江县	3.25	-7.4
石阡县	2.47	194.0
沿河县	0.18	-14.3
江口县	0.14	-88.9

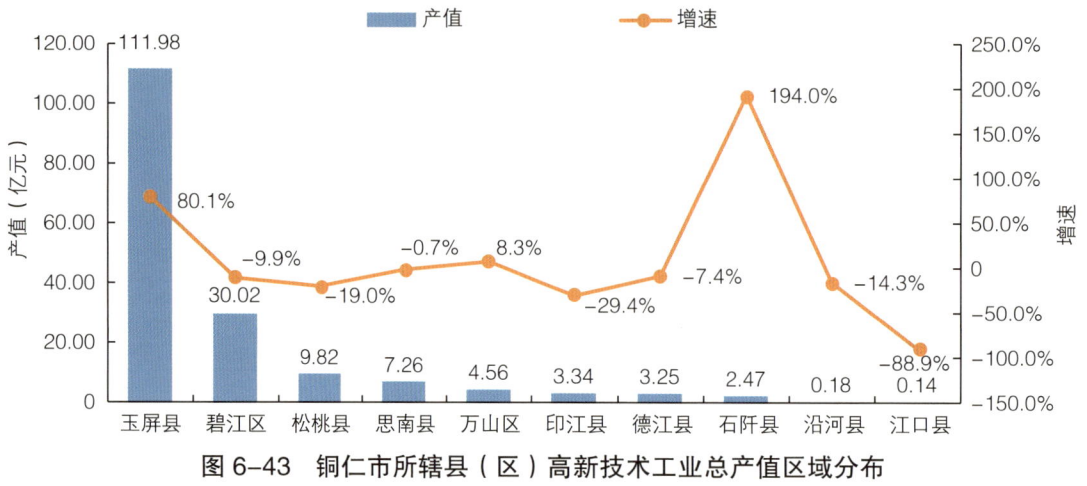

图 6-43 铜仁市所辖县（区）高新技术工业总产值区域分布

铜仁市创新服务平台 17 个，占全省的比重为 3.3%；创新载体 10 家，占全省的比重为 8.8%；高新技术企业 40 家，占全省的比重为 2.4%；科技型企业成长梯队 64 家，占全省的比重为 3.7%（表 6-30）。

表 6-30 铜仁市创新要素情况

指标名称	2017 年	2018 年	2019 年
创新服务平台（个）	13	14	17
企业技术中心（个）	4	5	6
工程技术研究中心（个）	6	6	7
重点实验室（个）	0	0	1
院士工作站（个）	3	3	3
创新载体（家）	8	9	10
众创空间（家）	4	5	6
孵化器（家）	3	3	3
大学科技园（家）	1	1	1
高新技术产业入统企业（家）	72	99	123
高新技术企业（家）	14	22	40
科技型企业成长梯队（家）	44	44	64
领军企业（家）	2	2	2
小巨人企业（家）	7	7	16
小巨人成长企业（家）	21	21	21

续表

指标名称	2017年	2018年	2019年
科技型种子企业（家）	12	12	23
大学生创业企业（家）	2	2	2
国家级高新技术产业开发区（个）	0	0	0
省级高新技术产业开发区（个）	1	1	1
国家高新技术产业化基地（个）	1	1	1
省级高新技术产业化基地（个）	2	2	2
发明专利申请量（件）	813	879	391
发明专利授权量（件）	84	100	72
发明专利拥有量（件）	246	313	378
规模以上企业（家）	565	550	503
有R&D活动的企业（家）	92	81	81*
全社会R&D经费（亿元）	4.66	5.38	5.38*
规模以上工业企业R&D经费（亿元）	3.58	4.17	4.17*
全社会R&D人员（人）	2406	2198	2198*
规模以上工业企业R&D人员（人）	1439	1246	1246*

根据2019年高新技术工业总产值预期完成情况来看，铜仁市高新技术工业总产值为173.01亿元，高于预期133.12亿～134.33亿元的区间上限，远超预期（图6-44）。

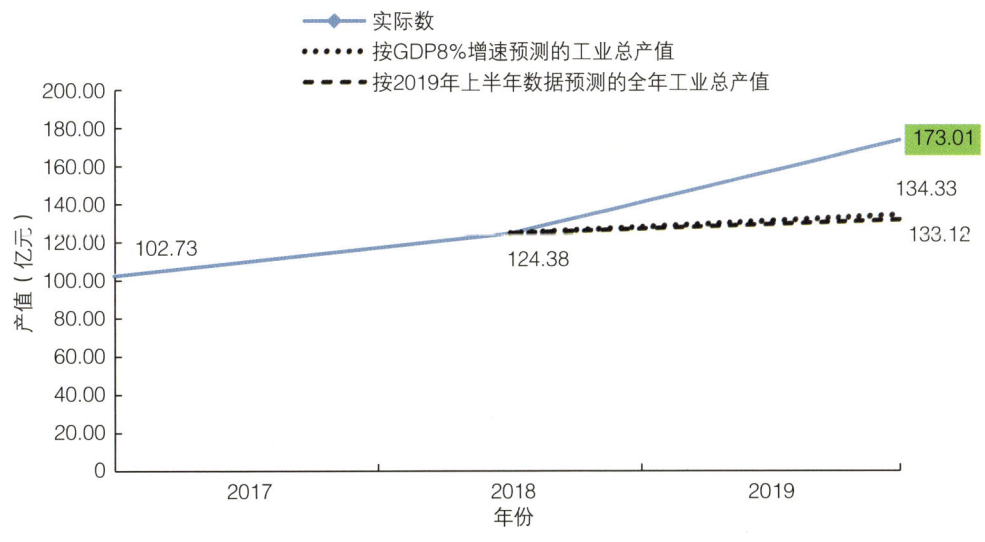

图6-44 铜仁市高新技术工业总产值完成情况评价

提示：

从铜仁市近3年的主导产业发展情况来看，主导产业发展规模不断扩大，整体发展态势较好，建议围绕新材料等主导产业强链延链，重点解决主导产业发展技术瓶颈，防范外部未知风险对产业的影响（图6-45）。

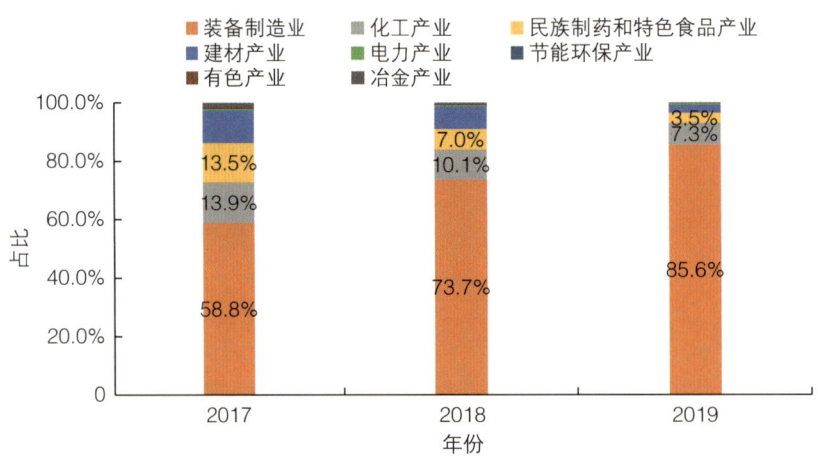

图 6-45　2017—2019 年铜仁市重点产业分布情况

从创新要素的情况来看，创新服务平台、高新技术企业及发明专利拥有量整体上较弱，建议积极培育创新服务平台，在主导产业领域更多地引进和培育高新技术企业，引导企业增加研发投入，提高科技成果转化能力（图6-46）。

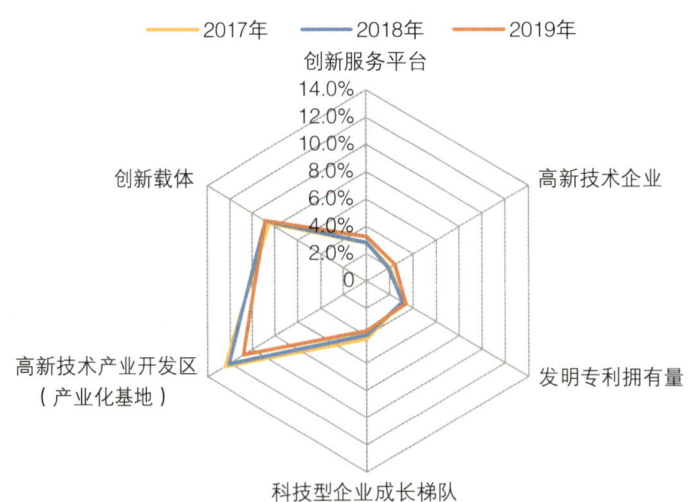

图 6-46　2017—2019 年铜仁市主要创新要素占比分布情况

（九）黔东南州

黔东南州高新技术工业总产值为 55.53 亿元，居全省第 9 位，占全省的比重为 1.5%。高新技术工业总产值排前 3 位的产业是装备制造业、电力产业、民族制药和特色食品产业，分别为 17.68 亿元、15.03 亿元、7.05 亿元；建材产业、民族制药和特色食品产业、节能环保产业增速排前 3 位，分别为 106.5%、68.3%、68.1%。冶金产业、化工产业同比下降（表 6-31、图 6-47）。

表 6-31　黔东南州高新技术主要工业产业分布

行业名称	产值（亿元）	增速（%）
装备制造业	17.68	15.5
电力产业	15.03	6.6
民族制药和特色食品产业	7.05	68.3
建材产业	5.06	106.5
节能环保产业	4.69	68.1
有色产业	3.32	14.3
化工产业	1.82	-7.6
冶金产业	0.88	-45.3

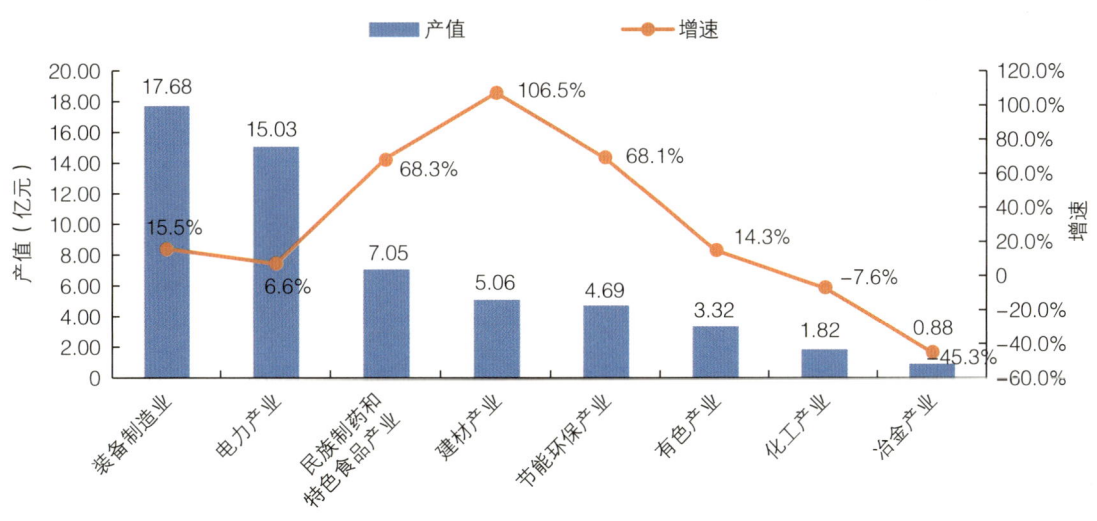

图 6-47　黔东南州高新技术主要工业产业分布

黔东南州所辖 16 个县（市）中，高新技术工业总产值排前 3 位的是凯里市、镇远县、岑巩县，分别为 21.26 亿元、12.01 亿元、7.36 亿元；岑巩县、剑河县、黎平县增速排前 3 位，分别为

60.7%、57.7%、45.7%。台江县、黄平县、从江县、麻江县同比下降（表6-32、图6-48）。

表6-32 黔东南州所辖县（市）高新技术工业总产值区域分布

县（市）名称	产值（亿元）	增速（%）
凯里市	21.26	24.7
镇远县	12.01	0.7
岑巩县	7.36	60.7
黎平县	4.40	45.7
丹寨县	2.62	3.6
剑河县	2.46	57.7
台江县	1.03	−130.0
黄平县	0.87	−12.1
三穗县	0.69	7.8
榕江县	0.68	33.3
施秉县	0.60	42.9
天柱县	0.36	12.5
麻江县	0.30	−9.1
锦屏县	0.24	0.0
从江县	0.04	−9.7
雷山县	0.00	—

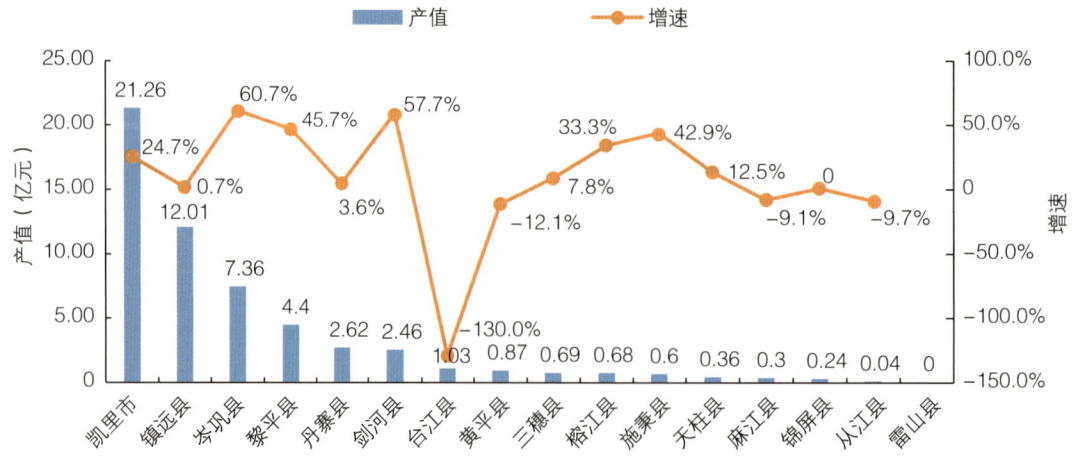

图6-48 黔东南州所辖县（市）高新技术工业总产值区域分布

第六章 2019年贵州省高新技术产业发展报告

黔东南州创新服务平台13个，占全省的比重为2.5%；创新载体8家，占全省的比重为7.1%；高新技术企业44家，占全省的比重为2.7%；科技型企业成长梯队151家，占全省的比重为8.7%（表6-33）。

表6-33 黔东南州创新要素情况

指标名称	2017年	2018年	2019年
创新服务平台（个）	11	11	13
企业技术中心（个）	7	7	8
工程技术研究中心（个）	3	3	4
重点实验室（个）	0	0	0
院士工作站（个）	1	1	1
创新载体（家）	6	7	8
众创空间（家）	3	3	4
孵化器（家）	1	2	2
大学科技园（家）	2	2	2
高新技术产业入统企业（家）	83	75	93
高新技术企业（家）	21	29	44
科技型企业成长梯队（家）	113	123	151
领军企业（家）	0	0	0
小巨人企业（家）	8	8	21
小巨人成长企业（家）	28	27	30
科技型种子企业（家）	52	59	71
大学生创业企业（家）	25	29	29
国家级高新技术产业开发区（个）	0	0	0
省级高新技术产业开发区（个）	0	0	1
国家高新技术产业化基地（个）	2	2	2
省级高新技术产业化基地（个）	2	2	2
发明专利申请量（件）	1053	822	274
发明专利授权量（件）	66	78	65
发明专利拥有量（件）	244	411	361

续表

指标名称	2017 年	2018 年	2019 年
规模以上企业（家）	414	283	320
有 R&D 活动的企业（家）	93	57	57*
全社会 R&D 经费（亿元）	3.22	4.60	4.60*
规模以上工业企业 R&D 经费（亿元）	2.69	4.01	4.01*
全社会 R&D 人员（人）	1559	1620	1620*
规模以上工业企业 R&D 人员（人）	988	1059	1059*

根据 2019 年高新技术工业总产值预期完成情况来看，黔东南州高新技术工业总产值为 55.53 亿元，处于预期 38.12 亿～ 58.79 亿元的区间内，达到预期（图 6-49）。

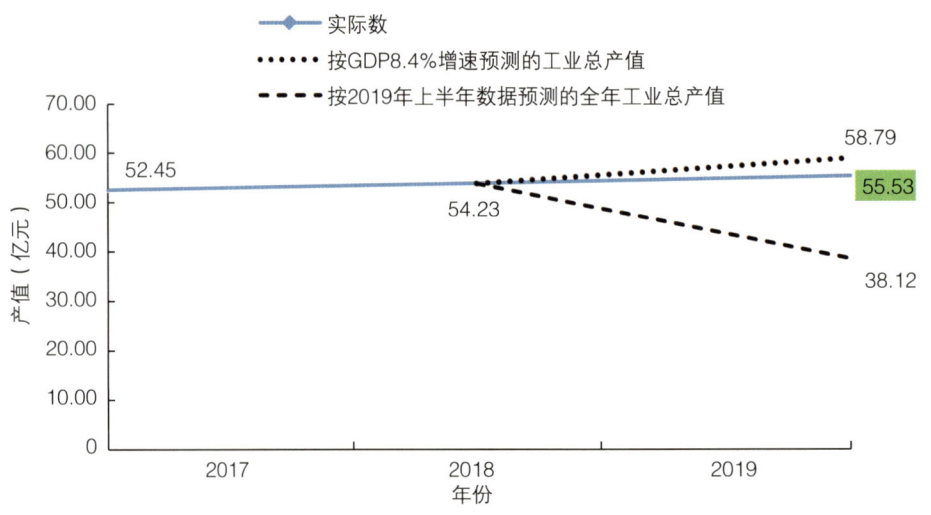

图 6-49　黔东南州高新技术工业总产值完成情况评价

> **提示：**
>
> 从黔东南州近 3 年的主导产业发展情况来看，高新技术产业基础较弱，2019 年电力产业成为支撑力量，建议做好全州高新技术产业的规划和布局，积极培育 2 ～ 3 个主导产业，针对主导产业提出有针对性的扶持政策（图 6-50）。

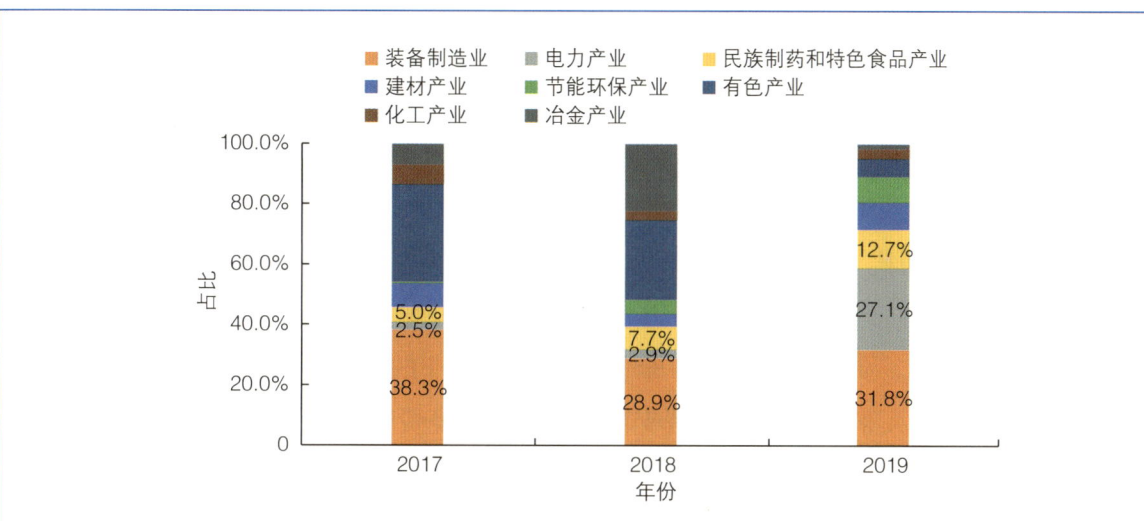

图 6-50 2017—2019 年黔东南州重点产业分布情况

从创新要素的情况来看，尽管区域的创新要素相对较多，但与区域高新技术产业的关联度不高，支撑作用不明显，建议围绕主导产业和重点产业进行创新要素的布局，从而提高高新技术产业的发展质量（图 6-51）。

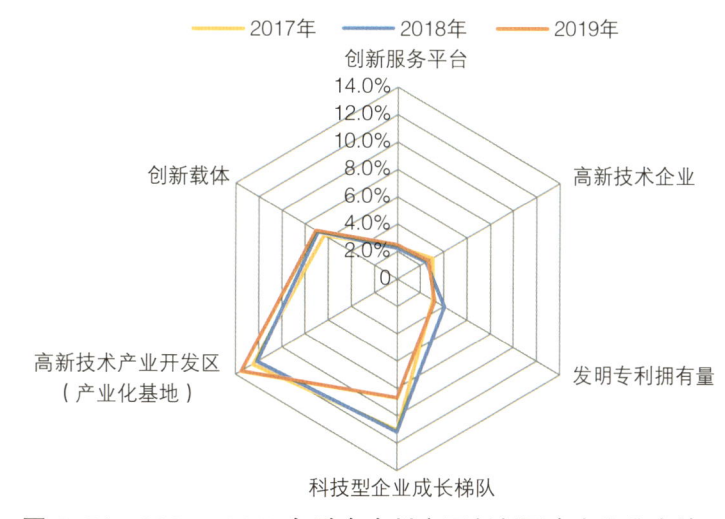

图 6-51 2017—2019 年黔东南州主要创新要素占比分布情况

三、高新技术企业及科技型企业总体发展情况

2019 年，全省新增国家级高新技术企业 471 家，新增科技型企业成长梯队 653 家，科技型企业队伍不断壮大。

（一）高新技术企业

截至 2019 年年底，贵州省高新技术企业 1644 家，共注册资金 1055.00 亿元，同比增长 24.1%；实收资本 862.80 亿元，同比增长 19.1%；工业总产值 1576.15 亿元，同比增长 3.3%；营业收入 2437.83 亿元，同比增长 9.8%；净利润 69.63 亿元，同比下降 33.5%；实际上缴税费总额 83.84 亿元，同比下降 10.3%。从业人员期末人数为 21.58 万人，同比增长 7.1%。从高层次人才来看，全省高新技术专业博士学位、硕士学位分别有 486 人、6331 人，分别同比增长 15.7%、15.6%。从研发机构看，全省高新技术企业的研发平台为 668 个，同比增长 21.9%。从科技创新投入来看，R&D 经费支出、技术改造经费分别为 74.76 亿元、25.84 亿元，分别同比增长 22.2%、44.8%；参加 R&D 项目人员为 42 593 人次，同比增长 32.4%。从科技创新产出来看，发明专利申请数、新产品产值、新产品销售收入分别为 3214 件、843.42 亿元、777.08 亿元，分别同比增长 5.5%、同比下降 3.2%、同比增长 2.9%。

（二）科技型企业成长梯队

2019 年，通过贵州省科技型企业成长梯队培育工作的不断开展，贵州省科技型企业成长梯队企业数量持续增长，总数已达到 1741 家，同比增长了 57.1%。2019 年规模以上梯队企业有 276 家，占整个梯队企业数量的 15.9%。从 2019 年梯队企业类型占比情况来看，占比最多的是科技型种子企业，有 778 家，占比为 44.7%；其次为科技型小巨人企业，有 446 家，占比为 25.6%；占比最少的是领军企业，有 27 家，占比为 1.6%。贵州省科技型企业成长梯队集中分布在贵阳市、遵义市、黔东南州三市州，约占到了企业总数的 80.3%，而六盘水市、黔西南州、毕节市则较少，3 个地区合计仅占到全省的 5.2%。

四、2019 年高新区发展情况

2019 年，全省新增省级高新区 3 家，现有国家高新区 2 家，省级高新区 8 家，实现了全省各市州高新区全覆盖。

（一）国家高新区

1. 贵阳国家高新区

根据调查数据显示，2019 年贵阳国家高新区财政总收入 52.46 亿元，规模以上工业总产值 145.53 亿元，规模以上工业增加值 38.89 亿元；引资项目 57 个，规模以上工业企业 77 家，高新技术企业 209 家；省级以上创新服务平台 134 个，其中企业技术中心 42 个、工程技术研究中心 26 个、重点实验室 3 个；省级以上创新载体 18 家，其中众创空间 9 家、孵化器 8 家、大学科技园 1 家（表 6-34）。

表 6-34　2019 年贵阳国家高新区发展情况

指标名称	2018 年	2019 年
财政总收入（亿元）	40.15	52.46
规模以上工业总产值（亿元）	124.92	145.53
规模以上工业增加值（亿元）	31.47	38.89
引资项目（个）	118	57
协议引资（亿元）	352.58	268.57
实际到位资金（亿元）	178.17	140.21
固定资产投资（亿元）	122.76	108
规模以上工业企业（家）	63	77
高新技术企业（家）	168	209
省级以上创新服务平台（个）	121	134
企业技术中心（个）	39	42
工程技术研究中心（个）	23	26
研究机构（个）	36	38
重点实验室（个）	3	3
工程研究中心（工程实验室）（个）	7	8
院士工作站（个）	15	17
省级以上创新载体（家）	15	18
众创空间（家）	8	9
孵化器（家）	6	8
大学科技园（家）	1	1
孵化面积（平方米）	503 700	615 200
孵化企业数（家）	298	323

数据来源：2019 年高新技术产业开发区专项调查，下同。

2. 安顺国家高新区

根据调查数据显示，2019 年安顺国家高新区财政总收入 5.93 亿元，规模以上工业总产值 78.31 亿元，规模以上工业增加值 27.29 亿元，固定资产投资 84.16 亿元；引资项目 58 个，规模以上工业企业95家，高新技术企业26家；省级以上创新服务平台26个，其中企业技术中心11个、工程技术研究中心10个、院士工作站5个；省级以上创新载体5家，其中众创空间3家、孵化器2家（表6-35）。

表6-35　2019年安顺国家高新区发展情况

指标名称	2018年	2019年
财政总收入（亿元）	17.87	5.93
规模以上工业总产值（亿元）	235.83	78.31
规模以上工业增加值（亿元）	82.18	27.29
引资项目（个）	42	58
协议引资（亿元）	35.94	57.82
实际到位资金（亿元）	49.07	30.02
固定资产投资（亿元）	81.29	84.16
规模以上工业企业（家）	129	95
高新技术企业（家）	43	26
省级以上创新服务平台（个）	24	26
企业技术中心（个）	9	11
工程技术研究中心（个）	9	10
研究机构（个）	2	0
重点实验室（个）	1	0
院士工作站（个）	1	5
省级以上创新载体（家）	7	5
众创空间（家）	4	3
孵化器（家）	2	2
大学科技园（家）	1	0
孵化面积（平方米）	801 500	801 500
孵化企业数（家）	12	45

第六章 2019年贵州省高新技术产业发展报告

（二）省级高新区

1. 遵义高新区

根据调查数据显示，2019年遵义高新区财政总收入0.16亿元，规模以上工业总产值78.31亿元，规模以上工业增加值20.74亿元，固定资产投资37.54亿元；引资项目41个，规模以上工业企业58家，高新技术企业26家；省级以上创新服务平台18个，其中企业技术中心4个、工程技术研究中心4个、研究机构10个；省级以上创新载体2家，其中众创空间1家、孵化器1家（表6-36）。

表6-36 2019年遵义高新区发展情况

指标名称	2018年	2019年
财政总收入（亿元）	0.12	0.16
规模以上工业总产值（亿元）	58.1	78.31
规模以上工业增加值（亿元）	12.28	20.74
引资项目（个）	43	41
协议引资（亿元）	22.51	40.54
实际到位资金（亿元）	22.37	30.02
固定资产投资（亿元）	43.50	37.54
规模以上工业企业（家）	60	58
高新技术企业（家）	17	26
省级以上创新服务平台（个）	11	18
企业技术中心（个）	2	4
工程技术研究中心（个）	3	4
研究机构（个）	6	10
重点实验室（个）	0	0
院士工作站（个）	0	0
省级以上创新载体（家）	2	2
众创空间（家）	1	1
孵化器（家）	1	1
大学科技园（家）	0	0
孵化面积（平方米）	142 000	142 000
孵化企业数（家）	69	69

2. 铜仁高新区

根据调查数据显示，2019年铜仁高新区财政总收入1.16亿元，规模以上工业总产值72.00亿元，规模以上工业增加值12.50亿元，固定资产投资65.28亿元；引资项目30个，规模以上工业企业39家，高新技术企业4家；省级以上创新服务平台3个，其中企业技术中心1个、工程技术研究中心1个、研究机构1个；省级以上创新载体3家，其中众创空间2家，孵化器1家（表6-37）。

表6-37 2019年铜仁高新区发展情况

指标名称	2018年	2019年
财政总收入（亿元）	0.99	1.16
规模以上工业总产值（亿元）	60.05	72.00
规模以上工业增加值（亿元）	12.01	12.50
引资项目（个）	41	30
协议引资（亿元）	176.65	55.96
实际到位资金（亿元）	174.57	42.88
固定资产投资（亿元）	57.59	65.28
规模以上工业企业（家）	37	39
高新技术企业（家）	3	4
省级以上创新服务平台（个）	2	3
企业技术中心（个）	1	1
工程技术研究中心（个）	1	1
研究机构（个）	0	1
重点实验室（个）	0	0
院士工作站（个）	0	0
省级以上创新载体（家）	3	3
众创空间（家）	2	2
孵化器（家）	1	1
大学科技园（家）	0	0
孵化面积（平方米）	338 366	338 366
孵化企业数（家）	62	55

3. 桐梓娄山关高新区

根据调查数据显示，2019年桐梓娄山关高新区财政总收入16.24亿元，规模以上工业总产值24.92亿元，规模以上工业增加值5.23亿元，固定资产投资7.88亿元；引资项目12个，规模以上工业企业13家，高新技术企业7家；省级以上创新服务平台5个，其中企业技术中心2个、工程技术研究中心1个、院士工作站2个；省级以上创新载体2家，其中众创空间1家、孵化器1家（表6-38）。

表6-38 2019年桐梓娄山关高新区发展情况

指标名称	2018年	2019年
财政总收入（亿元）	15.01	16.24
规模以上工业总产值（亿元）	8.2	24.92
规模以上工业增加值（亿元）	1.8	5.23
引资项目（个）	8	12
协议引资（亿元）	77.9	31.17
实际到位资金（亿元）	42.27	26.53
固定资产投资（亿元）	12.76	7.88
规模以上工业企业（家）	11	13
高新技术企业（家）	5	7
省级以上创新服务平台（个）	1	5
企业技术中心（个）	1	2
工程技术研究中心（个）	0	1
研究机构（个）	0	0
重点实验室（个）	0	0
院士工作站（个）	0	2
省级以上创新载体（家）	1	2
众创空间（家）	0	1
孵化器（家）	1	1
大学科技园（家）	0	0
孵化面积（平方米）	300 000	300 000
孵化企业数（家）	16	33

4. 六盘水高新区

根据调查数据显示，2019年六盘水高新区财政总收入5.07亿元，规模以上工业总产值225.73亿元，规模以上工业增加值61.29亿元，固定资产投资110.42亿元；引资项目18个，规模以上工业企业34家，高新技术企业39家；省级以上创新服务平台8个，其中企业技术中心4个、工程技术研究中心2个、重点实验室1个、院士工作站1个；省级以上创新载体3家，其中众创空间2家、孵化器1家（表6-39）。

表6-39 2019年六盘水高新区发展情况

指标名称	2018年	2019年
财政总收入（亿元）	6.18	5.07
规模以上工业总产值（亿元）	93.43	225.73
规模以上工业增加值（亿元）	25.37	61.29
引资项目（个）	18	18
协议引资（亿元）	45.34	47.67
实际到位资金（亿元）	46.01	47.67
固定资产投资（亿元）	102.58	110.42
规模以上工业企业（家）	34	34
高新技术企业（家）	23	39
省级以上创新服务平台（个）	4	8
企业技术中心（个）	2	4
工程技术研究中心（个）	2	2
研究机构（个）	0	0
重点实验室（个）	0	1
院士工作站（个）	0	1
省级以上创新载体（家）	1	3
众创空间（家）	1	2
孵化器（家）	0	1
大学科技园（家）	0	0
孵化面积（平方米）	9000	9000
孵化企业数（家）	14	20

5. 黔西南高新区

根据调查数据显示，2019年黔西南高新区财政总收入15.48亿元，规模以上工业总产值145.56亿元，规模以上工业增加值21.71亿元，固定资产投资195.60亿元；引资项目34个，规模以上工业企业86家，高新技术企业26家；省级以上创新服务平台13个，其中企业技术中心4个、工程技术研究中心3个、研究机构1个、院士工作站5个；省级以上创新载体6家，其中众创空间4家、孵化器1家、大学科技园1家（表6-40）。

表6-40　2019年黔西南高新区发展情况

指标名称	2018年	2019年
财政总收入（亿元）	15.31	15.48
规模以上工业总产值（亿元）	123.85	145.56
规模以上工业增加值（亿元）	23.65	21.71
引资项目（个）	62	34
协议引资（亿元）	112.41	121.57
实际到位资金（亿元）	108.65	85.77
固定资产投资（亿元）	170.75	195.60
规模以上工业企业（家）	75	86
高新技术企业（家）	17	26
省级以上创新服务平台（个）	13	13
企业技术中心（个）	4	4
工程技术研究中心（个）	3	3
研究机构（个）	1	1
重点实验室（个）	0	0
院士工作站（个）	5	5
省级以上创新载体（家）	5	6
众创空间（家）	4	4
孵化器（家）	0	1
大学科技园（家）	1	1
孵化面积（平方米）	554 350	554 900
孵化企业数（家）	120	124

6. 毕节高新区

根据调查数据显示，2019年毕节高新区财政总收入18.62亿元，规模以上工业总产值63.69亿元，规模以上工业增加值19.07亿元，固定资产投资95.82亿元；引资项目23个，规模以上工业企业67家，高新技术企业12家；省级以上创新服务平台7个，其中企业技术中心3个、工程技术研究中心2个、研究机构1个、重点实验室1个；省级以上创新载体1家，其中孵化器1家（表6-41）。

表6-41 2019年毕节高新区发展情况

指标名称	2018年	2019年
财政总收入（亿元）	20	18.62
规模以上工业总产值（亿元）	124.2	63.69
规模以上工业增加值（亿元）	31.55	19.07
引资项目（个）	22	23
协议引资（亿元）	87.25	118.05
实际到位资金（亿元）	78	79.68
固定资产投资（亿元）	89	95.82
规模以上工业企业（家）	58	67
高新技术企业（家）	4	12
省级以上创新服务平台（个）	6	7
企业技术中心（个）	2	3
工程技术研究中心（个）	2	2
研究机构（个）	1	1
重点实验室（个）	1	1
院士工作站（个）	0	0
省级以上创新载体（家）	1	1
众创空间（家）	0	0
孵化器（家）	1	1
大学科技园（家）	0	0
孵化面积（平方米）	—	—
孵化企业数（家）	0	0

7. 黔南高新区

根据调查数据显示，2019年黔南高新区财政总收入10.10亿元，规模以上工业总产值165.37亿元，规模以上工业增加值48.15亿元，固定资产投资41.72亿元；引资项目28个，规模以上工业企业65家，高新技术企业7家；省级以上创新服务平台12个，其中企业技术中心5个、工程技术研究中心3个、重点实验室2个，院士工作站2个；省级以上创新载体3家，其中众创空间1家、孵化器2家（表6-42）。

表6-42 2019年黔南高新区发展情况

指标名称	2018年	2019年
财政总收入（亿元）	8.79	10.10
规模以上工业总产值（亿元）	143.87	165.37
规模以上工业增加值（亿元）	41.89	48.15
引资项目（个）	24	28
协议引资（亿元）	48.95	56.27
实际到位资金（亿元）	32.45	37.30
固定资产投资（亿元）	36.30	41.72
规模以上工业企业（家）	52	65
高新技术企业（家）	5	7
省级以上创新服务平台（个）	12	12
企业技术中心（个）	5	5
工程技术研究中心（个）	3	3
研究机构（个）	0	0
重点实验室（个）	2	2
院士工作站（个）	2	2
省级以上创新载体（家）	3	3
众创空间（家）	1	1
孵化器（家）	2	2
大学科技园（家）	0	0
孵化面积（平方米）	446 000	446 000
孵化企业数（家）	3	3

8. 黔东南高新区

根据调查数据显示，2019 年黔东南高新区财政总收入 4.77 亿元，规模以上工业总产值 13.12 亿元，规模以上工业增加值 3.99 亿元，固定资产投资 20.61 亿元；引资项目 4 个，规模以上工业企业 11 家，高新技术企业 13 家；省级以上创新服务平台 7 个，其中企业技术中心 5 个、工程技术研究中心 1 个、院士工作站 1 个；省级以上创新载体 2 家，其中众创空间 1 家、孵化器 1 家（表 6-43）。

表 6-43　2019 年黔东南高新区发展情况

指标名称	2018 年	2019 年
财政总收入（亿元）	4.15	4.77
规模以上工业总产值（亿元）	11.41	13.12
规模以上工业增加值（亿元）	3.47	3.99
引资项目（个）	3	4
协议引资（亿元）	17.01	19.55
实际到位资金（亿元）	15.09	17.34
固定资产投资（亿元）	17.93	20.61
规模以上工业企业（家）	9	11
高新技术企业（家）	11	13
省级以上创新服务平台（个）	7	7
企业技术中心（个）	5	5
工程技术研究中心（个）	1	1
研究机构（个）	0	0
重点实验室（个）	0	0
院士工作站（个）	1	1
省级以上创新载体（家）	2	2
众创空间（家）	1	1
孵化器（家）	1	1
大学科技园（家）	0	0
孵化面积（平方米）	3024	3024
孵化企业数（家）	13	16

第六章 2019 年贵州省高新技术产业发展报告

五、高新技术产业发展成效、面临的困难及问题、工作建议

（一）发展成效

1. 产业规模持续壮大，产业效益持续向好

围绕全省十大千亿级工业产业高质量发展的目标任务，全省高新技术产业的规模持续扩大，2019 年全省高新技术产业产值突破 4500 亿元，达到 4639.80 亿元，完成"十三五"高新技术产业产值的目标（5000 亿元）的 92.8%，进一步接近预期目标。2019 年，全省高新技术产业主要核心经济指标依然保持了较快的增长态势，高新技术工业利润总额同比增长 7.6%，高于全省规模以上工业企业利润总额 0.2% 的增长率和全省规模以下工业企业利润总额 4.9% 的增长率，全省高新技术产业所涉及的重点工业企业经济效益较好，以企业研发费用加计扣除等为代表的减税降费政策发挥了重要的支撑作用，2019 年以高新技术企业为核心的重点企业减免企业所得税 3.02 亿元，同比增长 148.0%，减税力度进一步扩大。

2. 高新区建设步入快车道，引领产业实现高质量发展

2019 年，全省高新区进入了发展的快车道，经过省地双方的共同努力，贵州省人民政府批复了毕节高新区、黔南高新区、黔东南高新区 3 家省级高新区，实现了市州省级以上高新区全覆盖，目前已经形成了 2 家国家高新区和 8 家省级高新区的发展格局。全省高新区充分发挥"示范、引领、辐射、带动"作用，努力提升创新创业能力、产业发展能力、开放创新与辐射带动能力及可持续发展能力，实现产业布局、企业培育、创新平台建设一体化的发展目标，为创新要素资源聚焦、高新技术企业孵化、高新技术产业提质增效提供了重要的平台支撑，引领产业实现高质量发展，也为全省争取更多国家级开放平台奠定了良好的基础。

3. 高新技术企业提质增效，科技型企业取得突破

2019 年，贵州省实施一系列高新技术企业政策和措施，推动高新技术企业快速发展，全省新获认定的国家高新技术企业 656 家，与 2018 年度有效高新技术企业总数比较增长 40.0%，实现了较大突破，全省累计高新技术企业达到 1644 家。深入开展"千企面对面"科技服务行动，走访企业 2305 家，坚持问题导向，为高新技术企业重点解决实际问题，征集技术需求。2019 年，通过贵州省科技型企业成长梯队培育工作的不断开展，贵州省科技型企业成长梯队企业数量持续增长，总数已达到 1741 家，同比增长了 57.1%。2019 年，规模以上梯队企业有 276 家，占整个梯队企业数量的 15.9%。

4. 创新平台载体不断夯实，创新能力进一步增强

2019 年，全省积极整合科技资源，搭建创新载体，不断加大创新平台和载体的投入与支持，各类创新平台载体取得新的突破与发展，从《国家高新区能力评价报告》的相关结果来看，

贵州省的国家高新区创新能力排名居全国第 25 位、增速全国第二。进一步强化研发平台引领创新发展，全省积极申建国家重点实验室，各类创新平台和载体实现集聚发展，新增 2 家国家级科技企业孵化器，推荐 3 个国家火炬特色产业基地、5 个野外科学观测研究站。全省重大创新平台载体不断夯实，新增省级重点实验室 4 个、工程技术研究中心 6 个、临床医学研究中心 2 个、星创天地 23 家、众创空间 7 家、科技企业孵化器 4 家。截至 2019 年，全省共拥有国家级高新技术产业化基地 16 个，2019 年新增 1 个，省级高新技术产业化基地 11 个。

（二）面临的困难及问题

在看到全省高新技术产业发展成效的同时，也要清醒地认识到，全省高新技术产业发展仍面临一些突出的困难和问题，主要是：全省高新技术产业发展不平衡不充分问题依然较为突出，产业过度集中的现象并未改善，区域均衡发展任重道远；高新技术产业的产业链短，产业链构建和重组的动力有待加强，产业链配置有待提升；科技型企业规模小、数量少的问题仍然明显，具有龙头带动作用的企业明显不足，拥有较强创新能力的企业有待培育；产业发展面临各类要素的制约，高层次创新型人才较少，适应区域高质量发展的创新环境有待提升，各类国家级平台和载体有待突破。

（三）工作建议

1. 强化顶层谋划，推进高新技术产业高质量发展

由于外部环境更加严峻复杂，国内外风险挑战明显上升，全省经济面临的下行压力持续加大，2019 年贵州省高新技术产业产值同比增长 11.5%，产值增速回落明显，出现了区域下降、行业减少、企业下滑、要素支撑不足等问题，高新技术产业发展面临的制约因素不断增多。因此，一是要强化顶层设计与谋划。紧紧围绕十大千亿级工业产业统筹布局高新技术产业发展，强化创新要素的供给，完善机制措施，实现现有产业的裂变发展。二是要立足资源禀赋，实现"强链、补链、延链"。当前，贵州省大多数高新技术产业均未形成完整的产业链，在"强链、补链、延链"等方面还有很长的路要走。因此，要进一步加强现有产业现状的研究，强化上下游产业的分析，通过项目谋划开展更加有针对性的"链式招商"，引进投资额度大、市场前景好、带动能力强的行业领军企业，通过领军企业带动产业集群发展，"强"出领跑者、"延"出附加值、"补"出新动能。三是要通过技术创新推动产业变革。认真研究贵州省"十大千亿级工业产业"和"12 个农业特色产业"发展中的关键技术问题，组织集群攻关，特别是要更加注重传统产业的技术改造，充分运用大数据、云计算、区块链、人工智能、物联网等新一代信息技术推动传统产业的升级改造，系统实施重大科技攻关，解决各大产业高新化的技术难题，增强全省高新技术产业发展后劲。

第六章 2019年贵州省高新技术产业发展报告

2. 增加要素供给，大力培育科技型企业梯队

近年来，贵州省通过一系列政策措施，推动全省高新技术企业、科技型企业成长梯队等科技型企业队伍快速发展，但是与周边省区比起来，贵州省科技型企业量少规模小的现象仍然突出，科技型企业创新能力亟待提升。因此，一是要健全完善科技型企业成长梯队发展的培育模式。当前，贵州省科技型企业主要依托高新技术企业和科技型企业成长梯队"两支企业队伍"，但目前"两支企业队伍"没有形成有序衔接。因此，要进一步完善科技型企业成长梯队层次设置、遴选标准和管理流程，推动科技型企业成长梯队与高新技术企业有序衔接，让科技型企业成长梯队成为高新技术企业的补充和基础。二是要加强龙头企业引领示范带动作用。重点扶持培育新能源、大数据、高端装备制造、现代物流等领域的龙头企业进一步优化升级、做大做强；鼓励龙头骨干企业将配套的科技型中小企业纳入共同的供应链管理、质量管理、标准管理、合作研发管理等，提升专业化协作和配套能力；鼓励和引导中小企业与龙头骨干企业开展多种形式的技术创新合作，建立稳定的供应、生产、销售等协作、配套关系，提高专业化协作水平，进一步促进产业集聚和新生骨干力量的不断壮大。三是要进一步加强科技型企业创新要素供给。进一步强化科技创新在企业经营管理中的地位，引导企业加强研发机构建设、加大企业科技投入，培育和增加人才、知识、技术等创新要素供给，改善创新制度供给，完善创新政策体系和创新服务环境，引导企业走"专精特新"发展道路，通过技术改造、集群攻关等，大力挖掘和培育一批具有市场竞争力的高新技术企业，积极挖掘"隐形冠军""单打冠军"和独角兽企业培育苗子。

3. 营造良好环境，推动创新平台载体提质增效

近年来，贵州省先后多次出台支持科技型企业发展的政策措施，但客观上也造成了政策资源"碎片化"现象的产生，政策知晓率不高，以及资源整合力度不够等问题仍然存在。因此，一是要强化政策设计与安排。强化高新技术产业发展政策的研究与安排，推动政策衔接和创新资源的整合，从金融环境、税费减免、技术支持、市场开拓、人才培养、经营指导等各个方面，梳理支持高新技术产业发展的相关政策文件，编制相互配套协调的"1+N"政策措施，以形成政策支撑体系和合力。加强政策落地动态检查和跟踪问效，确保各类政策落实落细。二是要加强政策宣传解读工作。通过以会代训的方式，定期组织开展科技型企业政策培训解读会议，帮助企业梳理各项事关发展的优惠政策。结合"千企面对面"服务活动，建立登门服务工作机制，为企业提供具有针对性的政策服务，从而提高企业优惠政策的知晓率。三是要推动各类创新平台提质增效。当前，全省高端创新平台和载体的续航能力不足，贵阳国家高新区和安顺国家高新区的综合排名均出现下滑。因此，必须加快推进全省各类高端平台载体的建设与管理，围绕全省高新技术产业高质量发展，推进各类科技创新平台提质增效，努力提升各类国家级平台的综合创新能力。紧盯国家战略布局，充分利用高新区开放创新平台

作用，不断提升已建园区和创新平台质量效益，增强行业和区域创新能力，形成对科技创新的全面支撑。积极申建国家科技成果转移转化示范区，支持企业、高校、科研院所构建共性技术平台。积极申建国家重点实验室、重大科技基础设施等。通过撤、并、转、建等方式优化重点实验室、工程技术研究中心、院士工作站、科技企业孵化器、大学科技园、众创空间等已建创新平台，实现各类平台综合创新能力的提升。

《贵州省高新技术产业发展报告 2014—2019 年》

编撰专家指导委员会

主　任： 范　勇

副主任： 高丽华　　刘　斌　　田晓琴